# 코칭심리

Ho Law · Sara Ireland · Zulfi Hussain 공저
탁진국 · 이희경 · 김은정 · 이상희 공역

학지사

**The Psychology of Coaching, Mentoring and Learning**
by Ho Law, Sara Ireland and Zulfi Hussain

# 역자 서문

최근 들어 다양한 분야에서 코칭에 대해 주목하고 있으며, 많은 코치가 각 분야에서 활발히 활동하고 있다. 이러한 관심을 반영하듯 시중에는 코칭과 관련된 책이 이미 많이 나와 있다. 그러나 코칭이 개인의 행동을 변화시키는 과정에 관한 것임에도 불구하고, 개인의 행동을 연구하는 심리학의 이론과 모형을 코칭 장면에 적용하여 제시한 전문서적은 거의 없는 실정이다.

21세기 들어 호주에서 처음으로 코칭심리학coaching psychology이라는 새로운 심리학 분야가 생성된 이래 현재는 유럽을 중심으로 발전하고 있으며, 특히 영국의 경우 영국심리학회 산하에 약 2,000명의 코칭심리 분과 회원이 있을 정도로 크게 성장하고 있다.

국내에서도 2009년에 코칭을 좀 더 전문적으로 연구하고 발전시키자는 취지로 코칭심리연구회가 창립된 바 있다. 역자들은 초창기에 이 연구회 모임을 계획하면서 무엇보다 코칭심리를 소개할 수 있는 개론서를 내놓는 것이 우선이라는 데 동의하였다. 이를 위해서 새로운 책을 저술하기보다는 이 분야에서 이름이 있는 학자의 책을 소개하는 것이 좋겠다는 데 의견을 모으고 번역할 만한 책을 찾기 시작하였다.

시중에 나와 있는 대부분의 책들은 단순한 코칭 기법을 다루고 있다. 그에 반해 현재 영국코칭심리학회에서 활발한 활동을 하고 있는 저자가 기술한 이 책은 코칭 기법 및 과정에서 심리학의 이론과 모형을 응용하는 것에 초점을 두고 있다. 따라서 코칭심리에 관한 개론서로서 가장 적합하다고 보여 이 책을 번역하기로 결정하였다.

이 책은 코칭심리 영역 중에서도 주로 비즈니스 코칭에 초점을 두고 기술되었으며, 현재 코치로 활동하고 있거나 코칭심리에 관심 있는 학생, 실무자 및 교수들에게 적합할 것으로 판단된다. 아무쪼록 이 책이 국내에서 코칭심리라는 새로운 분야가 발전하는 데 기여할 수 있기를 바란다.

이 책은 여러 공역자의 공동 노력의 결과로서 1~4장은 이희경 교수가, 5~6장은 본인이, 7~8장은 김은정 교수가, 9~11장은 이상희 교수가 맡아서 번역하였다. 특히 네 명의 역자 가운데 이상희 교수는 초교부터 모든 내용을 꼼꼼히 읽어 가면서 좀 더 이해하기 쉬운 책이 되도록 만드는 데 많은 기여를 하였다.

이 책의 출판을 흔쾌히 승낙해 주신 학지사 김진환 사장님께 감사드리며, 편집을 맡아 수고해 준 편집부 직원들께도 감사의 말을 전하고 싶다. 또한 교정 과정에서 책을 읽고 조언을 해 준 광운대학교 심리학과 대학원생인 조은현, 신상수, 강혜숙, 이은경, 김지혜와 광운대학교 교육대학원 코칭심리학과 대학원생인 강미경과 김수향에게도 감사의 말을 전한다.

2010년 2월

대표 역자 탁진국

# 저자 서문

영국 최고 멘토 중의 하나인 사이먼 커티스Simon Curtis는 자신의 직업에 대해 '과학적 분야이면서 그 기술 속에 예술이 있는 것' 이라고 묘사한 바 있다. 이는 우리의 코칭과 멘토링 수행에 여운을 주는 말이다. 이 책에서 우리는 코칭과 멘토링의 과정, 이론, 수행에 대한 풍부한 과학적 접근을 시도할 것이다. 우리는 코칭과 멘토링의 결과와 과정, 그리고 변화에 관련된 경험에 대해 증거 기반evidence-based 평가를 요구받았다. 우리는 코칭과 멘토링에 대해 '여행' 이라는 개념을 비유적으로 사용한다. 많은 사람들에게 코칭과 멘토링은 발견과 재발견을 거듭하는 놀라움으로 가득한 여행이다. 이 여행에서 강조되는 것은 코칭과 멘토링 과정 중에 일어나는 마술과 같은 순간들이다. 이 책에서 우리는 이와 같은 놀라운 경험을 공유하는 즐거움을 느낄 것이다.

이 책의 핵심 요소들은 코칭과 멘토링 그리고 학습의 심리학에 대한 3년간의 연구 및 개발의 결과를 바탕으로 한다. 또한 2004~2005년까지 24개월 동안 코칭과 멘토링 시스템을 도입했던 Health and Social Care System의 자료들을 사용하였다. 이 프로그램의 목적은 다양하고 복잡한 상황에서의 리더십 개발을 지원하는 것이었다. 우리에게 제공된 정보들은 서로 다른 문화들에 공통으로 적용 가능한 보편통합모형Universal Integrated Framwork을 개발하는 데 기초가 되었다. 이 초기 연구로부터 우리는 코칭과 멘토링의 시스템적인 접근을 위한 핵심 지식과 투명한 과정, 그리고 실제적인 도구를 개발하였다. The Cross Cultural Coaching and Mentoring Intelligence라는 도구는 이제 온라인(http://www.morphgroup.net/csi)에서도 사용 가능하다.

호 로Ho Law는 사라 아일랜드Sara Ireland와 줄피 후세인Zulfi Hussain의 저술 부분을 한데 모아 일관적이고 알기 쉽도록 다듬는 역할을 했다. 저술 자체에만 9개월이 걸렸다. 어떻게 보면 이 책은 사랑의 결과다. 그 사랑이란 인간의 정신에 대한 사랑이기도 하고, 코칭과 멘토링을 통해 개인의 인생을 전환시키는다는 우리의 직무에 대한 사랑이기도 하다. 존 위트모어 경Sir John Whitemore이 말했던 것처럼 코칭과 멘토링은 진실로 초인간적 차원이다. 그리고 코칭과 멘토링의 그런 초인간적인 속성이 마술을 만들어 낸다.

이 책의 내용은 다양한 맥락에서의 지속적인 실습 및 적용, 그리고 이를 바탕으로 한 연구에 의해 한층 심화되었다. 서로 다른 문화에서의 코칭과 멘토링을 수행해 봄으로써 우리는 더 많은 새로운 문화와 맥락을 알게 되었고, 동시에 심리학 원칙의 새로운 적용 사례를 발견했다. 우리는 같이 일하면서 서로에게서 많은 배움을 얻었다. 우리들은 모두 광범위하고 복잡한 시스템에 대한 방대한 지식을 가지고 있었고, 이러한 환경에 대해 감사했다. 우리는 우리에게 자신의 이야기들을 공유해 준전문가들(피코치자/멘티, 코치/멘토)의 관대함에 대해 깊이 감사한다.

마지막으로 우리는 당신이 이 책을 통해 코칭과 멘토링의 심리학에 한

걸음 더 다가갈 수 있기를 희망한다. 코칭과 멘토링의 힘을 직접적으로 경험한 개개인에게는 그들이 자신들의 성공 경험의 기저를 이루는 이론에 대해 좀 더 친숙하게 느낌으로써 영감을 불러일으킬 수 있게 되기를 바란다. 그리고 여전히 코칭과 멘토링의 주변에서 무엇인가를 찾고 있는 사람들은 이 책에서 다루는 접근 방법을 통해 좀 더 적극적으로 코칭과 멘토링에 개입하는 계기가 되기를 바란다.

호 로, 사라 아일랜드 그리고 줄피 후세인

# 차 례

## Chapter 09 사례 연구 · 297



## Chapter 10 평가 · 337



## Chapter 11 결론, 토론 그리고 미래의 작업 · 363

Chapter 01

# 서 론

이 책에서는 코칭coaching, 멘토링mentoring 그리고 학습learning의 심리학을 다룬다. 학습과 멘토링에 대해서는 이미 출간된 서적이 많이 있고 코칭에 대해서는 아마 그보다 더 많은 책이 있을 것이다. 하지만 이와 같이 중요하고 다양하며 발전하는 분야의 접점을 다룬 단일 서적은 없는 것 같다. 그러므로 이 책의 제목에서 알 수 있듯이 저자는 학습심리학의 확고한 근간을 토대로 멘토링 이론과 함께 어떻게 코칭 이론을 계속 확대해 나갈 수 있는지 고찰해 보았다.

## 목 표

1장은 독자가 신속하게 이 책의 기본 특성을 파악하고 책에 실려 있는 정보를 쉽게 찾을 수 있도록 하는 것을 목표로 한다. 이 장에서는 집필 동기와 책의 전체적 구조를 소개하고 각 장을 간략히 살펴본다. 또한 각기 다른 영역에서 일하는 독자가 자신의 관심사, 경험, 전문적 역량에 맞춰 이 책을 활용할 수 있는 방법을 소개한다.

## 대상 독자

이 책은 개인과 조직이 코칭, 멘토링, 학습에 심리학의 이론과 원칙을 실제로 적용할 수 있는 방법을 소개하며 다음과 같은 독자를 대상으로 한다.

- 코칭, 멘토링, 학습의 근간을 이루는 심리학 일반 이론 및 원칙을 배우고자 하는 코치, 멘토, 트레이너
- 개인과 조직을 상대로 코칭, 멘토링, 트레이닝을 할 때 자신의 경험을 활용하고자 하는 심리학자
- 사내 교육의 잠재적 혜택을 실현하고 교육 프로그램의 효율적 설계/평가 방법을 배우고자 하는 HR 담당 관리자 및 고위 경영진
- 코칭, 멘토링, 트레이닝 분야로 진출하고자 하는 심리학 전공 학생

영국에서 심리학이 각광받고 있으며 코칭과 멘토링이 새로 부상하는 분야라는 점을 감안할 때 많은 독자가 이 책을 찾을 것으로 예상된다. 그러므로 예상 독자는 위에서 언급한 집단에 국한되지 않는다. 교사, 강사뿐만 아니라 코칭, 멘토링, 트레이닝, 슈퍼비전 관련 업무를 하는 모든

이들이 예상 독자가 될 수 있다.

코칭/멘토링이 하나의 산업으로서 급격히 발달함에 따라 코칭/멘토링 심리학과 상담/임상심리학을 혼동하는 이가 많다. 임상심리학 영역과 비교해 보면 다양한 코칭 및 멘토링 기관에 의해 기법 공유가 자주 일어나고 있다는 사실이 발견된다(2장 참조).

## 이 책의 차별화된 장점

코칭과 멘토링에 관한 서적이 기존에 많이 있지만 이 책은 다음과 같은 차별화된 장점이 있다.

- 이 책은 영국에서 최초로 코칭, 멘토링, 학습의 근간인 심리학 이론을 종합적으로 다룬 코칭심리학 서적이다. 코칭과 멘토링뿐만 아니라 코칭심리학 발전 양상에 관한 내용도 다룬다. 코칭심리학을 하나의 이론으로 다루는 영국심리학회British Psychological Society 산하의 코칭심리학특별회의Special Group in Coaching Psychology의 연구도 함께 살펴본다.
- 고급 이론과 원칙, 실제 적용사례 소개를 통해 코칭심리학의 최신 연구 결과 및 발전 양상을 보여 준다.
- 코칭/멘토링 및 학습 모두에 심리학 이론을 적용하여 코칭, 멘토링, 학습 간의 경계를 허무는 동시에 각 분야의 차이점을 살펴본다.
- 저자들은 이 책에서 보편적이며 어느 문화에서든 적용할 수 있는 이론을 수립하고자 하였다.
- 이 책에서는 임상심리학이 아닌 일반적 심리학 이론의 관점에서 코

칭과 멘토링을 다루고 있다(3장).

- 이 책은 관련 분야의 노하우와 실전 연습을 위한 단계별 설명을 제공한다. 다양한 조직 및 공동체의 사례 연구도 소개한다(7~9장).
- 이 책은 코칭, 멘토링, 학습에 학습심리학을 효과적으로 적용하였는지 검토해 볼 수 있는 평가에 관한 별도의 장을 제공한다(10장).

## 용어 소개

코칭, 멘토링, 학습에 관한 사전 지식이 없는 초보자를 위하여 이 분야에서 이미 널리 사용되고 있는 용어에 대한 정의를 내려 보고자 한다. 이야기가 진행됨에 따라 필요 시 기존 정의를 다듬을 수도 있다. 우선 이 책에서는 학습을 돕는 여러 과정과 활동이 등장하며 여기서 학습이란 '기술과 지식을 습득하기 위한 인지적 절차'를 의미한다.

코칭이란 성과·목표·결과 지향적 도움을 제공하는 과정으로 설명되는 경우가 많다. 멘토링에서 멘토란 다른 사람의 발전 과정을 지켜봐 주는 중요한 동료의 개념이다. 이 모든 과정은 학습자 중심적이며 학습자가 주도한다. 코칭과 멘토링의 비교문화적 적용은 이 책에서 일관되게 다루는 주제다. 여기서 문화란 포괄적으로 '어떤 집단, 공동체, 조직에서 나타나는 지배적 태도와 행동'을 의미하며 국가, 인종, 직업군, 일터와 같은 다양한 맥락에도 적용되는 개념으로 간주하였다. 우리는 두 가지 이상의 문화에 소속된 사람이나 조직 간의 상호작용을 가리키는 데 '비교문화적cross-cultural'이란 용어를 사용했다. 이 책에서는 이론, 개념, 기법이 이들이 발생한 기본적 맥락에뿐만 아니라 다른 맥락에도 적용될 수 있는지 확인하기 위해 비교문화적 배경에서 이들의 유용성을 시험해 본다.

## 용어 통합

이 책에서는 코칭, 멘토링, 심리학(특히 학습) 간 상호작용이 분명히 나타난다. 세 분야의 관계는 다음과 같은 간단한 벤 다이어그램으로 요약된다([그림 1-1]).

그러나 코칭/멘토링 연구가 진행됨에 따라 세 분야의 접점이 더욱 확대되는 것을 발견하였다. 즉, [그림 1-1]의 각 원이 [그림 1-2]와 같이 점점 더 서로의 중심을 향해 포개어지는 것을 볼 수 있다. 이에 따라 다음과 같은 물음이 생겼다. '실제로 세 분야의 접점은 어느 정도인가?'

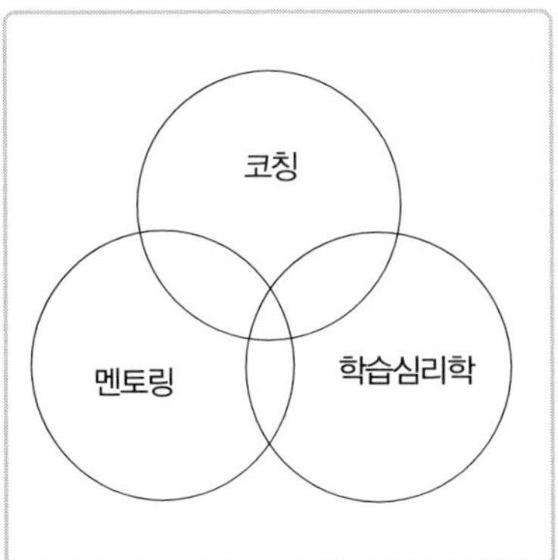


[그림 1-1] 코칭, 멘토링, 학습심리학의 접점

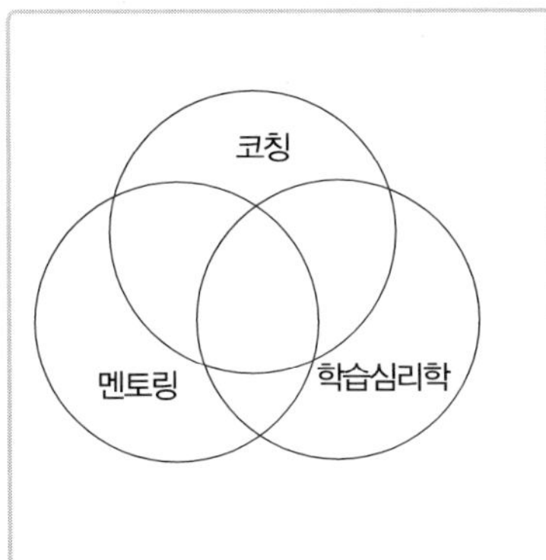


[그림 1-2] 코칭, 멘토링, 학습심리학 간 접점의 확대

결과적으로 세 분야가 실제로는 서로 얽혀 있다는 것을 알게 되었다. 2장에서는 코칭과 멘토링의 시대가 도래하였다는 인식하에 시장의 힘, 코칭/멘토링 산업의 발전 양상, 글로벌 시장과 이들이 코칭/멘토링 실전에 미치는 영향을 살펴보았다. 저자가 구축한 코칭/멘토링과 학습심리

학 모델을 더욱 생생하게 살펴보고자 [그림 1-3]과 같은 3차원 구조로 이 책의 개괄적 내용을 정리해 보았다.

이 구조에서 코칭과 멘토링은 상호 대치가 가능한 연속체로 간주된다. 맥락에 따라 두 개념이 동일시되는 경우도 있다. 그렇기 때문에 코칭/멘토링, 코치/멘토, 피코치자/멘티와 같은 표기를 활용하였다. 어떤 맥락에서든 이 구조를 이해할 때 기본적으로 이 과정에 참여하는 모든 주체의 다양성을 인식해야 한다. 또한 단순한 이해가 아닌 각 주체의 가치관, 신념, 종교, 성〔성전환 및 성(性)적 경향성 등을 포함하여〕, 사회적 제약/장애, 인종적 그리고 문화적 배경 역시 민감하게 파악하고 존중할 필요가 있다. 여러 맥락 속에서 피코치자/멘티의 보편성과 다양성을 이해하기 위해서 코치/멘토는 모든 문화에 적용될 수 있는 학습심리학의 원칙과 기법을 더욱 잘 숙지해야 한다.

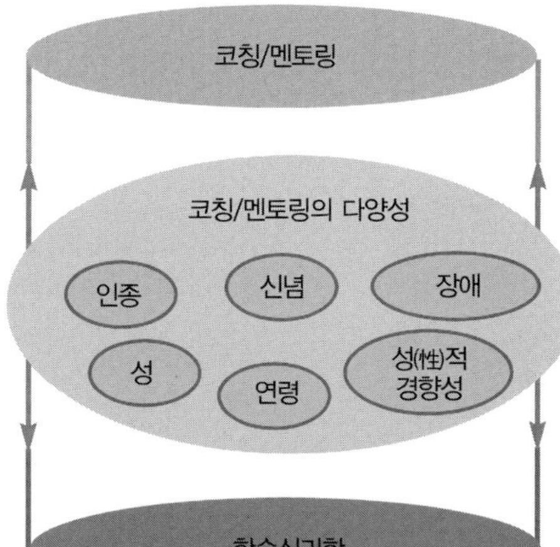


[그림 1-3] 코칭, 멘토링, 학습심리학의 3차원 구조

## 단원 요약

코칭과 멘토링 분야에는 다양한 이론이 존재한다. 영국만 보더라도 코칭과(또는) 멘토링을 전문적으로 다루는 기관과 단체가 많이 생겨났다. 그 예로 코칭협회Association for Coaching, 영국심리학회 산하의 코칭심리학특별회의British Psychological Society's Special Group in Coaching Psychology, 유럽멘토링코칭협의회European Mentoring and Coaching Council, 동방멘토링포럼Eastern Mentoring Forum, 국제코칭연맹International Coaching Federation 등이 있다(2장 참조). 코치와 멘토의 배경은 다양하다. 코치나 멘토가 되기 위해 반드시 심리학 학위가 필요한 것은 아니지만 효과적인 코칭과 멘토링을 위해서는 실전을 뒷받침할 수 있는 심리학 이론적 바탕이 있어야 한다. 이러한 이해가 없는 코치와 멘토는 원하는 만큼의 성과를 달성하지 못할 수도 있다.

이 책은 학습심리학에 대한 포괄적, 학문적 연구 결과를 인용하여 이론과 실전을 접목하는 데 초점을 맞춘다. 학습심리학의 이론은 3장에서 다룬다. 3장에서는 학문적 관점에서 코칭과 멘토링을 검토할 뿐만 아니라 인식론의 전통을 근간으로 코칭과 멘토링 실전에 유용한 학습 이론도 조명해 본다(인식론이란 앎의 특성에 대해 고찰해 보고 근본적으로 지식이란 무엇이며 내적 사고/신념과 앎을 어떻게 구분하는지를 알아보는 학문이다.). 4장에서는 3장에서 다룬 학습심리학을 근간으로 코칭, 멘토링, 학습의 주요 정의를 살펴본다. 4장까지 학습심리학을 되돌아보고 코칭, 멘토링, 학습의 접점 내에서 주요 용어 정의를 직접 내린 뒤 5장부터는 여러 질문에 대해 보다 논리적으로 접근해 본다. 5장에서는 조직이 코칭과 멘토링을 어떻게 활용해서 학습조직으로 거듭날 수 있는지 알아본다. 6장에서는 다양한 맥락에서 이론을 코칭과 멘토링 실전에 도입해 본 후 '보편통합모형Universal Integrated Framework: UIF'을 수립한다. 7장에서는 코칭과 멘토링의 주요 기법과 방법을 살펴보고 8장에서는 7장의 연장선상에서 독자에게 유용한 실제 사례를 소개한다. 슈퍼비전 방법에 대한 구체적 정보를 제공하고 코칭/멘토링의 수용성을 가늠할 수 있는 아이디어와 기본적 평가 수단을 제시한다. 9장에서는 보편통합모형과 관련 있는 여러 사례 연구를 살펴보고 이론과 실전이 실제 조직 및 다양한 사회 환경에서 적용 가능하다는 사실을 입증한다. 최근 부상하고 있는 코칭 산업에서 가장 큰 문제점으로 거론되는 것은 이론과 실제 모두 철저히 결과 중심으로 코칭을 평가할 수 있는 수단을 제공하지 못한다는 것이다. 그러므로 10장에서는 한 가지 사례 연구와 연계해서 보편통합모형의 성과 평가방법을 제시하여 이 문제에 대응해 본다. 마지막으로 11장에서는 다음과 같이 저자가 우선시하는 핵심 분야에 관한 연구 방향에 대해 논의해 본다.

- 코칭/멘토링에서의 매칭
- 코디네이터의 역할coordinator role
- 정서지능 및 비교문화적 역량emotional intelligence cross-cultural competency
- 결과 중심 연구 및 성과 평가
- 슈퍼비전
- 트레이닝
- 코칭/멘토링의 기준, 윤리 및 행동 강령

## 접근 방법

이 책은 다양한 독자층에게 쉽게 다가갈 수 있으면서 동시에 철저히 학문적 관점에서 내용을 다루고자 하였다. 이를 위해 최대한 간단한 문체를 활용하였고 학문적 인용을 쉽게 드러나도록 표시하였다. 또한 온라인상의 자료와 영국, 유럽, 호주, 홍콩 등지에서 참석한 국제 워크숍과 회의 내용을 광범위하게 활용하였고, 폭넓은 연구를 진행함과 동시에 코칭, 멘토링, 트레이닝 분야의 학습자와 관련자에게 항상 유용한 지침을 전달하고자 노력하였다. 연구와 실제 사례를 토대로 개발된 보편통합모형은 기존에 수립된 학습심리학 이론과 결과 중심의 코칭 성과 평가 모두에 근간을 두고 있다.

## 코칭, 멘토링, 학습이 왜 중요한가

세계화로 인한 치열한 경쟁 속에서 살아남기 위해 조직은 지속적으로 최고의 인재를 고용, 개발, 배치해야 한다. 조직과 사회는 세계 전역에서 유래 없이 빠른 속도로 변하고 있으며, 이는 현재 급성장하고 있는 통신 산업뿐만 아니라 공공기관도 예외는 아니다. 서비스를 개선하기 위해 계속해서 변화해야 하므로 조직의 리더는 반드시 최고의 역량을 발휘해야만 한다. 기업의 리더들은 기존의 사내 교육 방식이 더 이상 변화를 따라잡지 못한다는 사실을 인식하고, 직원의 역량 개발, 인재 풀talent pool 확대, 조직의 학습 역량 향상을 위해 코칭과 멘토링에 눈을 돌리기 시작하였다. 멘토링과 코칭은 이제 더 이상 산업에만 국한된 개념이 아니다. 불안정한 사회에서 개인 간 상호 신뢰를 구축하기 위해서는 효과적인 학습 채널이 필요하며 고립된 집단은 주류 사회와의 장벽을 허물 수 있는 수단이 필요하다. 또한 자신에 대해 더 알고자 하는 사람이나 특정 분야에서 지식을 쌓고자 하는 사람 모두 코칭과 멘토링의 혜택을 받을 수 있다.

## 일러두기

이 책에서 다음 용어는 서로 동일하게 사용된다.

- 당신과 독자
- 코치와 멘토
- 피코치자와 멘티
- 학습자, 트레이너, 슈퍼바이저

각 장은 독립된 주제와 내용을 다룬다. 그러므로 독자가 필요한 장만 선택해서 읽어도 무방하다. 그러나 완독할 경우 모든 장은 서로 연결되어 있다는 사실을 알 수 있으며, 일부 장은 코칭/멘토링을 설명하는 데 있어 특정 부분에서 상대적으로 더욱 긴밀한 연관성이 있다. 두 장을 이어서 읽으면 더욱 효과적으로 이 책을 활용할 수 있다. 예를 들어, 코칭과 멘토링에 대해 더 배우고 이 분야가 학습심리학과 어떠한 연관성이 있는지 알고자 하는 학습자나 학생의 경우 2장과 3장을 이어서 읽는 것이 좋다. 조직에서 코칭과 멘토링이 어떠한 연관성이 있는지 알고자 하는 바쁜 고위 경영자나 교육 담당자에게는 5장을 권한다. 특정 기법과 실제를 직접 보고자 하는 코치, 멘토 경력자는 7장과 8장을 함께 읽으면 좋다. 8장에서는 코칭에서 '반드시 해야 할 일'의 목록을 제시한다. 또한 연습과제를 체계적으로 구성하여 독자는 7장에서 언급된 원칙을 다시 참조해 볼 수도 있다. 7장, 8장에서는 코칭/멘토링 역량을 계속 강화하고 이미 습득한 지식을 한층 더 다듬을 수 있는 요령을 제공하기 때문에 초보 코치/멘토이든 경력자이든 유용한 정보를 얻을 수 있다. 구체적 사례, 예제, 결과 중심의 코칭, 멘토링 프로그램 평가에 관심이 있는 독자는 9장, 10장으로 바로 넘어가면 된다. 이 책에서는 서로 연관이 있는 개념과 생각을 교차 인용하면서 독자와의 일관적인 '대화'를 추구하며, 책에서 다루지 않은 부분에 대해 독자 본인의 경험을 적극 대입해 볼 수 있는 여지도 남겨 두었다. 독자의 머릿속에서 이론을 실전에 적용해 볼 수 있도록 각 장의 형식을 모두 통일하였다. 각 장은 내용을 소개하는 '들어가기'로 시작해서, 주요 개념을 정리하고 실제 적용의 결과를 돌아보는 '단원 요약'으로 마무리짓는다.

Chapter 02

# 새로운 시대의 도래: 코칭, 멘토링 그리고 긍정심리학

## 들어가기

이 장에서는 코칭과 멘토링의 발전상황을 다룬다. 우선, 코칭과 멘토링의 발전과 구성에 시장이 어떤 영향을 미치는지를 살펴본다. 코칭과 멘토링의 개별 요소들은 온라인 멘토링이나 코치와 피코치자/멘토와 멘티의 매칭과 같이 그 자체가 하나의 미시과학이 되어 버렸다. 이 요소들과 관련된 학문을 살펴보겠다. 코칭과 멘토링은 그 활용범위가 국제적이 되어 보편적인 패러다임이 적용되었다. 우리는 심리치료적 접근에서 벗어나 우리가 학습, 코칭 및 멘토링 실전에서 검증한 한 가지 기존 이론과 새로운 이론으로 초점을 전환해 보려고 한다. 이는 학습과 코칭, 멘토링에서의 우리의 경험에 기반한다. GROW 모델(심리학 이론에 근간을 둔 전통적 모델)과 긍정심리학은 발전하고 있는 매우 유명한 접근법이며, 7장에서 이에 대해 다시 다룬다.

## 코칭, 멘토링, 트레이닝 시장

우리 개개인은 모두 다 신속함을 좋아하고 일과 삶의 균형을 원하며 자기 자신을 개발하고 자신의 강점을 발견하기를 원한다. 바로 이러한 소비자 트렌드가 코칭과 멘토링 시장을 이끌어 가는 원동력이다. 영국에서만 수천 개의 업체가 코칭, 멘토링, 트레이닝을 제공하고 있다. 이들은 소규모 개인업자에서부터 대형 다국적 트레이닝 업체까지 다양하다. 2004년, 이 업체들의 평균 총 매출액이 8백만 파운드에 달하였다.

매월 신문 기사나 코칭 관련 잡지에는 코칭/멘토링을 이용해서 보다 큰 성과를 얻으려는 기업이나 기관에 관련된 글이 쏟아진다. 예를 들어, 의학연구위원회the Medical Research Council에서는 조직의 전략을 개선하기 위해 코칭을 사용하였다(Whiteley, 2006). 영국원자력기구UKAEA에서는 지도자 양성과정에서 130명의 직원을 코칭하였으며, 북아일랜드의 아르마 대학Armagh College은 우수학습센터the Center for Excellence Learning의 '코치로서의 리더Leaders as Coaches' 프로그램을 도입함으로써 코칭 문화를 만들어 냈다. 영국 맨체스터 경찰Greater Manchester Police은 리더십 강화를 위하여 내부 코치를 양성하였다(CIPD, 2006a). 재계의 거물들도 멘토링에 재정적 지원을 하였다. 예를 들어 스코틀랜드의 웨스트 코스트 캐피털West Coast Capital은 2001년에 2억 파운드의 '멘토 기금'을 설립하여 영국 전역의 고성장 사업에 투자하도록 하였다. 2004년에 109명의 코치를 대상으로 한 여론조사에 따르면, 많은 코치가 한 가지 분야 이상에서 코칭을 제공하고 있었다. 대부분의 응답자가 경영 분야에서 코칭을 제공하고 있다고 응답하였고(60% 이상), 그다음으로 많은 선택을 받은 분야가 커리어, 임원진, 리더십 코칭이었다. 이 모든 항목과 관련하여 응답자의 50% 이상이 관련 코칭 서비스를 제공한다고 대답하였다(Palmer & Whybrow, 2004).

경영과 관련해서는 기술에서부터 교육에 이르기까지 매우 다양한 서비스가 존재한다. 일부 업체는 이들 중 한 가지 분야만 전문적으로 서비스를 제공하고, 어떤 업체는 매우 광범위한 코칭과 트레이닝 서비스를 제공한다. 코칭과 멘토링을 전문으로 하는 대다수 업체는 직원 수가 6명을 넘지 않는 소규모 업체다. 이렇듯 서비스 분야는 다양하지만 우리는 이 업계를 4가지 종류로 구분해 보았다.

- 학술 전문 기관
- 기업 경영 컨설팅 업체
- 자영업자
- 사내 코치와 멘토

## 학술 전문 기관

대학원, 고등 교육기관, 경영 대학원과 영국심리학회British Psychological Society: BPS, 경영인협회the Institute of Directors: IoD, 공인 매니지먼트협회the Chartered Institute of Management: CIM, 영국인력개발연구소the Chartered Institute of Personnel and Development: CIPD와 같은 전문 기관이 이 범주에 포함된다. 영국심리학회는 챠터십 과정을 통해 심리학자에게 자격을 부여하는 공식 절차를 가지고 있다(Law & Grimley, 2003). 영국인력개발연구소는 회원 수가 무려 120,000명 이상에 달하며 코칭, 경영 심리, 학습과 개발에 이르는 다양한 트레이닝 코스를 운영한다. 게다가 코스 참여자는 학습자용 온라인 사이트에 접속이 가능하며, 이를 통해 추가적인 학습 자료를 얻고 더 학습할 수도 있다.

이러한 기관의 코칭과 멘토링 프로그램은 전형적으로 내부 직원 혹은 회원에 의해 운영된다. 일부 학술/전문 기관은 외부 트레이닝 프로그램과 코스를 제공하기도 한다. 필요에 따른 단기간의 직무 교육에서부터 석사나 박사와 같은 학위를 얻기 위한 공식적인 코스에 이르기까지 다양하다.

최근 몇 년간, 영국에는 코칭 그리고/또는 멘토링을 전문으로 하는 전문 기관이 등장하였다. 다음과 같은 기관이 이에 해당된다.

- 코칭협회Association in Coaching: AC
- 전문중역코칭 및 슈퍼비전협회Association for Professional Executive Coaching and Supervision
- 유럽멘토링코칭협의회European Mentoring and Coaching Council: EMCC
- 동방멘토링포럼East Mentoring Forum: EMF
- 국제코치연맹International Coach Federation: ICF
- 영국심리학회 산하의 코칭심리학특별회의Special Group in Coaching Psychology: SGCP

코칭심리학과 가장 관련이 깊은 전문 기관은 바로 영국심리학회 산하의 코칭심리학특별회의다. 2002년 코칭심리학포럼Coaching Psychology Forum이라는 비공식적 포럼이 이 기관의 모태가 되었다. 영국심리학회 상담심리학연례회의BPS Counselling Psychology Annual Conference에서 코칭심리학특별회의가 회원 등록을 신청하고, *Occupational Psychologist*(Law, 2002)에 기사가 실린 이후에 회원 수가 급격하게 증가하였다. 코칭심리학특별회의는 영국심리학회 산하에서 특별 그룹 지위를 얻게 되었고, 2004년 12월 15일 첫 회의를 시작하였다. 그 후, 2005년에는 거의 2,000명의 회원을 가진 명실상부한 영국심리학회 3대 하부기관으로 성장하였다(Palmer & Whybrow, 2006).

## 기업 경영 컨설팅 업체

점점 더 많은 경영 컨설팅 회사가 컨설팅 패키지의 일부로서 혹은 개별 서비스로서 코칭 서비스와 코치를 위한 트레이닝을 제공하고 있다. 일반적으로, 경영 컨설팅 회사는 개인과 경영 개발의 일환으로 코칭을 사용한다. 이러한 컨설팅 업체는 기업이 다음과 같은 요소를 개선시킬 수 있도록 도움을 준다.

- 투자수익률ROI
- 순이익
- 인적 자본human capital
- 관계
- 갈등 해결
- 직원들의 균형 잡힌 삶
- 커리어 개발

## 자영업자

이 범주에는 코칭 혹은 멘토링을 주 업무로 하는 대형 회사부터 개인 코치 또는 멘토까지도 포함된다. 코칭이나 멘토링을 제공하는 많은 자영업자가 트레이닝 혹은 인사, 경영 컨설팅 혹은 마케팅 출신이다. 비록 파트타임으로 일하는 개인 코치나 멘토의 위상이 그다지 높지 않은 것은 사실이지만, 이들을 고용하는 비용이 상대적으로 저렴하기 때문에 꽤 경쟁력 있는 시장을 제공하고 있다. 하지만 이들에 대한 규제가 없어 윤리나 원칙과 관련된 우려가 제기되고 있다.

## 사내 코치와 멘토

사내 코치와 멘토는 직원들에게 서비스를 제공한다. 예를 들어, 많은 대학이 내부 멘토링 제도를 마련해서 새로운 직원이 고용되면 한 명의 멘토가 멘토링을 제공하도록 하고 있다. 이때 멘토는 직속상사일 수도 있다(직속상사가 멘토인 경우를 둘러싼 이슈에 관해서는 차후에 논의하겠다.). 내부 코치/멘토 역시 외부 컨설턴트에 비해 비용이 훨씬 저렴하기 때문에 시장에서 함께 경쟁하고 있다. 또한 내부 코치/멘토는 회사 내부의 상황과 고객에 대한 이해가 높다는 강점을 지니고 있다.

코칭과 멘토링 서비스 제공자는 〈표 2-1〉에 분류되어 있다.

〈표 2-1〉 코칭과 멘토링의 마케팅 매트릭스

| | 내부 | 외부 |
|---|---|---|
| 조직 | 학술/전문 기관<br>사내 코치와 멘토 | 기업, 경영 컨설팅업체 |
| 개인 | 개인적 설계 | 자영업자 |

매트릭스상에서 범주 간에 중복이 있다. 예를 들어, 대형 기업 혹은 기관이 내부 코치/멘토를 고용하고 자영업자인 외부 컨설턴트를 고용할 수 있다. 또한 과학기술의 발달로 인해 이러한 매트릭스는 더욱 복잡해진다. 예를 들어, 코칭/멘토링 프로그램과 트레이닝 패키지가 온라인에서도 제공될 수 있다. 이는 비용을 절감하면서 많은 정보와 지식을 제공한다. 온라인 프로그램은 독립된 하나의 프로그램일 수도 있고, 특정 기업을 위한 맞춤형 프로그램으로 내부 기업 코칭/멘토링 프로그램에 통합될 수도 있다.

코칭과 멘토링은 인간의 잠재력을 개발하고 개인과 기업 모두의 성취를 개선하는 데 큰 역할을 한다. 기업의 형태는 매우 다양하며 코칭과 멘토링 스타일 역시 매우 다양하다. 이들은 각기 다른 공동체, 장소, 분야에 있는 각기 다른 사람들의 욕구를 충족시키도록 고안되었다. 일부 코칭과 멘토링은 전체 과정의 일부로 통합되어 구분이 어렵기 때문에 그것만의 혜택을 나타내 주는 연구 결과가 적다. 마찬가지로 무엇이 연구의 우선순위가 되어야 하는지, 코칭/멘토링의 성공여부를 가늠하는 잣대는 무엇인지, 어떤 방법이 효과적인지에 관해서 언제나 범문화적 비교가 가능하지는 않다. 심지어 코칭과 멘토링이 활성화된 시장 내에서 하나의 개별화된 과정으로서 자리 잡은 유럽에서도 코칭과 멘토링의 혜택에 관련된 연구 결과는 일관적이지 못하며 사실에 입각하지 않은 경우가 많다.

## 코칭 관련 보고서

관찰해 본 결과, 우리는 대부분의 사람은 코칭이 그들에게 도움이 되고 사업에도 좋다고 믿는다는 결론에 이르렀다. 예를 들어, 남아프리카 공화국에서 코칭을 받은 기업 임원 36명 중 35명은 코칭이 자신의 회사에 투자수익률ROI의 상승을 가져왔다고 응답하였다(Hall, 2006). 영국에서의 연구 결과에 의하면, 43명의 응답자들은 투자수익률이 초기 투자 대비 평균 5.7배 상승했다고 보고하였다(McGovern, 2001). 수 홀랜드Sue Holland는 전 세계의 코치들이 무엇이 문화적 규범이고 무엇이 유니레버Unilever만의 독특한 성향인지를 평가하는 것이 유용하다는 것을 알아냈다고 보고하였다(Whiteley, 2006). 코칭은 사람들이 그동안의 학습을 돌아보고 생각할 수 있도록 한다.

## 멘토링 관련 보고서

멘토링이 과연 무엇인가를 둘러싸고 많은 오해가 있다. 일례로, 최근 많은 언론 보도와 코칭과 코칭심리학 단체/그룹의 대거 등장으로 사람들은 멘토링이 코칭보다 세간의 이목을 끌지 못하고 있다고 생각한다. 하지만 이는 분명히 사실과 다른 생각이다. 여러 잡지와 저널에 멘토링 관련 기사가 실리고 있다. 예를 들어, 경영인협회는 그들의 정기간행물인 *Director for Business Leaders*(Magee, 2006)에서 "톰 헌터Tom Hunter에서 제임스 다이슨James Dyson에 이르기까지 영국 재계의 거물들은 멘토링 프로그램이 번성함에 따라 차세대 기업가에게 마음을 열고 있다."라고 보고하였다. 동방멘토링포럼이나 프린스 트러스트Prince's Trust와 같이 다수의 새로운 혹은 기존의 조직이 멘토링을 그들의 주된 목표로 삼거나 그들의 서비스에 필수불가결한 요소로 간주하고 있다. 유럽멘토링코칭협의회의 경우, 그 이름에서 알 수 있듯이 멘토링과 코칭이 핵심 업무다.

멘토링과 관련된 또 하나의 잘못된 믿음이 바로 멘토링은 민간 기업에만 적용되며, 멘토는 주로 자신의 수하에 있는 사람이 승진할 수 있도록 돕는 경험 많은 상사라는 인식이다. 하지만 반드시 그런 것은 아니다. 교육 기관이나 국가보건기구National Health Service: NHS와 같은 대형 기관을 포함한 공공 부문에서도 많은 멘토링 프로그램이 존재한다(9장 사례연구 참조).

이 책에서는 '여행'의 비유를 사용한다. 코칭과 멘토링이라는 여행 정황은 매우 다를지 모르지만, 현실에서는 매우 밀접한 관계가 있다. 이러한 측면에서 볼 때, 멘토는 개인 개발 이론을 이해하고 그 이론을 수행할 수 있는 경험을 가진 신뢰받는 가이드로 간주된다(Daloz, 1999 참조). 멘토는 멘티에게 단순히 지도와 여행의 팁을 제공해 줄 뿐만 아니라, 여행을 어느 정도 함께 따라간다. 그러한 협력(함께 여행하기)을 통해 멘토와 멘티는 경이로움으로 가득 찬 여행을 함께 만들어 나가고 경험할 수 있다.

## E-코칭 및 멘토링

E-멘토링E-mentoring은 일반적으로 좋은 평가를 받고 있다. 이 점은 2005년 11월에 열린 유럽멘토링코칭협의회 회의에서 부각되었다.

E-멘토링은 멘토링 업계에서 새롭게 떠오른 분야이며, 전통적인 멘토링과 비교해 보았을 때 많은 강점을 지니고 있다. 온라인상의 E-커뮤니케이션E-communication은 멘토와 멘티 양측 모두에게 보다 자유로운 환경을 마련해 준다. 또한 온라인상의 가상 환경에서는 그동안 지위, 성별, 인종 등과 관련된 면대면 멘토링이 지니고 있던 기존의 문제들이 존재하지 않는다. 멘토링이 지니고 있는 이점은 온라인상에서도 마찬가지로 분명 존재한다. E-멘토링의 시간적 요소도 중요한 개발 요소가 될 수 있다. E-멘토링은 실시간 커뮤니케이션을 가능하게 하는 동시에 심사숙고를 위한 시간적 격차도 제공하기 때문이다. E-멘토링의 또 다른 강점은 바로 지리적 제약이 없다는 사실이다(Hunt, [2004] 2005).

E-멘토링은 매우 편리하고 융통성이 있다. 따라서 비동시적인asynchronous 방법(이메일)과 동시적인synchronous 방법(메신저 혹은 문자)으로 교류하여 개인 혹은 그룹 간의 규칙적, 비공식적 커뮤니케이션이 가능하다. 데이비드 클러터벅(Clutterbuck, 2004)은 이러한 과학기술과 방법론을 혼합 사용하여 멘토링 과정을 개선해야 한다고 제안하였다.

과학기술이 점차 정교하게 발전함에 따라 이를 더 광범위하고 종합적으로 사용하게 될 것이라고 예측하는 것이 합리적일 것이다. 특히, 데스크톱과 웹 카메라를 사용한 화상 회의가 늘어날 것이다. 미래의 커뮤니케이션은 원거리 면대면 커뮤니케이션과 비동시적 방법의 텍스트 교류가 합해져 이루어질 가능성이 높다. 연구 결과에 따르면 이러한 양상이 멘토와 멘티 간의 의사소통을 더욱더 풍부하게 해 줄 큰 잠재력을 가지고 있다고 한다. 따라서 멘토링 계획자는 이러한 과학기술을 멘토링 프로그램의 통합된 일부로서 효과적으로 사용해야 한다.

인터넷과 전자 메시지의 등장으로 많은 기업들이 E-코칭과 E-멘토링을 제공하고 있다. E-코칭이나 E-멘토링만을 제공하는 경우도 있고, 전체 트레이닝 프로그램의 일부로 활용하는 경우도 있다. 면대면 커뮤니케이션과 컴퓨터를 매개로 하는 커뮤니케이션 간의 차이를 비교한 많은 연구가 있었다. 일부 연구 결과에서는 과학기술에만 전적으로 의존하는 커뮤니케이션이 지니는 위험을 강조하고 있다. 예를 들어, 사람들은 일반적으로 면대면일 경우보다 이메일을 통해 의사소통을 할 때 더 공격적이고 적대적인 것으로 밝혀졌다(Kiesler, Siegel, & McGuire, 1984). 이는 개인들이 온라인상에서 상대방과 거리감을 더 느끼고 그로 인해 자신의 언행이 어떻게 받아들여질지에 대해 무감각해지기 쉽기 때문에 온라인 커뮤니케이션에 대한 책임감 상실 가능성에 대한 우려를 낳았다. 하지만 1990년대에 들어서면서 이러한 우려는 점차 불식되었다. 적대적인 행동에 대한 증거가 적었기 때문이다. 온라인이 면대면 커뮤니케이션과 어떻게 다른지에 대해 우리의 이해를 높여 주는 여러 이론들이 등장하였다.

여러 연구 결과에 따르면 온라인상의 관계에서 신뢰를 구축하는 일은 면대면의 경우보다 더 오랜 시간이 걸리지만, 시간이 흐르면서 결과적으로 상호 신뢰도는 면대면의 경우와 같은 것으로 나타났다. 티드웰과 월터(Tidwell & Walther, 2002)는 면대면의 경우가 온라인 커뮤니케이션보다 실제로 더 개인적이고 생산적인지에 관해 의문을 제기하였다. 그러나 동시성은 기본적인 규칙의 수립을 위해 더 많은 시간을 요구할 것이며, 면대면 상황과 온라인 상황을 비교하는 연구에서 이 점을 주요 요인으로 고려한 경우는 거의 없었다.

다른 연구가들은 온라인상의 관계가 꽤 상호 의존적이고, 심층적이며, 헌신적이라는 사실을 알아냈으며(Parks & Floyd, 1996), 예측성과 이해를 높여 준다는 것을 발견하였다(Swann, 1990). 사회적 네트워크가 이미 갖춰진 사람은 사회적 활동을 하는 데 자신이 기존에 사용하는 미디어를 대체하기보다는 여기에 인터넷이라는 또 하나의 도구를 추가할 가능성이 상대적으로 높다고 알려져 있다. 이들은 기존의 수단을 인터넷으로 대체하기보다는 인터넷이라는 또 다른 도구를 하나 더 추가하는 것이다. 내성적인 사람의 경우에는 인터넷상에서 자신을 드러내는 것이 더 쉽다고 여겨서 면대면의 경우보다 인터넷상에서 자신을 드러내기 시작하는 경우가 더 많다(Bargh, McKenna, & Fitzsimons, 2002).

온라인 채팅은 즉각성이라는 이점이 있다. 국제 업무를 관장하는 많은 기업에서 팀 회의들이 주간에 온라인으로 이루어진다. 그들은 심지어 한 번에 여러 개의 회의에 참여할 수 있기 때문에 커뮤니케이션의 생산성 효율이 매우 높다. 많은 팀들이 이러한 동시 회의가 매우 효과적이지만 기존의 면대면 회의와는 다르다고 말한다. 예를 들어, 코칭심리학특별회의는 대부분의 위원회 회의를 화상 회의를 통해 진행하였으며 그로 인해 엄청난 비용을 절감하였다고 한다. 이러한 관행은 영국심리학회 위원회의 권고로 시행되기 시작하였으며 이로 인해 다른 위원회들도 화상 회의를 더 자주하게 되었다.

## 기대 증폭 이론

최근 온라인 협동작업과 온라인 데이트를 포함한 인터넷상에서의 개인 호감에 대한 매우 유익한 연구들이 있다. 이런 연구들은 기대 증폭 이론Inflated Expectation Theory으로 발전하였다(Walther, 1996). 이 이론은 직접 얼굴을 맞대고 만나는 경우보다 인터넷상에서 만났을 때 상대에 대한 호감이 높아진다는 이론이다(McKenna, Green, & Gleeson, 2002). 상호 호감 정도가 가장 높았던 집단은 온라인 그룹이면서 상대의 사진을 보지 못한 집단이었다(초인간적 관계hyper-personal, 3차원 공간의 인간관계). 다음으로는 온라인으로 상대 그룹의 사진을 가지고 함께 일하는 경우였다. 온라인상에서 상대 그룹의 사진을 가지고 단기적인 작업을 함께 하는 경우 호감도는 그보다 더 낮았다. 가장 호감도가 낮은 경우는 온라인상에서 상대 그룹의 사진 없이 단기 작업을 함께 하는 경우였다. 사진이 상대에 대한 시각적인 힌트를 제공하는 한편, 상대에 대한 보다 많은 정보 요구는 호감도 감소로 이어진다는 다른 연구들도 있다. 사진이나 다른 개인 정보를 통해 상대를 더 잘 알게 될 것이라는 기대감은 호감도를 증가시키는 반면, 실제로 정보를 더 많이 입수하면 할수록 호감도는 낮아진다. 이는 온라인 파트너에 대한 정보에 많이 노출될수록 실망할 가능성이 크다는 것이다. 즉, 상대방을 시각적으로 알게 되면 실망이 뒤따를 수 있다는 것이다. 따라서 기대 증폭 이론이 타당성을 얻기 위해서는 커뮤니케이션 수단을 이메일, 텍스트, 온라인 채팅 혹은 면대면 대화, 전화통화, 추가 정보 이메일 중 한 가지 방법으로 제한해서 새로운 정보 혹은 예상치 못한 정보가 상호 간 관계 진전에 영향을 주지 않도록 해야 한다.

온라인 커뮤니케이션이 두 번째로 좋은 방법이라고 한다면, 온라인 커뮤니케이션의 이점을 어떻게 활용할 수 있을까? 첫째, 마치 화룡점정을 하듯 면대면 만남을 통해 관계를 완전하게 만들 수 있다는 생각을 버려야 한다. 둘째, 첫 만남의 타이밍이 매우 중요하다. 처음 서로를 알게 된 직후에 첫 만남이 이루어지지 않는다면, 만남은 만족도와 결과를 개선시키기보다는 악화시키기 쉽다.

화상 회의의 경우, 면대면 만남 혹은 사진 제공은 참여자들의 만족도를 향상시키는 역할을 거의 하지 못할 것이다. 인터넷상에서의 관계 진전은 독특한 속도로 진행된다. 하지만 웃는 얼굴 등의 이모티콘은 사회적인 의미와 존재감을 더욱 효과적으로 전달하도록 도와준다. 직접 전화를 걸면, 상대에 대한 관심을 가지고 있고 관계 진전을 위해 노력한다는 의미를 전달할 수는 있을 것이다(이를 행동주의 심리학에서는 정적 강화라고 부른다.). 하지만 계약과는 상관없이 이행을 약속한 합의 사항에 대해 추가 정보를 보내는 이메일이나 개인적인 안부 이메일처럼 예상치 못한 커뮤니케이션 효과도 상당히 크다(추가 정보 이메일은 상호 관계에 많은 관심을 기울이고 있다는 것을 보여 주는 데 핵심적인 역할을 한다.).

## 코치와 학습자 그리고 멘토와 멘티 간의 다양한 매칭

인터넷이 우리의 생각을 발전시킨 또 다른 분야가 바로 사람들 간의 협업 파트너를 짝지어 주는 매칭이다. 매칭은 코칭 및 멘토링과도 밀접한 관련이 있다. 매칭에서 가장 어려운 난제 중 하나는 바로 물리적으로 먼 거리에 거주하고 서로 다른 문화에서 살아가는 참여자들을 매칭하는 것이다. 멘토와 멘티의 대인 관계가 진전될 수 있도록 멘티가 학습할 수 있는 안전한 공간이 확보되어야 한다(Stokes, 2003). 코치와 피코치자/멘토와 멘티 간에 좋은 관계를 구축하는 것이 성공의 비결이다. 좋은 관계 없이는 아무것도 없다. 첫인상이 관계에 영향을 미치기 때문에, 초기의 매칭이 중요한 것이다. 사람들은 심지어 22~80피트 떨어진 거리에서도 상대에 대한 판단을 내릴 수 있다(Festinger, Schachter, & Back, 1950).

사회심리학의 여러 분야에서는 이에 도움이 되는 여러 가지 정보를 제공하고 있다. 예를 들어, 긍정적인 감정을 담은 반응이 호감도를 높여 준다는 사실은 이미 잘 알려져 있다(Veitch & Griffitt, 1976). 대인 호감과 관련된 연구에 따르면 태도, 정치적 성향, 종교적 믿음 등이 유사한 경우 일반적으로 호감도가 증가한다고 한다(Byrne & Nelson, 1965; Fischer, 1992; Brehm at al., 2002; Buss, 2003). 매칭을 위해 우리가 묘사하는 이상적인 자신과 실제의 자신은 차이가 있을 수 있다. 연구에 따르면 사람들은 객관적인 실제 정보에 의존하기보다는 자신과 비슷한 상대(이상적인 자신과 비슷한 상대)를 선택하려는 경향이 있다고 한다(Buss & Barnes, 1986). 사람들은 스스로 싫어하는 자신의 습성을 가진 사람을 선호한다. 더 정확히 말해 이상적인 자신과 맞지 않는 습성을 가진 사람을 선호한다(Klohnen & Mendelshn, 1998). 다른 연구에 따르면 첫인상을 좋게 하는 특성들이 장기적인 만족도로 이어지는 것은 아니다. 설사 유사한 태도가 호감도를 높이지 않는다 하더라도 상이한 태도는 호감도를 감소시킬 수 있다(Rosenbaum, 1986).

직원들이 멘토링에 대해 혜택이 적다고 여기는 것은 멘토링 관계의 진전을 방해할 수 있다는 연구 결과도 있다. 이 때문에 E-멘토링의 효과에 대해 상반되는 의견이 존재한다(기대 효용 이론[Expectancy Valence Theory]). 다시 한 번 강조하지만, 상대의 말을 경청하고 긍정적인 반응을 보여 주는 것, 즉 존재감을 느끼게 해 주는 것이 가장 중요한 성공의 열쇠다. 기대감 상승과 그 과정에서의 신뢰는 결과에 영향을 미친다. 이는 개인, 방법, 상황 간의 차이를 넘어선다.

온라인 커뮤니케이션 분석과 시스템 개발로 전자 매칭에 관한 유용한 연구들이 이루어졌다. 이들 연구 중 일부는 대인 교류와 협업을 원활하게 하기 위해 사람들 간의 유사성에 기반해서 조언을 주는 사회적 추천 시스템의 효용에 대해 다루고 있다. 이들 연구가 공통적으로 지적하고 있는 점이 바로 선택과 의사결정을 촉진하기 위하여 많은 정보를 제공하는 것(사용자가 보다 많은 정보의 제공을 요구하는 경우)과 자신들의 구체적인 신상정보를 제출한 사람들이 사생활 보호를 요구하는 것 사이에서 균형을 맞추는 것이 어렵다는 것이다. 효과적인 매칭에 지리적 근접성이 도움이 될 수 있다(Ludford et al., 2004). 인구학상의 유사성도 호감도와 연결되어 있다(Swearingham & Sinha, 2002). 매칭 추천 방식은 여러 가지 요소들에 영향을 받는다. 예를 들어, 참여자들에게 선택의 다양성을 주는 것이 필수적이며 멘토링의 혜택을 지속적으로 설명하는 것도 중요하다. 이러한 요소들이 참여자가 추천을 받아들일지 않을지를 결정하는 데도 큰 영향을 미친다(Herlocker, 2000). E-멘토링에서의 매칭은 목표와 가치에 따라 성공적으로 연결될 수 있다(Bennett, 1997).

멘토링과 코칭 관련 연구와 조사를 보면 공식적인 멘토링 프로그램이 자연스럽게 구축되는 멘토링 관계보다 덜 성공적이며 덜 유익한 것으로 평가받는다는 사실을 알 수 있다(Chao, Walz, & Gardner, 1992). 몬소(Monsour, 1998)는 멘토와 멘티가 서로 가까운 데 거주하고 비슷한 관심사와 학습 스타일을 가지고 있는 것이 좋다고 제안한다. 학교 교장들을 대상으로 한 연구를 보면 경쟁이 발생하지 않는 한 지리적 근접성이 멘토로 하여금 지역적 통찰력뿐만 아니라 국가적 통찰력을 발휘하게 한다고 한다. 2003년 현대화 에이전시[The Modernization Agency]가 수간호사들을 대상으로 실시한 연구는 멘토와 멘티 간의 관계가 너무 가까울 경우 문제가 발생할 수 있으며, 멘티들의 거의 절반 가까이가 멘토링 시작 이전에 그들의 멘토를 알았다고 한다. 재미있는 사실은 공통된 목표와 가치가 그 어떤 기준보다 관계의 성공을 좌우한다는 연구 결과가 있다는 것이다.

서덜랜드(Sutherland, 2003)는 피코치자보다도 멘토가 매칭 과정에서 잠재적으로 문제가 있다고 느끼고 있으며, 이는 멘토링에서 관계의 질에 대해 지나치게 강조하기 때문이라고 보고하였다. 만족도와 관련해서 그녀는 도움을 제공하는 사람으로서 필요한 핵심 기술, 속성과 자질이 보다 효과적인 멘토링 과정으로 이어지며, 멘토링과 코칭 사이에는 차이점을 발견하지 못하였다고 말하였다.

비교문화 간 연구와 인류학은 발전적인 짝 맞추기와 협업을 위한 중개뿐만 아니라 결혼에서 중매인이 하는 역할에 초점을 맞춤으로써 이 분야의 이해를 돕는 데 일조하고 있다. 일과 학습, 심지어 존재에 이르기까지 모든 측면에서의 파트너십이 그 어느 때보다도 중요해졌다. 우리를 둘러싼 환경이 점차 복잡해짐에 따라 잘 통합된 시스템이 그 어느 때보다도 필요하게 되었다. 중매인과 브로커의 목적은 상호 이득을 위해 서로 다른 두 사람 사이를 중재하는 것으로서 관계의 촉매제 혹은 다리 역할을 한다. 그들은 영역의 경계를 넘어 양자를 연결시킨다. 파트너십 브로커의 경우, 두 명의 잠재적인 파트너를 데려다가 성공적인 업무 관계를 구축하여 유지하도록 해 준 뒤에 물러난다. 현재까지 멘토와 멘티, 코치와 피코치자 간의 매칭과 관련된 연구가 많지 않았다. 비록 이 분야에서의 연구가 증가하는 추세이기는 하나, 다른 문화에서의 브로커 상황에 대한 정보를 충분히 활용한 경우는 드물다. 다음에 기술된 바와 같이 결혼 중매는 브로커 상황의 가장 좋은 예 중 하나라고 할 수 있다.

## 중국

중국에서 결혼 중매인의 역할은 공동의 이해를 위해 협력하고 함께 노력하는 것이다. 이들의 역할과 자질은 여러 방식으로 묘사가 되는데, 예를 들어 '상호 승인을 확인하는 것'이라고 정의되기도 한다. 할리바스Halibas의 경우 신부와 신랑의 이마에 있는 표시를 보고 궁합이 맞는지를 확인한다. 일부 티베트인은 별자리를 보기도 한다.

## 인도

인도의 한 중매인이 "중매결혼의 성공 여부는 중매인에게 달려 있다."라고 말한 적이 있다. 힌두교에서 중매인은 카스트 제도에서 가장 높은 신분인 브라만에 속해 있다. 어떤 중매인은 전조를 읽고 예언한다. 중매인은 '신랑 측과 신부 측 모두로부터 충분한 존경을 받을 만한 충분한 입지에 있으며 따라서 그들이 그의 추천을 받아들일 만한 사람'이라고 묘사된다.

## 한국

한국에서는 부부 중 41%가 중매를 통해 결혼한다. 한 중매인은 "오늘날 젊은이들은 자신의 배우자가 가지고 있었으면 좋을 자질들을 구체적이고 적극적으로 이야기한다. 그들은 중매 과정에 참여하기를 원한다."라고 말한다. 사람들은 배우자가 자신과 비슷한 배경, 학력, 사회적 지위 그리고 자신과 비슷하거나 보완적인 자질들을 갖추고 있기를 원한다.

많은 동양 문화의 민속철학은 하늘에서 맺어 준 인연이 있다고 여긴다. 즉, 필연적인 한 쌍의 남녀가 필연적인 시기에 필연적인 중매인에 의해 맺어진다는 것이다. 다시 말해, 동양 문화에서는 존경받는 제3자의 등대 역할에 의존하려는 경향이 있다. 이는 공동체 정신과 문화적 신앙 시스템과 연결되어 있는 '운명'과 관련이 있다. 우리의 사례 연구에 따르면, 중매인 혹은 코디네이터의 역할에 대한 신뢰가 코칭과 멘토링을 하기로 결정하는 데 가장 강력한 요인이 되며 중매인이 적절한 상대를 매칭해 줄 것이라는 신뢰 앞에서 다른 기준들의 중요성은 줄어든다는 것을 알 수 있다. 중매인은 대개 절차를 조정하는 코디네이터와 같으며 상기와 같은 결론은 코디네이터를 선택해서 훈련시키는 것이 얼마나 중요한지를 잘 보여 준다. 이 책의 6장에서는 코칭과 멘토링 프레임워크와 프로그램을 구상할 때 이러한 문화적인 측면을 어떻게 해결해야 할지를 다룬다.

## 코칭, 멘토링 그리고 심리학

서방 세계에서 스포츠 코칭은 스포츠와 운동 심리학에 기반하여 발전하였다. 이러한 측면에서, 전(前) 국제 레이싱 선수이자 현 코치인 존 위트모어 경은 "코칭 원칙은 보편적이며, 결국 자녀양육을 포함한 삶의 모든 부문에 공통적으로 적용될 것이다."라고 말하였다(Hilpern, 2006). 하지만 코칭과 멘토링 그리고 이들을 뒷받침해 주는 심리학의 발전은 문화적으로 관련되어 있으며 보다 넓은 환경적인 요소들에 의해 영향을 받는다. 예를 들어, 서구에서는 몇 가지 주된 환경적 요소들이 코칭과 멘토링을 증거 기반evidence-based의 공식화된 프로그램으로 발전하도록 이끌었다. 이러한 증거 기반의 접근법은 원래 질병의 진단과 치료에 일관성 있게 접근하기 위해 발전되었다. 특히 유럽과 미국에서 이러한 증거 기반의 접근법은 의학의 경계를 넘어 치료법과 그 나라의 다른 전문 분야의 발전에 기여를 하였다.

또한 서로 다른 문화를 융합한 코칭과 멘토링 프로그램도 존재한다. 이런 융합은 주로 미국 혹은 유럽의 다국적 기업들이 그들의 관행을 아시아나 아프리카로 가져갈 때 발생한다. 이러한 다국적 기업의 코치와 멘토는 일반적으로 한 가지 접근법을 사용한다. 이러한 방법은 지역 공동체에 영향을 끼치고, 코칭과 멘토링에 대한 관심을 유발하고, 지지기반을 구축하도록 해 준다. 위트모어는 그의 저서 『성과 창출을 위한 코칭Coaching for Performance』에서 "일일 업무와 같이 가장 실용적인 업무를 코칭할 때에도 코치가 개인적 이해를 초월해서 코칭할 때 성과가 더 개선된다."라고 언급하였다(Hilpern, 2006).

더 중요한 것은 그가 개인적 이해를 초월한 코칭이 기업의 사회적 책임이라는 가치와도 연관이 있다고 말한 것이다. 기업의 최고 경영자와 임원은 소위 세 가지 핵심이라고 불리는 수익, 사람, 환경을 경영에서 고려해야 하는데, 이들 가치가 조직 전체를 코칭하고 조직에서 코칭되어야 한다는 것이다. 그렇다면 한 가지 중요한 문제가 있다. 코칭이 문화를 초월하지 못한 상태에서 개인의 이해를 초월하여 이루어질 수 있을까?

코칭에는 신경언어학 프로그램Neuro Linguistic Programming: NLP과 속성 학습에서부터 GROW 모델에 이르기까지 다양한 접근법이 존재한다. 교류분석TA은 심리학에서 출발한 접근이면서 여전히 대중적이라는 점에서 부분적인 신뢰를 얻고 있고, 에릭슨Erikson에서부터 레빈슨Levinson의 '인생의 사계절Seasons of Life' (Levinson, 1978)에 이르는 심리사회적 발달 이론에 그 뿌리를 두고 있다. 이러한 접근법들은 보편성을 지녔기에 이 책의 7장에서 기법과 도구를 이야기할 때 다시 한 번 다룰 것이다. GROW 모델은 특히 유명하기 때문에 여기서 잠깐 설명하고 넘어가고 제7장에서 다시 다루기로 하겠다. GROW는 다음과 같은 단어들의 축약이다.

- G－목표Goals
- R－현실Reality
- O－옵션Options
- W－의지 혹은 결론Will/Wrap-up

## 목표 설정

이 모델의 가장 중요한 목적은 바로 목표 설정이다. 피코치자는 장기 목표, 단기 목표, 세션별 목표, 현안별 목표 등의 목표를 설정한다. 예를 들어, 코치가 "당신은 이 코칭 세션을 통해 무엇을 얻고 싶으십니까?" 라는 질문을 할 수도 있을 것이다. 목표는 적절하지만 도전적이어야 한다. 코치는 피코치자로 하여금 목표에 대한 주인의식을 가지도록 해야 된다. "이 목표는 누구의 것입니까?" 라는 물음을 던져야 한다.

## 현 실

목표는 현실적이고 객관적이어야 한다. 그래야 피코치자가 너무 비현실적인 목표를 설정하였다가 초기에 실패를 경험하고 괴로워하지 않는다. 코치는 피코치자로부터 무엇이 효과적이었고 무엇이 그렇지 않았는지에 대해 피드백을 받아야 한다.

## 옵션

코치는 피코치자로 하여금 목표를 달성하기 위한 구체적인 세부 방법들의 목록을 만들고 이에 해당하는 실천 계획을 만들도록 해야 한다. 여러 가지 옵션의 목록을 만듦으로써 피코치자가 선택할 수 있는 폭을 최대화할 수 있다. 피코치자가 할 수 없으리라 부정적으로 가정하고 가능한 옵션들을 제한하는 것을 방지하기 위해, 목록 작성 시 어떠한 비판이나 평가도 없어야 한다. "당신의 목표를 달성하기 위해 사용 가능한 옵션에는 무엇이 있습니까?"라는 질문 등을 할 수 있을 것이다. 한 세션이 끝나갈 무렵에는 "옵션을 하나만 더 생각해 볼 수 있습니까?"라는 질문으로 도움을 줄 수 있다. 목록이 완성되면 코치와 피코치자가 함께 우선순위와 실천 가능성에 기반해서 분류한다.

## 의지/결론

전형적인 코칭 방법과 마찬가지로 GROW 모델도 미래지향적이다. 세션이 끝나갈 때 코치는 피코치자에게 "이제 무엇을 할 것입니까?"라는 질문을 할 수 있다. 또 "언제까지 실천하실 겁니까?" "궁극적 목표를 달성하는 데 이 노력이 어떤 도움이 될 수 있습니까?" "이 옵션을 실천할 때 어떤 걸림돌이 존재할 수 있습니까?" "그 걸림돌을 어떻게 제거하시겠습니까?" "그 걸림돌을 제거하는 데 누구의 도움을 얻으시겠습니까?" 등의 질문도 할 수 있을 것이다.

비록 코칭 바이블이라 불리는 존 위트모어 경의 저서 『일을 위한 코칭 Coaching for Work』의 출간으로 GROW 모델이 유명해지기는 했지만, 많은 코치가 아직까지 GROW 모델을 뒷받침해 주는 심리학적 이론과 원칙이 상대적으로 초보적인 수준에 머무른다고 생각한다. 예를 들어, 매슬로의 욕구위계설은 심리학을 공부하는 대학생들에게는 잘 알려져 있지만, 이를 코칭에 접목하는 것은 많은 비즈니스 코치에게 생소한 개념일 것이다(Whitmore, 1992, 2002). 이 책은 코칭과 멘토링에 관련된 풍부하고 다양한 심리학적 원칙을 발전시키는 것을 목표로 한다. 우리는 차후에 GROW 모델을 다시 다루면서 학습심리와 연결하여 어떻게 이를 더 정제할 수 있을지 살펴보도록 하겠다(7장, 8장 참조).

## 코칭과 멘토링에 심리학적 접근법 적용하기

이 책의 전반에 걸쳐 다양성을 중시하고 학습심리학을 코칭과 멘토링에 적용시키는 것의 중요성이 재차 강조되고 있다. 위트모어(1992, 2002)는 "코칭의 근간이 되는 심리학적 원리를 이해하지 않고서는, 코치는 목표한 결과를 이끌어 낼 수 없다. 물론 코칭을 하기 위해서 심리학 학위가 있어야 한다는 이야기는 아니다."라고 지적하였다. 많은 코치들이 코칭과 멘토링에 심리학을 접목시키는 것을 어려워하는데, 이 책을 통해 심리학적 접근이 어렵지 않음을 증명할 수 있기를 바란다. 대부분의 접근법은 상담과 심리치료 기법에 기반하고 있다(Richards, 1999; Neenan & Palmer, 2001; Peltier, 2001; Greene & Grant, 2003; Law, 2003; Lee, 2003; Palmer, Cooper, & Thomas, 2003). 여기에는 다음과 같은 접근법이 있다.

- 해결중심 단기치료[Solution-focused Brief Therapy]
- 인지행동치료[Cognitive Behavioral Therapy: CBT]
- 합리적-정서적 행동치료[Rational Emotional Behavioural Therapy]
- 복합형태치료[Multi-model Therapy]

코칭심리학특별회의[Special Group in Coaching Psychology: SGCP]의 조사에 따르면, 가장 일반적으로 많이 사용되는 접근법이 인지치료와 행동치료라고 하며, 그 사용 비중이 60%가 넘는다고 한다(Palmer & Whybrow, 2004). 비록 신경언어학 프로그램이 라이프 코칭에서는 인기가 있지만, 전문 심리학자들은 거의 사용하지 않는 방법이다. 신경언어학 프로그램의 이론은 너무나 잘 알려져 있고, 심리치료와 연관성이 적기 때문에 이 책에서 다루지 않는다.

인지행동치료는 1960년대와 1970년대에 미국에서 정신과의사로 일하던 아론 템킨 벡[Aaron Temkin Beck]에 의해 개발되었다(치료 적용사례는 Beck et al., 1979 참조). 그는 자신의 감정에 과도하게 빠진 사람들이 스스로와 대화하는 경향(소위 '내면 대화'를 하는 경향)이 있다는 관찰에 기반하여 감정, 인지 그리고 행동적 개입 사이의 연결 고리를 찾았다. 내면 대화를 하는 사람들은 그 생각들이 어디서 오는 것인지 알지 못하지만, 그런 생각들이 무의식적으로 머릿속에 불현듯 든다는 사실을 좋아하지 않는다(벡은 이를 '자동적 사고'라고 불렀다.). 만약 사람들이 자신의 생각을 더 의식할 수 있다면, 예를 들어 상담자나 심리학자와 이야기하거나 일기장에 기록을 한다면, 이를 해결하기 위한 전략을 짜서 문제를 극복할 수 있다. 대개 상담자 혹은 심리학자와 함께 극복하는 것이 일반적이다. 그린버거와 패데스키(Greenverger & Padesky, 1995)는 이를 '사건 다스리기[mind over matter'가 아닌 '기분 다스리기mind over mood'라고 지칭하였다.

인지행동치료는 의심할 여지없이 가장 대중적인 기법이자 영국의 국립 보건의료연구소National Institute for Health and Clinical Excellence: NICE에서 최선책이라고 여겨지는 치료법이며 국가보건기구National Health Service: NHS에서도 널리 쓰이는 치료법이다. 이 책은 코칭과 멘토링에 관련된 기법 중 하나로 이를 채택하였다(7장에 이 모델의 적용에 대한 구체적인 내용을 다루고 있다.).

인지행동치료는 코치가 피코치자들에게 문제에 대한 직접적인 해결 방안은 제시해 주지 않고 도와주는 역할을 하는 코칭 방식이다(4장 참조). 이는 이 책에서 지지하고 있는 학습심리학적 접근법과도 일맥상통한다(3장, 7장, 8장 참조). 이러한 측면에서 코칭은 '협동적 절차'로 간주된다(이를 인지행동치료 용어로 '안내된 회복guided recovery'이라 한다.). 코치는 피코치자가 자신 특유의 장점을 재발견하고 미래를 위한 전략을 짤 수 있는 토대를 제공해 준다. 예를 들어, 이야기식 주제narrative theme나 인지행동치료 구조를 이용할 수 있다.

다른 많은 코칭 기법과 마찬가지로, 인지행동치료는 목표주도적이면서 해결중심적이다. 인지행동치료는 현재와 미래를 강조한다. 전형적인 인지행동치료 프로그램에는 시간 제약이 있다. NHS에서 인지행동치료를 널리 사용하는 것도 일부는 이런 시간 제약 때문이다. 인지행동치료는 본질적으로 가시적인 성격을 지녀서 결과에 대한 증거 기반의 평가를 받게 된다(10장 참조). 증거 기반의 평가는 서구 사회에서 공공 부문과 민간 부문 모두에서 권고되는 사항이다. 인지행동치료는 소크라테스의 사상뿐 아니라 현대 긍정심리학과도 일맥상통한다. 이어지는 내용에서는 심리학 분야에서의 최근 발전 사항들과 이를 어떻게 코칭과 멘토링에 적용할지를 살펴본다.

## 긍정심리학

마틴 셀리그먼Martin Seligman은 *American Psychologist*에서 밀레니엄 이슈를 다룬 이후에, 동료 미하이 칙센트미하이Mihaly Csikszentmihalyi와 함께 긍정심리학에 대한 16개 조항을 발표했다(Seligman & Csikszentmihalyi, 2000). 이 이슈들의 범위는 무엇이 사람을 행복하게 하는지, 자율성과 자기규제의 효과, 낙관과 희망이 건강에 미치는 영향, 지혜의 요소에서부터 어떻게 하면 재능과 창의성의 결실을 맺을 수 있는지까지 이른다. 예를 들어, 칙센트미하이(1991)는 몰입flow의 개념을 도입하여 이상적 경험을 묘사했다. 바로 사람들이 자신의 경험을 개선시키는 데 초점을 맞춤으로써 삶을 개선할 수 있다는 개념이었다. 이러한 의식적인 시도는 일, 일상생활, 의미의 발견에 이르기까지 삶의 모든 분야에 적용될 수 있다. 저자들은 '긍정심리학의 과학'에 관한 프레임워크를 제시한다. 그들은 이런 패러다임 전환을 통해 개인, 공동체 그리고 사회가 이 새로운 세기에 번영할 수 있는 요소들을 이해하고 구축할 수 있을 것이라는 낙관적인 시각을 가지고 있다.

2005년 4월 28일 옥스퍼드에서 피언 캔돌라Pearn Kandola의 주최로 '직업심리학을 위한 긍정적 아젠다a positive agenda for occupational psychology' 라는 주제의 실험적 워크숍이 열렸다. 이곳에서 긍정심리학은 '웰빙과 성취에 관한 과학적 연구'라고 묘사되었고 '직업심리학의 새로운 지평을 열었다.' '다양한 분야에서의 이론, 연구, 실천을 한데 모음으로써 직업적 삶의 질과 조직의 효율을 높일 수 있는 통합되고 타당성 있는 접근법을 발견할 가능성을 제공해 주었다.'는 평가를 받았다.

학습 이론으로 제한을 두지 않고 현대 심리학 분야의 문헌을 재검토해 보았을 때, 긍정심리학은 코칭 그리고 멘토링과 직접적인 관련이 있다. 긍정심리학은 또한 성과performance 개선과 웰빙에도 관련이 있고(Linley & Harrington, 2006), 인간을 병리학적인 접근에 기반해서 이해하는 것에서부터 성장과 긍정적인 발전의 관점까지 유사한 패러다임의 전환을 제시한다. 이러한 패러다임 전환은 크리스토퍼 피터슨Christopher Peterson과 마틴 셀리그먼의 저서 『특성 강점과 미덕-분류 핸드북Character Strengths and Virtues-A Handbook and Classification』의 서문에 잘 드러나 있다. '정신 건강의 매뉴얼Manual of Sanities'이라 불리는 이 저서는 미국정신의학협회(American Psychiatric Association, 1994)에서 후원하는 『정신장애의 진단 및 통계 편람Diagnostic and Statistical Manual of Mental Disorders: DSM』과 극명히 대조되는 내용을 다루고 있다.

우리는 긍정심리학이 삶의 질뿐만 아니라 코칭과 멘토링의 실전을 개선할 수 있는 기반을 제공해 줄 수 있다고 본다. 이를 임상적 환경에 적용한다면 기존의 정신치료 혹은 심리치료와는 다른 방식으로 질병과 절망감, 무의미감 등을 예방하도록 해 준다. 더 구체적으로 말해, 유럽의 정신치료학적 접근법은 '문화적 차이를 무시한다는culturally blind' 비난을 받았다. 이는 보편적으로 적용될 수 없고 병리학적 모델만을 지나치게 강조하는 접근법이었다(Law, 2004a, 2004b). 그 결과, 우리는 현재 열망, 지혜, 창의, 미래지향성, 용기, 정신, 책임감, 인내, 희망, 꿈과 같이 우리의 삶을 의미 있고 값지게 만들어 주는 긍정적인 요소들이 부재한 사회에서 살아가고 있다.

비록 긍정심리학이 현대 심리학에서 새로운 움직임인 것처럼 인식되어 있지만, 사실 매슬로(Maslow, 1968), 로저(Roger, 1963), 올포트(Allport, 1961), 야호다(Jahoda, 1958), 융(Jung, 1933) 그리고 더 거슬러 올라가서 제임스(James, 1902)까지의 유럽 심리학과 같은 계통이다(Linley & Joseph, 2004 참조). 긍정심리학은 철학적, 문화적으로 모든 서구 철학에 공통적으로 내재되어 있는 플라톤과 아리스토텔레스 학파와도 관련이 있다.

긍정심리학에는 보다 긍정적이고 충만한 삶과 관련 있는 다음과 같은 세 가지 주요 축이 있다.

- 긍정적 정서: 즐거운 삶
- 긍정적 캐릭터(특성/성격): 적극적인 삶
- 긍정적 제도: 의미 있는 삶

행복과 같은 긍정적인 정서는 다음과 같은 세 가지 영역으로 분류할 수 있다.

- 과거(만족, 흡족함, 충족, 긍지, 평온)
- 현재(기쁨, 환희, 온화, 생기, 격정, 즐거움, 몰입)
- 미래(낙관, 희망, 믿음, 신뢰)

코칭(그리고 멘토링)은 긍정심리학의 관점에서 이해될 수 있다(Kauffman & Scoular, 2004; Linley, 2004). 긍정심리학은 행복, 지혜, 창의성, 강점 등을 포함한 인간의 상태에 대해 면밀히 다룬다. 린리와 해링턴(Linley & Harrington, 2006)은 인간이 코칭을 발전시키고 혜택을 늘릴 수 있는 엄청난 잠재력을 가지고 있다고 주장한다. 따라서 여기에서는 이 분야에 대해 구체적으로 살펴보기로 한다.

행동가치연구소Values in Action Institute의 후원을 받아, 피터슨과 셀리그먼

(2004)은 여론 조사를 통해 인간의 강점을 연구했고, 그 결과 24가지의 강점이 존재하며, 이를 다음과 같은 여섯 가지로 분류할 수 있다는 결론을 내렸다.

1. 지혜와 지식(창의성, 호기심, 개방성, 학습 의욕, 견해): 지식 획득과 적용으로 구성된 인지적 강점
2. 용기(용감, 인내, 정직, 생동감): 도전, 위험, 어려움, 두려움, 장애물, 고통과 위협을 극복하고 목표를 성취하기 위해 의지를 발휘할 수 있는 정서적 강점
3. 인간애(사랑, 친절, 사회적 지능): 타인을 돌보고 우호적 관계를 맺는 대인적 강점
4. 정의(시민의식, 공정함, 리더십): 건강한 지역 사회를 이루는 시민적 강점
5. 참을성(용서와 자비, 겸허와 겸손, 신중함, 자기조절): 지나침을 막아주는 강점
6. 초월(아름다움과 우수함에 대한 식별, 감사, 희망, 유머, 숭고함): 우주의 진리를 이해하고 의미를 부여하는 강점

다음은 인간의 24가지 강점이다(괄호 안에 동의어와 함축적 의미가 제시되어 있다).

1. 창의성(독창성, 창조력): 한 사람이 자신과 타인의 인생에 긍정적인 기여를 할 수 있도록 해 주는 적용 가능한 신선한 아이디어나 행동을 생산하는 것이다. 또한 어떤 일을 하기 위한 고결하고 생산적인

방식을 고안하는 것이다. 예술은 창의성이 요구되는 대표적인 분야이지만 유일한 분야는 아니다. 보다 나아가서 조직, 공동체 그리고 사회에도 기여할 수 있는 것이 창의성이다.

2. 호기심(관심, 신기함 추구, 다양한 경험의 수용): 한 개인이 겪는 모든 경험에서 별다른 이유 없이 신기함, 다양성, 도전을 추구하는 것이다(본성적인 흥미).
3. 개방성(평가, 비판적 사고): 자신이 선호하던 믿음, 계획, 목표 등에 반하는 증거를 찾고, 이 증거를 찾으면 객관적으로 평가하는 것을 의미한다. 한 상황에 대해 깊게 통찰하고 성급하게 결론짓지 않고 모든 측면을 고려하는 것이다.
4. 학습 의욕: 새로운 기술과 지식을 습득하고 기존의 기술과 지식을 연마하는 것에 긍정적으로 자극을 받는 것이다. 이는 호기심과도 관련되어 있다. 하지만 단순한 호기심을 넘어 체계적으로 학습하고 이미 알고 있는 지식을 더 발전시키고자 하는 경향을 의미한다.
5. 견해(지혜): 지식과 경험을 바탕으로 장기적 시각을 가지는 것이다. 타인에게 현명한 조언을 해 주는 것이다. 자신과 다른 사람이 이해할 수 있는 방식으로 세상을 바라보는 것이다.
6. 용감(담대함): 위험한 상황에서 두려움을 느낌에도 불구하고 자발적으로 해야 할 일을 하는 것이다. 반대가 있어도 바른 말을 하는 것이다. 사람들의 지지를 받지 못할지라도 확신을 가지고 행동하는 것이다.
7. 인내: 어려움이 있어도 임무를 완수하고 그에 대한 즐거움을 느끼는 것이다. 말 그대로 '끝까지 해내는 것'이다.
8. 정직(진실함, 솔직함): 진실을 이야기하고 본래의 모습을 보이는 동시

에, 자신의 감정과 행동에 대해 변명하지 않고 책임을 지는 것이다.

9. 생동감(활기, 열정, 힘, 에너지): 살아 있음을 느끼고 어려운 상황에서도 자신이 하는 일에 대해 열정을 가지는 것이다. 삶을 기대감과 활력을 가지고 사는 것이다. 모험을 하듯 삶을 사는 것이다.
10. 사랑: 가족, 친구, 동료, 피코치자, 멘티와의 정서적 관계를 주고 받고, 발전시키고 소중히 여기는 것이다.
11. 친절(관대함, 보살핌, 돌봄, 온정, 이타적 사랑, 착함): 타인에게 온정적이고, 도움을 주며 친절하게 대하는 것이다. 타인을 위해 호의를 베풀고 착한 일을 하는 것이다. 타인을 돕는 것이다. 타인을 돌보는 것이다.
12. 사회적 지능(정서 지능, 개인적 지능): 자신과 타인의 감정을 아는 것이다. 정서(소위 뜨거운 정보)를 처리하는 것이다. 새로운 사회적 상황에 적응하기 위해 무엇을 해야 되는지를 알고, 다른 사람을 움직이기 위해 무엇을 해야 되는지를 아는 것이다(6장에서 이 요소와 보편적 통합 시스템에 대해서 다룬다.).
13. 시민 의식(사회적 책임감, 충성심, 팀워크): 개인의 이해를 초월하여 자신이 속해 있는 그룹과의 공동 목표를 인식하는 것이다. 그룹 혹은 팀의 일원으로서 맡은 바 소임을 다하고 일을 잘하는 것이다. 그룹에 충성하는 것이다.
14. 공정함: 모든 사람들을 편견 없이 공평하게 대하는 것이다. 모든 사람들에게 공정한 기회를 주는 것이다.
15. 리더십: 그룹 일원들로 하여금 그들이 해야 할 일을 하도록 동기를 부여하는 동시에, 그룹 내 화합을 도모하고 사기를 충천케 하는 것이다. 이것을 소위 변혁적 리더십이라 한다(Tichy & Devanna, 1986).

16. 용서와 자비: 지나간 일은 지나간 일로 묻어 두되 부정적으로 머물러 있지 않는 것이다. 잘못을 저지른 이를 용서한다. 복수를 하기보다는 그 사람에게 다시 만회할 수 있는 기회를 주는 것이다.
17. 겸손과 겸허: 자신의 업적에 대해 침묵하여 그것이 스스로 빛나게 하는 것이다. 자신의 실수와 부족한 점을 인식하는 것이다.
18. 신중함: 장기 목표를 효과적으로 달성하기 위하여 자신의 행동의 결과를 조심스레 생각해 보는 것이다.
19. 자기조절(자기통제): 원하는 결과를 도출하기 위하여 자신의 감정과 반응을 통제하는 것이다.
20. 아름다움과 우수함에 대한 식별(동경, 경이, 고결, 초월): 미술, 음악, 음식, 음료 등 삶의 아름다운 경험들을 즐기고 감사하는 것이다.
21. 감사: 받은 것에 대해 고마운 마음을 가지는 것이다. 좋은 일들이 일어나면 이를 인식하고 감사하는 것이다. 감사를 표현하는 것이다.
22. 희망(낙관, 미래지향성, 미래중심): 미래의 결과에 대해 긍정적으로 생각하고 일하는 것이다. 미래에 일어날 수 있는 최고의 일을 상상하고 이를 현실화하기 위해 일하는 것이다. 미래는 가꾸는 자의 것이라고 믿는 것이다.
23. 유머(장난기): 웃고 장난치는 것이다. 기술적으로 타인의 얼굴에 미소를 띄우는 일이다. 가벼운 시각으로 세상을 보는 것이다. 재치를 발휘하는 것이다(그렇다고 농담거리를 이야기하는 것을 뜻하는 것은 아니다.).
24. 숭고함(종교성, 믿음, 목적): 고결한 목적 및 우주의 의미 그리고 우주에서의 자기 자신에 대해 일관된 믿음을 가지는 것이다. 삶의 의

미에 믿음을 가지는 것으로 이는 개인의 행동을 이끌어 주고 편안함을 제공한다.

상기 요소들은 개인의 강점을 평가하는 다음의 10가지 기준을 충족시켰다(Perterson & Seligman, 2004).

1. 충만감
2. 윤리적 가치
3. 타인의 권위를 침해하지 않음
4. 교묘하지 않은 대립
5. 일종의 특질
6. 특별함
7. 모범
8. 놀라운 것
9. 선택적 부재
10. 제도와 관습

긍정심리학의 낙관주의는 심리학 태도의 전환을 보여 준다. 즉, 개인을 비사회적 존재로 보던 기존의 시각에서 사회적, 문화적, 윤리적으로 책임 있는 주체로 바라보는 것이다. 긍정심리학자들은 이를 다문화 사회와 세계화가 던지는 도전 과제에 대응하기 위한 초석이라고 여긴다.

이제까지 논의한 서구의 개념들(증거 기반의 실천을 포함)을 여러 문화에 전달하는 것은 순탄하고 지속 가능한 방식으로 이루어지지 않았다. 예를 들어, 서구 사회에서 자금을 지원한 개발 프로젝트는 아프리카 일부 지역에서 현지의 요구를 받아들이는 데 실패하기도 했다. 이는 우선 순위에 대한 완고한 고집, 적절치 못한 기준과 업무 방식의 강요 때문이다. 정의, 증거의 상대적 가치, 방법 등은 일관적이지 않고 문화마다 특수하다. 일부 멘토와 코치는 개념을 이해하기는 했지만 충분한 연구와 이론을 접하지 못해 그들만의 방식으로 이를 실천하거나 현지 문화나 상황에 맞게 변형시키지 못했다.

다른 지역에서는 학습에 대한 필요성 때문에 실천을 하려는 움직임이 시작되기도 한다. 이런 학습의 필요성은 일반적, 종합적, 비공식적이며 현재와 미래 지향적인 활동에 통합되어 있다. 이는 융통성, 지속 가능성 그리고 다양한 문화에의 적용 가능성을 높여 주는 장점이 있다. 이 책에서는 이런 가능한 해결 방안들을 전달하려는 시도를 할 것이다.

## 단원 요약

최근 들어 코칭과 멘토링 산업은 비즈니스 영역에서 비교적 높은 위상을 가지게 되었고 상대적으로 널리 알려지게 되었다. 과학기술의 진보를 활용할 수 있는 E-코칭도 빠른 속도로 발전했다. 멘토와 멘티의 심리상태를 이해하기 위한 연구들도 진행 중이다. 이 장에서는 인지행동치료 혹은 GROW와 같은 일부 모델의 심리학적 기초와 대중성에 대해서도 다루었다. 우리가 샘플링 한 대부분의 뉴스와 기사들이 코칭과 멘토링이 비즈니스에 미칠 긍정적인 혜택을 보도하고 있지만, 이에 대한 객관적인 증거가 존재하는 것은 아니다. 다국적 기업들의 코칭과 멘토링을 서구 사회의 포맷에 맞춰 전달하는 것은 다양한 문화에 지속적으로 적용하는 데 한계가 있다. 아시아와 아프리카에서 중국은 주요한 투자국으로 부상하고 있으며, 이는 비즈니스 양식에 문화적 변화를 가져올 것이다. 다시 말해, 코칭과 멘토링의 심리학은 문화를 초월한 학습 과정이 되었다. 따라서 코칭과 멘토링을 정의하고 실행하는 방식이 유연해져야 한다. 가능한 방안을 4장, 6장, 9장에서 다루기로 한다.

일관적이고 보편적인 프레임워크를 구축하기 위해서는 학습심리학에 기반한 접근법을 택해야 한다. 바로 이것이 3장의 핵심이다. 심리학에 기반을 둔 코칭과 멘토링은 첨단으로 여겨지며, 이 모델을 적용한 비즈니스 사례가 여럿 있다(5장, 6장 참조). 이 장을 읽은 후, 독자들이 코칭, 멘토링, 심리학 사이의 연관 관계뿐 아니라, 자원이자 사회적 책무로서 코칭과 멘토링 그리고 심리학이 가지는 이점을 이해하기 바란다.

개인의 현재와 미래에 대한 긍정적인 정서와 관련된 긍정심리학의 관점에서도 코칭과 멘토링을 이해할 수 있다([그림 2-1] 참조).

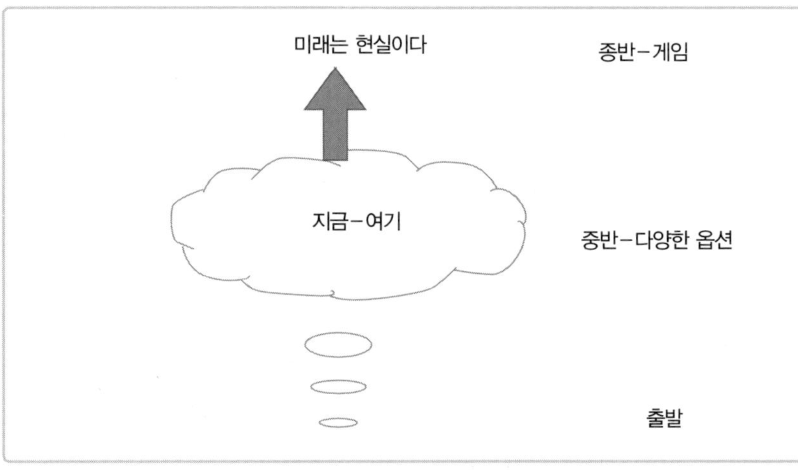


[그림 2-1] 코칭 및 멘토링 프로그램

코칭과 멘토링을 '여행'에 비유하면, 현재(지금-여기)는 출발점이 되고 미래(열망)는 마치 현실인 것처럼 간주된다. 코칭과 멘토링을 체스에도 비유할 수 있다. 체스를 한창 하고 있는 게임의 중반에는(예를 들어, GROW 모델 내에서) 많은 옵션들이 존재한다. 이 책의 목표는 독자가 코칭과 멘토링의 중반전을 잘 치르도록 도와줄 유용한 기법과 전략을 갖추도록 하는 것이다(7장, 8장).

우리는 코칭, 멘토링 그리고 학습에 긍정심리학의 프레임워크가 어떻게 적용되는지 논의했고, 그 논의가 심리치료에서 출발했다는 점도 강조했다. 우리가 '이미 걸음마 단계를 넘어 도약하고 있는' 소비자 모델을 실질적으로 적용하려 함에 따라, 독자는 왜 심리치료적 접근들이 코칭, 멘토링 그리고 학습 분야에 적용될 수 없는지를 이해하게 될 것이고, 문화적 다양성이 존재하는 상황에서 부적절한 심리치료적 접근들이 적용될 때의 위험도 알게 될 것이다.

개인 행동양식과 조직의 관행에 있어 다문화적 견해는 점점 더 그 중요성이 커지고 있으며, 윤리적으로 시급한 과제가 되었다. 다문화주의는 인간 존엄성, 인권 그리고 소외된 계층의 존중이라는 아젠다를 가진 도덕적 움직임이다(Fowers & Richardson, 1996, p.609).

코치와 멘토는 우리 시대의 사회역사학적인 측면과 문화적 영향을 어떻게 다룰지를 결정해야 한다. 따라서 긍정적 발전의 개념은 다음과 같은 다섯 가지 분류에 의해 정의되어야 한다(Jørgensen & Nafstad, 2004).

1. 동기
2. 행동
3. 목표

4. 상황

5. 사회 시대적 요인

이런 분류는 문화를 초월한 보편적인 프레임워크를 구축하는 데 필요한 연구와 개발을 할 수 있는 방향성을 제공한다. 비록 모든 사람이 자신의 경험을 최적의 경험으로 여기는 행복한 몰입의 경험을 할 수 있도록 긍정심리학의 최적 경험을 코칭에 접목시키는 것이 칙센트미하이의 꿈일지도 모르나, 우리가 주목해야 할 다음과 같은 몇 가지 중요한 문제들이 존재한다.

- 피코치자와 멘티가 최적의 경험(몰입의 경험)을 할 수 있도록 어떻게 인도해야 하는가?
- 어떤 기법이 있는가?
- 어떻게 성과를 측정할 것인가?

이 책에서 함께 코칭과 멘토링의 여행을 하며 이에 대한 가능한 대답을 찾아보기로 한다.

Chapter 03

# 코칭과 멘토링에 적용 가능한 심리학의 철학 및 이론: 학습 과정/이론

## 들어가기

이 장에서는 코칭, 멘토링, 트레이닝에 적용 가능한 심리학의 학습 이론과 이에 기반이 되는 철학에 대해서 알아보고, 코칭과 멘토링을 학습에 연계하여 살펴보고자 한다. 이를 위하여 우선 학습심리학에 관한 기존 연구를 개괄적으로 살펴볼 것이다. 또한 여러 상황에 적용 가능한 일반적 학습 이론을 찾아내 역동적 코칭/멘토링 모델 및 범문화적 프레임워크 개발의 근간으로 삼고자 한다.

### 학습과 코칭/멘토링 연계

대다수 코치와 멘토는 코칭과 멘토링이 학습을 가능케 하고 행동 변화를 불러일으킬 수 있는 매우 유용한 수단이라고 생각한다. 코칭과 멘토링이 학습의 기회를 제공하는 것은 분명하지만 그 결과가 모두 동일하지는 않다. 학습이 이루어지려면 코치와 멘토뿐만 아니라 피코치자와 멘티 역시 코칭, 멘토링 과정에 적극 참여해야 한다. 이러한 인식론적 관점에서 우선 다음과 같은 질문을 해 볼 수 있다.

- 학습을 위한 '적절한 여건'은 무엇인가? 어떠한 여건이 조성되어야 학습자를 깨달음의 경지로 이끌 수 있는가?
- 코칭과 멘토링이 어떻게 학습 여건을 조성하는가?
- 학습 여건을 구성하는 요인(전제, 신념, 관념, 가치관 등)은 무엇인가? 이 요인을 어떻게 마련할 것인가?

## 학습 과정으로서의 코칭과 멘토링

코치와 피코치자, 멘토와 멘티는 모두 학습자이고 코칭과 멘토링 역시 하나의 학습 과정으로 볼 수 있다. 여기에는 여러 종류의 장벽이 있을 수 있는데, 대부분은 '이너 게임inner game'(Gallwey, 2000)이라 불리는 심리적 장벽이다. 심리적 장벽은 과거의 부정적 경험으로부터 형성될 수 있다. 많은 사람들이 학습에 관한 부정적 기억을 가지고 있어 새로운 것을 배울 때 어려움을 겪는다. 이것은 일종의 악순환 고리가 되어 미래의 학습에 지장을 주게 되는 것이다. 반면 긍정적 학습 경험은 피코치자로 하여금 미래의 학습에 대비한 역량을 쌓을 수 있도록 한다. 일종의 선순환이 형성되는 것이다. 우리는 코칭 프로그램 참가자들에게 다음과 같은 항목에 대해 질문하였다.

1. 변화를 가로막을 수 있는 과거의 부정적 경험
2. 무능한 코치/멘토의 특성
3. 유능한 코치/멘토의 특성

많은 참가자들이 그들이 과거에 만났던 선생님들에 대한 기억에 의존하여 응답하였다. 참가자들의 응답에 따르면, 교육 · 트레이닝 · 코칭 · 멘토링 장면에서 학습의 본질은 보편적이다. 개인이 무엇을 배우고자 한다면 기존에는 몰랐던 새로운 가치관 · 태도 · 기술 · 지식 등을 포용, 내면화해야 한다(아동 발달 학습; Kegan, 1982, 1994 참조). 이러한 맥락에서 학습자의 주요 과제는 새로운 상황의 '사회적, 문화적, 시대적 현상'을 내면화하는 것이다(Jarvis, 1987).

코치와 멘토는 학습자가 과거에 내면화한 학습 내용을 의식적으로 지각할 수 있도록 도와주는 역할을 한다. 과거에 어떠한 맥락에서 학습해 왔고 어떠한 신념과 행동 양상을 발전시켜 왔는지 살펴볼 수 있도록 하는 것이다. 과거의 학습 경험에 대한 이해의 연장선상에서 학습자는 학습의 풍부성을 꾀하고 호기심을 키우며 여러 환경과 문화를 넘나들 수 있는 역량을 쌓을 수 있다.

독자들은 각각 자신이 처한 환경에서의 코칭과 멘토링을 이해하고 싶어 할 것이다. 예를 들어, 임원 코칭의 피코치자는 직장이라는 특정 환경 속에서의 학습에 관심이 있다. 그러므로 다양한 사례 연구를 살펴볼 필요가 있다.

## 학습심리학

과거에는 학습에 대한 연구를 크게 두 가지 방향으로 전개했다.

- 인식론적 접근: 근본적으로 지식이란 무엇이고 생각/신념과 지식을 어떻게 구분하는지 알아봄으로써 지식의 본질을 밝혀 내려 한다.
- 경험론적 접근: 과학적 실험을 통해 이론을 수립한다.

인식론적 접근에는 다음과 같은 세 가지 학습 이론이 존재한다.

- 객관주의objectivism: 현실은 외적이며 학습자와는 분리된 현상이다. 지식은 지각적 경험을 통해 습득된다.
- 실용주의pragmatism: 현실은 외적인 동시에 내적이다. 현실은 분명히 존재하나 직접적으로 알 수 없기에 임의적이다. 지식은 기호의 해석이며 경험과 이성의 상호작용이다.
- 해석주의interpretivism: 현실은 내적이며 개인의 준거 틀에 따라 상대적이다. 지식은 학습자가 사고를 통해 구성하는 것이다.

경험론적 접근에는 다음과 같은 네 가지 주요 학습 이론이 존재한다.

- 연합의 원리principle of association: 학습은 직접적 연합을 통해 일어난다. 이는 에빙하우스(Ebbinghaus, 1850~1909)가 무의미 철자의 학습을 통해 입증한 유명한 원리다. 이 원리를 근간으로 망각곡선이 탄생하였

다(Ebbinghaus, [1885] 1913). 에빙하우스는 단어의 의미가 학습에 영향을 미치지 않으며 기존에 축적한 지식이 미래의 학습과 무관하다고 주장했다.

- 효과의 법칙law of effect: 학습은 감각/충동과 이에 따르는 행동의 연합을 통해 일어난다(Thorndike, 1874~1949).
- 고전적 조건형성classical conditioning: 인간은 어떠한 자극(무조건 자극)에 대해 자연스럽게 반응한다(무조건 반응). 예를 들어, 음식을 보면 침이 분비되는 현상이 있다. 무조건 자극이 중성 자극과 연합되면, 동일한 반응을 이끌어 낼 수 있으며 시간이 지나면 중성 자극만으로도 동일한 반응을 유발할 수 있다. 이러한 자극과 반응을 각각 조건 자극, 조건 반응이라 한다(Pavlov, 1849~1936).
- 게슈탈트 이론: 깜박이는 빛의 움직임에 대한 인식(파이 현상)에 근간을 두고 있다. 게슈탈트 심리학자들은 학습자가 지식을 습득하기 위해서는 적극적으로 어떠한 형태(게슈탈트)를 감각적 정보로 처리하여 통찰적 학습을 해야 한다고 주장했다.

게슈탈트 이론에 입각한 통찰적 학습은 5단계로 구성된다.

1. 시행착오
2. 해결방법 숙지. 보통 갑작스럽게 깨닫게 된다('아하!' 하고 손뼉 치는 순간).
3. 실수 없는 원만한 문제 해결
4. 지식의 영구적 축적
5. 다른 환경에서 유사한 문제 해결을 위해 동일 원칙의 적용

심리학 연구에 따르면, 새로운 지식과 기술을 습득하기 위해 다른 사람과 의도적으로 교류하는 학습자가 효과적인 결과를 달성할 수 있는 가능성을 최대화할 수 있는 방법을 많이 가지고 있다. 자기결정, 자율성, 참여, 선택과 같은 개념은 학습 과정에 관한 여러 연구의 근간을 이룬다(Spreitzer, 1995). 사회적 학습 이론, 특히 강화-강점 모델reinforcement-affect model은 협동적 환경에서의 학습에 대한 이해를 돕는 연구를 지속적으로 내놓고 있다(Clore & Byrne, 1974). 이 모델에 따르면 인간은 자신에게 호감을 주는 사람이나 사물을 좋아하고 반대의 경우 이들을 싫어하게 된다. 상대방의 관심을 받거나 주의를 끌고, 칭찬 혹은 긍정적인 평가를 받는 것이 관계에 대한 보상이기 때문이다. 따라서 학습자가 관심을 받고 긍정적으로 평가받는다고 생각하는 환경에서는 더 나은 성과를 보여 줄 가능성이 높다. 하지만 다양한 요소가 작용하는 환경에서 이러한 이론을 두루 적용하는 데는 제약이 있다. 인간의 상호작용이나 행동 양식의 선택에서 자기결정, 자율성, 참여 등은 대부분의 경우 가치 있는 것으로 인식되지만, 상황 또는 환경에 따라 이에 대한 평가가 달라지는 경우도 있다는 것을 우리는 안다. 어떤 조직에서는 자율성이 매우 중요한 가치일 수 있지만 팀워크와 절차 준수를 중요시하는 다른 회사에서는 그렇지 않을 수 있다는 것이 좋은 예다.

학습자의 목표 설정은 학습의 성공을 좌우하는 요소로 자주 거론된다(Locke et al., 1981). 서구 사회는 목표 설정을 매우 중시해 왔으나 모든 문화와 상황에 적용되는 것은 아니다. 유럽의 한 사례 연구에서도 코치에게 특정한 목표 없이 코칭을 진행하라고 했을 때 코칭의 결과가 부정적이었다는 증거는 전혀 없었다(Law, Ireland, & Hussain, 2005). 시간이 흐를수록 현장에서는 즉흥 학습, 체계 없는 학습, 형식 탈피 학습에 대한 관심이 높아졌고 기존의 학습에 대한 통념과 달리 코칭은 모험적인 과정이며 목표에 엄격한 제약을 받지 않는 분야라는 의견도 제기되었다.

지금까지는 성과에 대한 평가를 반드시 해야 한다는 인식하에 과학적이고 구체적인 연구에 기초를 둔 목표 중심적 체계를 평가 수단으로 활용해 왔다. 그러나 긍정적 탐색 기법appreciative enquiry과 같은 유연한 평가 수단이 더욱 폭넓게 활용됨에 따라 기존의 엄격한 평가 기준이 완화되기도 했다. 긍정적 탐색 기법은 이미 설정된 목표에 따른 일괄적인 성과 측정보다는 개별 상황에 맞는 상대적 · 개인적 성과 측정에 더욱 유용하게 쓰인다.

긍정심리학(2장 참조)적 입장에서 본다면 인간은 현재 할 수 있는 것뿐만 아니라 앞으로 더 해내야 하는 일도 알아낼 수 있는 존재다. 또한 부족한 영역, 강화해야 하는 기술과 지식도 파악할 수 있다. 마찬가지로 목표 달성에 대한 동기를 확인하고 자기효능감도 측정할 수 있다(Bandura, 1982).

자기효능감의 개념은 사회 인지적 이론에서 유래했다. 개인이 인식하는 자기효능감은 '원하는 바를 달성하는 데 필요한 행동을 계획하고 실행하는 개인의 역량에 대한 신념'으로 정의된다(Bandura, 1997). 또한 자기효능감은 행동/태도와 성과에 대한 기대치와 관련이 있다.

월터 미셸(Walter Mischel, 1969)은 지능지수IQ, 장 의존field dependence, 만족 지연delay in gratification과 같은 인지적 성격 특성의 개념을 도입했다. 장 의존에 대한 연구는 삶의 각 부분을 더욱 유기적으로 연결한다는 점에서 게슈탈트 접근 방식과 일치한다. 만족 지연이란 상대적으로 고정된 성격의 일부인 자기통제의 특성을 이해하고 개선하는 데 활용될 수 있는 개념이다.

또 다른 개념은 다중지능(Goleman, 1996) 중에서도 특히 정서지능EI을 기반으로 발달했으며, 이는 손다이크Thorndike의 사회지능을 근간으로 한다. 정서지능은 삶에서의 성공 여부를 예측 가능하게 하며, '자신 또는 타인, 집단의 감정을 인지하고 이에 대처할 수 있는 능력, 역량, 기술'로 정의된다. 그러나 정서지능에 대한 연구 결과는 일관적이지 않다. IQ와는 달리 비교 가능한 대상이 없기 때문에 비판을 받기도 했다. 일부에서는 정서지능이 지능의 일종이라기보다는 뇌활동과 관계없는 성격 특성에 불과하다고 주장하기도 했다. 또 어떤 이들은 용어의 구분이 불분명하고, 자신과 타인의 상태 간의 연관성이 취약하고, 분위기와 맥락에 미치는 영향에 대한 기술이 제한적이라고 지적했다. 이러한 비판에도 불구하고 정서지능은 자기개발을 위한 매우 유용한 실용적 프레임워크다. 여기에 관한 부분은 코칭, 멘토링 실전에 이 모델을 적용하면서 다시 한번 언급하도록 하겠다.

결과는 다음과 같은 세 가지 유형으로 나타날 수 있다(Bandura, 1986, 1997).

1. 직접적 행동으로 인한 신체적 효과(예: 고통 또는 쾌락)
2. 사회적 결과(예: 승인, 인정 등)
3. 자기평가(성찰적)

결과에 대한 기대치를 통해 자신의 행동이 불러일으킬 결과를 예상할 수 있다면, 자기효능감에 대한 기대치로 개인적 행동, 통제력, 힘의 작용을 예상할 수 있다. 원하는 바를 얻을 수 있다고 믿는 사람은 더욱 적극적이고 자기결정적인 삶을 살 수 있다. '나는 할 수 있다!'라는 신념은 환경을 통제할 수 있는 힘을 부여한다. 상황에 맞는 행동을 취하여 당면한 도전과제를 해결해 나가는 것이다. 자기효능감이 높은 사람은 기꺼이 도전적인 과제를 선택하고 낙관적인 태도를 가진다. 또한 학습 목표 달성과 장애물 극복에 필요한 지식과 기술이 무엇인지를 파악하는 데 더욱 적극적이다.

반두라(Bandura, 1977, 1982, 1997)에 따르면 자기효능감에 영향을 줄 수 있는 네 가지 방법이 있다.

- 학습자 자신의 역량에 대한 피드백 제공(성취경험)
- 다른 사람의 성과에 관한 비교 정보 제공(대리경험)
- 학습자가 얼마나 성취할 수 있는가에 대해 다른 사람이 어떻게 생각하는지 설명(언어적 설득)
- 당면 과제 수행 능력을 스스로 파악(생리적 상태)

켈러(Keller, 1984)는 지속적 동기유발과 자기조절을 위한 네 가지 조건을 제시했다(동기유발을 위한 ARCS 모델).

- 주의attention 획득 및 지속
- 관련성relevance 증대
- 자신감confidence 확립
- 만족감satisfaction 유발

요약하자면 코칭과 멘토링 계획을 세울 때 다음과 같은 단계를 따를 수 있다.

1. 피코치자/멘티를 분석한다.
2. 동기유발 목표를 수립한다.
3. 동기유발 전략을 세운다.
4. 계획을 실행한다.
5. 계획실행에 대한 평가와 검토를 한다.

학습자의 동기유발 연구에 적용될 수 있는 이론은 많다. 매슬로(Maslow, 1954, 1968)는 인간이 생리적 욕구, 안정감, 소속감, 자존감, 자아실현의 욕구를 순차적으로 추구한다는 욕구위계설을 제안했다. 이는 학습 성과를 최대화하기 위해 조성되어야 하는 여건을 의미한다. 심리학은 전통적으로 신념이 현실을 만들어 가는 힘이 있고 역할을 한다고 본다. 또 신념 체계 혹은 하나의 신념이 인간의 행동을 이해하는 데 중추적인 역할을 하는 경우도 있다. 같은 맥락에서 머튼(Merton, 1948)은 허구적 신념이 결국 현실화된다는 '자기충족적 예언[self-fulfilling prophecy]'의 개념을 고안했다. 이러한 허구적 신념은 기대 이하의 성과, 사회적 편견, 차별적 행동으로 나타나기도 한다. 특정 학습 환경에서 주변의 영향으로 인해('네가 무슨 수로 이것을 할 수 있겠니?'와 같은 사고방식) 스스로가 자신에 대한 기대치를 낮추거나 자기확신을 갖지 못하는 경우, 낮은 기대치만큼만 성취하는 경향이 있으며 결국 학습의 성과는 만족스럽지 못하게 된다. 더 나아가 집단에 대해 부정적 편견을 가지거나 가능성을 제한해 버릴 때에도 기대 이하의 성과가 나타난다.

최근의 연구들은 행동과 성과를 좌우하는 다른 결정적 요소가 많기 때문에 개인에 대한 자기충족적 예언의 영향이 생각보다 미미하다고 비판하고 있다. 이 개념은 소수집단이 기대 이하의 성과를 거두는 현상을 설명하는 데 활용되어 왔다. 소수집단 자체의 문제 때문에 이들이 기대 이하의 성과를 거두며 이 때문에 성취에 적합하지 않은 신념 체계를 가지고 있다고 주장하는 것이다. 이런 신념 체계는 개인으로 하여금 성공을 가능케 하는 요소로부터 멀어지게 간접적으로 작용한다. 연구를 집단 간으로 확대 적용해 보면 소수집단에 대한 허구적 신념은 다수의 문화에 의해 소통되고 유지될 수 있음을 알게 된다. 그러나 다수집단의 신념을 검증하는 연구는 그다지 많이 이루어지지 않고 있으며 또한 소수집단에 속한 개인의 성공(이 모델의 예측과 어긋나는)이 다수의 신념을 변화시킬 만큼 큰 파장을 불러일으키지 않는다.

브룸(Vroom, 1964)은 노력과 성과, 바람직한 성과와 이에 상응하는 보상의 긍정적 상관관계를 설명하는 '기대 효용 이론expectancy valence theory'으로 잘 알려져 있다. 보상은 중요한 욕구를 충족시켜 줄 수 있으며 이 욕구를 충족시키고자 하는 강력한 의지는 보상을 얻고자 하는 노력을 가능하도록 한다. 그러나 기대 이론은 문화와 밀접한 관련이 있는 일반적, 일상적 행동을 설명하지 못한다는 비판을 받아 왔다.

서양에서 고안된 대다수의 심리적 개념이 절대 '진리'로서 추앙받아 온 것은 사실이나 다양한 학습 환경에서의 행동을 설명하고 예측하는 것에는 한계가 있다. 학습이란 개인차나 자기관리 등의 개념만으로는 설명되지 않으며, 개별 학습자와 환경 간의 상호작용이 더 중요한 영향을 미칠 수 있다.

한 인간에 대해 출생 이전부터 관여하여 그의 핵심 본성에까지 영향을 미칠 수 있는 과학과 기술의 시대는 인간의 본성에 대한 유전/환경의 논쟁에까지 다른 관점을 가지게 한다. 한편, 기본 교과 과정의 표준화, 포괄적인 아동 교육, 국가 표준의 등장으로 현대의 교육환경은 동질성을 갖추게 되었다. 이러한 시대의 변화에 따라 개념적으로 유전과 환경은 별개이며 학습자에게 개별적인 영향을 미친다는 이 논의는 제한적일 수밖에 없다. 수많은 연구들이 인간은 환경으로부터 분리될 수 없는 존재이며 유전과 환경은 근본적으로 뗄래야 뗄 수 없는 관계라고 주장한다. 따라서 유전과 환경이 인간의 학습에 미치는 개별적 영향을 측정할 수 있는 수단은 없다. 그리고 '유전 대 환경'의 논의에는 또 다른 중요한 가정이 빠져 있다. 바로 인간은 환경에 의해 변화되기도 하는 한편, 변화를 주도하는 매개체가 될 수도 있으며 따라서 학습은 인간과 환경 간 상호작용의 결과라는 사실이다.

성공적인 학습을 위해서는 반드시 학습이 이루어지는 환경과 기타 구성원을 인식해야 한다. 어떤 경우에는 학습 환경에 학습 목표나 방법을 제약할 수 있는 고정적 요소가 있을 수도 있다. 반면 우리가 처음부터 학습 환경을 조성해 나가야 하는 경우도 있다. 또한 고정적 요소는 우리가 생각하는 것보다 바꾸기 쉬운 요소일 수도 있다. 정확한 학습 환경을 조성하고, 관련 문화와 구성원을 파악하며 무엇이 고정적이며 무엇이 유동적인지를 가늠할 수 있을 때 비로소 학습이 시작된다.

환경은 끊임없이 변화하고 인간 역시 학습과 직관으로 변화에 적응해 나간다. 그러므로 학습 과정에서 (필요 시) 새로운 목표를 수립할 수 있어야 하며 관계와 목적에 영향을 미치는 환경적, 문화적 변화에 대응해 나갈 수 있어야 한다.

문화에서 무엇이 고정적이며 무엇이 유동적인지를 파악하는 것에는 통제소재[locus of control](Rotter, 1956)도 영향을 미친다. 통제소재 모델(사회적 학습 이론의 일부)에서는 개인은 자신의 행동이 결과와 직접적인 연관이 있는 경우와 그렇지 않은 경우에 대한 일반적인 기대가 있다고 주장한다. 이 모델에 따르면 사람들은 자신의 삶에서 일어나는 특정 사건을 변화시키는 힘의 원천을 내적 요소, 외적 요소, 운명fate 등에서 찾는다. 변화의 원인을 외적 요소에서 찾는 사람은 내적 요소에서 찾는 사람에 비해 자신이 처한 환경에 고정되고 통제 불가능한 요소가 더 많다고 느낄 수 있다. 이러한 생각은 학습 전략과 방법에 영향을 미칠 수 있다.

통제소재 이론은 문화 간 차이를 어떻게 설명해 내느냐 하는 과제를 안고 있다. 서구 사회에서는 통제라는 개념에 대해 비교적 높은 가치를 부여하고 있으나 이것이 전 세계적으로 동일한 것은 아니다. 통제를 중요시하는 맥락에서는 '재빨리 생각하고 행동한다'는 행동 양식이 운명, 양보, 침묵, 성찰 등의 개념보다 더 높은 위치를 차지할 수 있다.

## 학습 이론 되돌아보기

여기에서는 (앞 장에서 거론한) 실용적, 해석적 접근 방식을 모두 활용하여 코칭과 멘토링 실전과 관련이 있는 과거 및 현재의 학습 이론을 되돌아볼 것이다. 이 과정을 위해 다음과 같은 이론을 참조했다(Perry, 1970; Loevinger & Blasi, 1976; Kegan, 1982, 1994; Kolb, 1984; Belenky et al., 1986; Mezirow, 1991, 2000; Freire, 1992).

- 학습 과정
- 성찰 학습
- 구성주의적 발달 이론

## 학습 과정

[그림 3-1]은 학습 과정을 개념화한 '학습 바퀴learning wheel' 모델이다. 이것은 콜브(Kolb, 1984)의 학습 사이클을 기본으로 했으나 일부 요소의 위치는 저자의 코칭, 멘토링 경험에 근거하여 변경했다. 경험을 통해 저자는 학습이 학습자와 코치/멘토가 상호 교류(접촉)하는 구체적인 경험을 바탕으로 한다는 사실을 알게 되었다.

학습 바퀴는 네 단계로 이루어져 있다.

- 구체적 경험
- 성찰
- 추상적 개념화
- 행동

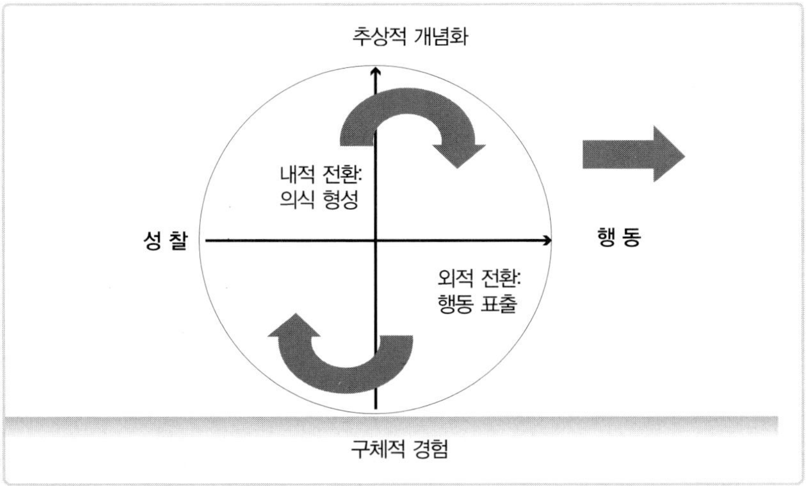


[그림 3-1] 학습 바퀴〔콜브(Kolb, 1984)의 학습 순환 사이클의 변형〕

### 구체적 경험

학습이 시작되기 위해서는 학습자가 어떤 사건을 경험해야 한다. 구체적 경험은 학습자가 상황을 이해하고 문제에 대처하는 방법을 터득해 나갈 수 있도록 한다.

### 성 찰

성찰은 코칭과 심리학에서 전문적 학습 및 발달을 위한 기본 프레임워크로서 매우 중요하다(예: 스포츠심리학에서의 코칭; Anderson, Knowles, & Gilbourne, 2004 참조). 어떤 사건을 경험한 후에 학습자는 경험의 본질을 이해하고 되돌아볼 시간이 필요하다(Merriam, 1994). 경험을 통해 터득한 교훈을 되돌아보는 것도 좋은 학습 방법이다. 성찰을 위해서는 현재의 경험을 과거의 경험과 비교해 보고 미래에는 어떻게 대처할 수 있는지를 생각해야 한다(스키마 구조 내의 패턴 매칭). 또한 학습자는 학습자로서의 자신에 관하여 성찰을 해보는 것이 중요하다. 학습은 '존재의 방식'(Vaill, 1996)이다. 대다수의 코칭/멘토링 전문가는 성찰이 학습의 중요한 요소라는 데 동의한다. 또한 성찰은 리더십 개발뿐만 아니라 코치, 멘토 양성에도 필수적인 과정이다. 그러므로 성찰 단계에 대해서는 후에 더욱 구체적으로 살펴보겠다.

### 추상적 개념화

추상적 개념화란 성찰을 통해 경험을 의미 있는 개념으로 전환하는 과정이다(89쪽 '의미 형성' 부분 참조).

### 행동

여기에서는 '행동'에 대해 광범위하게 정의하고 있다(반면 콜브의 학습 사이클에서 행동은 적극적 실험을 해 보는 마지막 단계로 협소하게 정의되었다.). 행동이란 성찰과 사건에 대한 평가의 결과로서 학습자가 내리는 결정을 의미할 수도 있다. 그러므로 어떠한 행동을 취하지 않겠다고 결정하는 것도 이 단계에 포함된다.

학습 과정에 따라 학습 바퀴가 굴러가려면 상향적 전환과 전향적 전환이 일어나야 한다. 상향적 전환이란 구체적 경험을 통해 새로운 의식, 즉 추상적 개념화를 이루는 내적 변화이며, 전향적 전환은 내적 성찰이 외적 행동으로 이어지는 행동적 변화를 의미한다.

일상 경험과 이것을 추상적 개념으로 전환한 것을 조합하는 과정에서 지식이 얻어진다. 저자의 경험으로 미뤄 볼 때 피코치자와 멘티는 학습 과정에서 개인마다 상당히 다른 강점과 약점을 보인다. 어떤 학습자는 지식을 생성하는 데 강점이 있고(사색가), 어떤 이들은 신속한 행동을 취하는 데 강점을 보인다(행동가). 또한 어떤 학습자는 참여하고 경험하여 배우는 것을 즐기는 데 반해(감지자) 일부는 경험을 되돌아보는 것을 선호한다(평가자). 이와 같은 네 가지 학습 방법은 개인의 학습 스타일을 규정하며 〈표 3-1〉에 정리되어 있다.

통제소재가 내부에 있는 학습자는 스스로 학습 목표를 설정하고 자기

〈표 3-1〉 학습 스타일

| | 내적 전환 | 외적 전환 |
|---|---|---|
| 내적 인지 | 사색가 | 평가자 |
| 외적 지각 | 감지자 | 행동가 |

효능감 발달에 비중을 두는 편이다(평가자, 사색가). 반면 통제소재가 외부에 있는 학습자는 외적 피드백을 잘 수용하고 주위 환경을 더욱 의식한다(행동가, 감지자). 인과관계를 운명[fate]의 작용으로 보는 사람은 인과관계에 수동적으로 반응하는 경향이 있다. 이 네 가지 학습 스타일을 모두 장악한 사람은 성찰적 실천가다. 성찰적 실천가는 구체적 경험을 이해하고 성찰을 통해 개념화하며 이를 행동에 반영할 수 있다. 이 책은 코칭, 멘토링뿐만 아니라 교육 그리고 심리학과 같은 학습 관련 분야에서 학습자의 역량을 강화하여 이들이 성찰적 실천가가 될 수 있도록 도와주고자 한다. '성찰적'이라는 용어에서 알 수 있듯이 성찰은 학습 과정에서 중요한 몫을 차지한다. 다음 부분에서 더욱 구체적으로 살펴보도록 하겠다.

## 성찰 학습

학습은 기본적으로 변화할 수 있는 잠재력을 의미한다. 성찰과 행동(실전)을 통해 새로운 의식을 형성, 즉 의식화(Freire, 1992)하여 변화할 수 있다. 학습 과정에서 학습자는 자신을 제약하는 생각으로부터 자유로워질 수 있고 지식과 성찰을 바탕으로 결정을 내릴 수 있는 '해방 학습'(Mezirow, 1996)을 얻게 된다.

앞서 보았듯이 콜브의 학습 사이클(1984)에서 성찰은 학습 과정에서 변화를 가능하게 하는 중요한 원동력이다. 성찰 없이 사람은 경험으로부터 배울 수 없으며 '자기확인의 반복'(Jarvis, 1992; Brookfield, 1998) 속에서 느끼는 동일한 감정과 이해만 계속 경험하게 된다. 그러므로 성찰이란 개인이 실제로 그 사건이 일어난 상황에 없더라도 발생할 수 있는 인지적

작용이라고 할 수 있다. 또한 경험을 떠올리며 성찰을 할 수도 있다. 그러므로 성찰을 다음과 같이 정의할 수 있다.

> (과거 또는 현재의) 경험에 수반되는 생각과 감정에 대한 인지 처리 과정을 통해 경험에 대한 새로운 이해와 통찰이 생겨나고 그 결과로 새로운 의식이 형성되는 것.

이러한 성찰에 대한 정의는 다른 학자들(예: Boud, Keogh, & Walker, 1985, p. 19; Brookfield, 1998)의 견해와도 일치한다. 다시 말해서 성찰이란 변환적 수준의 정보 처리 과정으로서 생각, 학습, 이해한 바를 해석하는 데 있어 자신의 전제, 신념, 가치관 등을 고려하여 결론을 도출하는 행위다. 그러므로 성찰은 매우 효과적인 내적 자기평가 수단이며 코칭/멘토링 과정에서 언어적으로 표현되거나 에세이, 편지, 일기 등을 통해 다른 사람과 공유될 수도 있다(7장 참조). 이렇게 다른 사람에게 성찰의 결과를 드러내는 것을 성찰적 설명reflective account이라고 한다. 성찰적 설명은 학습자, 코치, 멘토가 학습자의 경험을 이해하고 향후 취할 수 있는 행동을 결정하는 데도 도움이 된다.

학습 바퀴에서 성찰 단계는 [그림 3-2](예: Gibb, 1988)와 같이 여섯 개의 세부 단계로 구분될 수 있다.

1. 설명: 구체적 경험을 통해 일어난 일을 설명한다.
2. 인지와 감정: 학습자의 생각과 감정을 되돌아본다. 경험을 하는 동안 어떤 생각과 느낌이 있었는가?
3. 분석: 경험을 이해하고 의미를 도출해 본다. 경험이 학습자에게 어

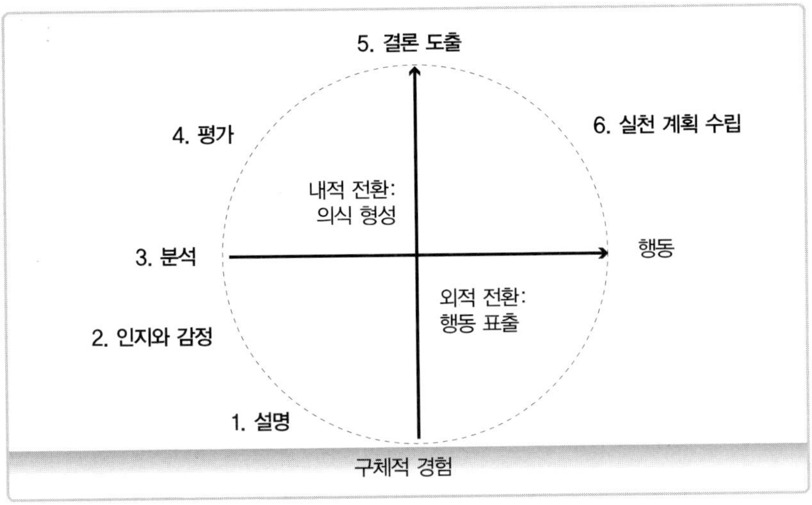


[그림 3-2] 성찰의 여섯 단계〔콜브(Kolb, 1984) 모델과 깁(Gibb, 1988) 모델의 조합〕

떤 의미로 다가왔는가?

4. 평가: 경험의 결과에 대해 장단점을 평가해 보고 얻은 것과 잃은 것을 분석해 본다.
5. 결론 도출: 경험의 의미와 교훈을 정리하면서 개선의 여지가 있는 부분도 생각해 본다. 향후 동일한 경험을 하게 된다면 무엇을 다르게 해보고 싶은가? 무엇을 더 할 수 있었을까?
6. 권고/실천 계획 수립: 이후의 학습과 개선을 위해 행동 계획을 수립한다. 향후 동일한 상황이 일어난다면 어떻게 대응하겠는가? 자기개발과 성과 도출을 위해 무엇을 개선할 수 있는가?

분석은 결론과 밀접히 연관되어 있으며 분석이 결론에 선행되어야 한다고 생각하기 때문에 깁^Gibb^의 6단계 성찰 모델^six-stage model of reflection^을 변경해 보았다. 경험에 대한 제대로 된 이해와 분석 없이 '성급한 결론으로 비약하지 말라.'는 금언을 기억할 필요가 있다. 결론은 평가를 토대로 이루어지며 향후 행동에 대한 시사점을 제시할 수 있어야 한다. 이러한 분석 모형은 다음과 같은 개입 변수의 의미로서 저자의 역동적 코칭/멘토링/학습 모델과도 일맥상통한다.

코칭 과정 자체에 대한 결정적 평가를 내릴 때, 코치/멘토는 변증법적 딜레마에 봉착한다. 코칭과 멘토링이 한편으로는 매우 풍부한 신체적 반응과 정서를 동반하지만 다른 한편으로는 성찰의 과정이 항상 '여러 수준의 인지적 개입'에 기초하기 때문이다. 이는 하버먼(Haberman, 1971)이 제시한 다음의 인지적 흥미 세 단계와 일치한다(Gilbourne, 2006).

1. 기술적, 인지적 흥미technical cognitive interest: 책임성, 효용성, 효율성과 같은 제한적 형태의 성찰
2. 실용적 인식practical cognition: 행동의 결과 평가와 실천의 시사점에 대한 성찰
3. 직관intuition: 과정과 윤리로부터 자유로워진 성찰(여기서는 개인을 초월하는 정신)

실제로 이 세 가지 수준은 겹쳐서 나타난다. 세 번째 수준(직관)은 성찰의 발판을 이루며 이를 바탕으로 개인은 자신의 성찰을 시작할 것인지 마무리할 것인지를 선택할 수 있다. 자기평가를 초월하는 것은 자신에 대한 객관적이고 고유한 판단을 내리는 비판적 성찰의 형태라 할 수 있다(Boud, 1995; Marienau, 1999). 이 과정을 통해 학습자는 자신의 학습과

향후 가능성의 영향력에 대한 올바른 인식을 가질 수 있다. 그러므로 자기개발은 성찰 과정의 자연스러운 결과물이다.

## 구성주의적 발달 이론

구성주의적 발달 이론constructive-developmental theories은 발달적 성장과 의미 구성을 연계한다(Perry, 1970; Loevinger & Blasi, 1976; Kegan, 1982, 1994; Belenky et al., 1986). 이 접근법을 취하는 많은 이론가들은 학습 이론과 아동의 발달이 연계되어 있다고 주장한다(Piaget, 1954; Loevinger & Blasi, 1976; Kohlberg, 1981). 그러나 발달은 성인기에도 계속된다. 적합한 환경 속에서 대다수의 성인은 일생 동안 계속 학습해 나가는 것이다.

구성주의적 발달 이론은 본질적으로 구성주의적 패러다임을 가진 인지 발달 이론이다. 구성주의에서는 지식이 다양한 신호와 상징으로 가득찬 세계에서의 경험에 대한 비판적 담론을 통해 구성된다고 가정한다.

구성주의적 접근 중 학습, 코칭, 멘토링과 연관이 있는 인지 발달 이론의 대가로는 제롬 브루너Jerome Bruner와 비고츠키Lev S. Vygotsky를 꼽을 수 있다. 브루너와 비고츠키 모두 인지적 성장과 '인간의 지적 능력 확장'에 문화를 필수적인 요소로 간주한다.

브루너 이론의 핵심은 지식표상knowledge representation이며 아동과 성인이 어떻게 이를 활용해서 학습할 수 있는지 규명하고자 한다. 브루너(1964)는 학습에 있어서 다음과 같은 세 가지 구체적 지식표상 단계가 있다고 주장한다.

1. 작동적 표상enactive representation: 지식은 동작을 통해 나타난다. 개인이

지식을 묘사할 수는 없지만 근육 자체의 기억(동작 대응motor response)을 통해 동작으로 표현할 수 있다. 예를 들어, 방향을 가리키는 동작이 있다.

2. 영상적 표상iconic representation: 사물에 대한 경험을 통해 얻은 개념적 정보를 공간-시간적 영상spatial-temporal image으로 표현한다.
3. 상징적 표상symbolic representation: 사물에 대한 경험을 묘사하기 위해 신호나 상징(예: 언어)을 배운다.

비고츠키([1926] 1962, 1978)는 아동들에게 단계적으로 어려워지는 몇 가지 문제를 제시하는 방식으로 여러 번 실험했다. 그 결과 '실제 발달 단계'와 더욱 월등한 또래와 함께할 때 나타나는 정교한 '잠재적 발달' 사이의 학습적 차이를 발견했다. 비고츠키는 이를 '근접발달지대zone of proximal development'라 칭했다. 이는 4장에서 토니 그랜트Tony Grant가 밝혔듯이 이 책에서 다루는 코칭의 정의에 관한 논의와도 관련이 있다. 사람들은 직장에서 성과를 개선시키거나 삶을 더 향상시키고자 하는 열망을 가졌으나 벽에 부딪히는 경우 코치와 멘토를 찾는다. 다시 말해서 '상황에 진전이 없을 때' 사람들은 과거 경험을 토대로 자신들에게 친숙한 문제 해결 방법(또는 행동)을 거듭 시도해 본다. 여기에 비고츠키의 발달적 접근 방식을 적용한다면 알고 있는 것, 친숙한 것과 향후에 가능한 것, 알 수 있는 것 사이의 괴리를 '근접발달지대'의 개념을 통해 설명할 수 있다.

비고츠키의 연구는 아동 발달과 학습에 초점을 맞추고 있으나 '근접발달지대'는 코칭과 멘토링의 맥락에서 성인 학습에도 적용시킬 수 있는 개념이다. 코칭과 멘토링은 사회적 협력 과정이라고 생각할 수 있다. 여기서 숙련된 코치/멘토는 피코치자/멘티가 성취할 수 있는 일련의 학습 과제를 지원하며 이렇게 하기 위해서는 상당한 노력이 필요하다. 이러한 협력(목표, 도전, 행동)을 통해 피코치자/멘티는 사물에 대한 직접적 경험에만 집착하는 것이 아니라 앞으로 배울 수 있는 것에 대해서도 생각할 기회를 얻는다.

코칭/멘토링 세션에서 학습자는 더 이상 대량의 정보를 축적하는 데 그치는 것이 아니라 정보 간의 연합으로 복잡한 사슬을 만들어 나간다(비계scaffolding). 근접발달지대는 코치/멘토와 피코치자/멘티 간의 대화적 파트너십(사회적 협동)을 통해 확인된다. 코치는 발판과 같은 비계를 제공하여 코칭 대상이 근접발달지대를 잘 건너갈 수 있도록 한다. 즉, '익숙한 것'으로부터 '앞으로 익숙해질 수 있는 것'으로 향할 수 있도록 하는 것이다. 학습자가 근접발달지대를 잘 건널 수 있도록 고안한 비고츠키의 구성주의 비계 개념은 이야기 치료narrative therapy(White, 1997, 2000, 2006)에 깊이 뿌리 박혀 있으나 이야기 치료 기법이 코칭과 멘토링에 사용되 것은 비교적 최근이다(Law, Aga, & Hill, 2006; 9장 사례 연구 참조).

이러한 복합적 사고 체계의 발달은 '개념concepts' 형성의 토대를 제공한다. 개념 형성은 단순한 통합unification 이상을 전제로 한다. 개념 형성을 위해서는 추상화, 요소의 분리 그리고 구체적 경험의 총체로부터 분리된 추상적 요소에 대한 시각 등이 필요하다.

이러한 개념 발달을 통해 학습자는 자신의 행동과 삶을 일구어 나가는 데 있어 스스로의 힘을 행사할 수 있는 기반을 마련할 수 있다. 이제 학습자는 독립적으로 각 당면과제에 이러한 개념을 적용할 수 있고 이러한 적용과 과제 수행 과정에 대한 의식을 가질 수 있다. 또한 이를 통해 자기숙달self-mastery의 경지에 이를 수 있다. 이러한 발달 개념은 '의도적 주의, 논리적 기억, 추상화, 비교 및 변별 능력'의 토대가 된다(Vygotsky,

[1926] 1962). 이러한 개념 발달을 통해 비로소 학습자는 자신의 삶을 살아 나갈 수 있다.

근접발달지대의 비계에서 코치는 피코치자가 점진적으로 한 지대에서 다른 지대로 옮겨갈 수 있도록 달성 가능한 과제(일명 '거리 두기 과제')를 수행하도록 지원한다. 비고츠키는 거리 두기 과제에 다섯 개의 수준이 있다고 했다.

1. 초급: 학습자가 경험하는 구체적 사물/사건에 특성을 부여하도록(이니셔티브 특성화) 독려하는 과제(묘사)
2. 중급: 사물과 사건 간에 관계를 수립함으로써(relations: 관계 이니셔티브) 연합의 사슬을 발달시키는 과제(분석/패턴 매칭)
3. 중고급: 연합의 사슬로부터 특정 현상에 대해 학습하고 깨달음을 얻는 성찰 과제(평가)
4. 고급: 삶과 정체성에 대한 개념 형성이 일어나는 구체적이고 특수한 상황에 대한 깨달음과 학습, 이것에 대한 추상화 과제(판단)
5. 최고급: 행동 계획과 이니셔티브 형성. 개념 발달을 토대로 구체적 행동의 결과 예측 과제(결론/권고)

코칭과 멘토링 과정은 이야기식 대화 형태의 협력 학습이라고 할 수 있다. 이 과정을 통해 모든 참여자는 자신의 가치가 무엇이고 삶에서 무엇을 얻고자 하는지 생각해 볼 수 있다. 이 생각은 개인의 삶과 정체성에 대한 개념인 것이다. 발달에 대한 이러한 시각은 사람들로 하여금 개인적 매개체personal agency를 형성할 수 있도록 하며, 삶과 인간관계를 관리하고, 성장할 수 있는 기반을 제공하며, 어려움을 극복하고 다양한 방법으로 정체성을 형성할 수 있도록 한다. 코칭과 멘토링은 근접발달지대의 비계 형성에 기여할 수 있다.

이야기 실습에서 코치와 피코치자 간의 대화는 피코치자가 지식과 의미를 구성할 수 있도록 하는 필수적 수단이다. 하운셀(Hounsell, 1984)에 따르면 다음과 같은 두 가지 대화 형태가 있다.

- 표면적 접근surface approach: 대화를 '텍스트'로 직접 해석하는 방식(예: 기계적 기억에 의한 학습)
- 심화적 접근deep approach: 텍스트적 정보를 심층처리하고 이로부터 의미를 도출하는 방식

### 의미 형성

의미는 구성주의적 발달 이론의 매우 중요한 요소다. 에빙하우스의 주장(앞 내용 참조)과 달리, 저자는 의미가 학습에 매우 중요한 역할을 한다고 생각한다. 케건(Kegan, 1982)에 따르면 의미란 더 이상 축소할 수 없는 '기초적 인간 동작primary human motion'이며 세 가지 수준의 상호작용을 통해 나타난다.

- 신체적physical: 지각적 · 인지적 수준, 내부적 전환을 통한 구체적 경험 파악
- 사회적social: 다른 사람과의 사회적 교류가 필요
- 생존survival: 존재의 이유

인지적 수준에서 본다면, 의미를 파악하고 처리하는 것은 학습의 필수

요소다. 데이비드 오스벨(Ausbel, 1968; Ausbel & Youssef, 1963)은 자신이 고안한 '유의미 수용 학습 이론meaningful reception learning theory'의 핵심은 '인지적 조직화'와 '의미의 처리'라고 했다. 유의미 수용 학습 이론에 따르면 기억에 저장되어 있는 정보(인지적 구조)는 일종의 위계질서를 형성하고 있다. 즉, 일반적 지식(예: 상식)이 상부에 위치하고 있기 때문에 더욱 기억해 내기 쉽고, 구체적 지식은 하부에 위치하여 기억해 내기 어렵다. 이러한 구조가 바로 학습의 기초를 이루며 이 구조에 새로운 지식이 통합된다. 학습자가 이미 저장해 놓은 구체적 지식(오스벨은 이를 아이디어의 닻anchoring ideas이라 불렀다)은 학습자로 하여금 새로운 경험이나 정보의 의미를 더욱 쉽게 처리할 수 있도록 한다. 기존의 인지적 구조에서 새로운 정보가 어떠한 기존 정보에 통합되어야 하는지 알 수 있기 때문이다.

새로운 지식은 세 가지 단계로 기존 구조에 추가된다(의미 처리의 동화 이론assimilation theory of meaning processing).

1. 종속화subordinate(포섭subsumption): 새로운 지식은 기존 인지적 구조의 하부에 통합된다. 학습자는 기존의 구조에 추가(파생derivative)하거나 변경/확장하는 방식(연관correlative)으로 어떤 개념의 새로운 예를 학습한다.
2. 조율coordinate(결합적 학습combinatorial learning): 기존 지식에 특별한 연관성이 없으나 일반적 지식을 습득할 때 도움이 되는 정보의 학습을 의미한다.
3. 포괄superordinate: 새로운 지식이 기존의 인지적 구조 상부에 통합된다. 예를 들어, 어떤 현상의 여러 예를 미리 알고 있다가 이 모든 현상을 아우르는 명칭을 학습한 경우가 여기에 해당된다.

오스벨의 유의미 학습 이론은 바틀릿(Bartlett, 1932)의 스키마 개념('지식의 조각packet of knowledge')과 지식이 어떻게 표상되는지에 대한 이해(이른바 스키마 이론; Anderson, Spiro, & Anderson, 1978 참조)를 더한다면 더욱 잘 이해될 수 있다. 스키마란 '기억에 저장되어 있는 일반적 개념의 데이터 구조'다(Rumelhart, 1980). 일련의 변수, 이론, 절차 등과 같은 스키마는 특정 상황, 장소, 사람, 사건 등에 대한 정신적 모델에서 도출된 것이다(예: Z ← X+Y 공식을 c = a+b 형식으로 대입). 우리가 경험하는 상황에서 어떤 요소가 빠졌는지 대입해 보면서 상황을 이해하려고 할 때 스키마가 등장한다(c ← a +? 에서 ?=b로 유추하는 식으로 기본 공식에서 빠진 요소를 찾아내는 방식). 그러므로 상황에 대한 정신적 모델은 학습을 이끌어 가고 학습 결과에 영향을 미친다(Norman, 1983). 형식적 논리를 활용하여 학습자는 상위 스키마에 저장된 '카나리아는 새이고, 새는 날개를 갖고 있으며, 그러므로 날 수 있다'는 정보를 통해 '카나리아는 날개가 있기 때문에 날 수 있다'는 사실을 유추할 수 있다(Collins & Quillian, 1969). 새로운 사실과 예외사항을 저장하기 위해 지식 습득과 표상은 유연하게 최신화된다. 예를 들어, '타조는 새지만 날 수 없다' 같은 정보를 기억하게 되는 것이다. 스키마의 적응 및 최신화 방식은 앤더슨Anderson의 적응적 사고통제Adaptive Control of Tought: ACT모델에 나타나 있다(Anderson et al., 1978).

스키마는 우리가 새로운 경험이나 상황을 접했을 때 학습을 계속할 수 있도록 하기 위해 지속적으로 변화할 수밖에 없다. 이러한 끊임없는 변형은 다음과 같은 과정을 통해 이루어진다(Rumelhart; Rumelhart & Norman, 1978, 1980; Vosniadou & Brewer, 1987).

- 부착accretion: 새로운 정보가 스키마에 추가되면 기존 지식에서 부족

했던 부분들이 채워진다(예: Y ← c).

- 튜닝tuning: 정교화 과정. 새로운 정보에 맞춰 기존 지식을 변경한다. 어떤 경험을 설명하는 데 있어 일관성을 유지하기 위해 스키마는 진화한다(Rumelhart & Norman, 1978).
- 재구성restructuring: 기존 스키마를 대체하거나 변경하기 위해 새로운 스키마가 생성된다(Rumelhart & Norman, 1981). 기존의 스키마를 활용해 새 상황을 이해해 보는 과정에서 시행착오를 겪는 과정이 수반된다. 만약 기존의 스키마로 새로운 경험을 분석할 수 있다면 새롭게 형성된 스키마에 이를 통합시킨다. 반대의 경우 더욱 최신의 경험과 학습 결과로 대체한다.

의미를 구성하기 위해서는 먼저 경험을 이해해야 한다(Mezirow, 1990). 위 논의에 따르면 이 절차는 학습자의 전제, 신념, 가치관, 문화가 모두 반영되는 성찰의 과정이다(Cranton, 1996).

## 코칭과 멘토링에 학습의 심리학 적용

심리학의 주요 학습 이론에서 살펴볼 수 있듯이 학습 과정은 발달적이며 코치와 피코치자 간의 상호작용은 변화에 매우 중요하다.

학문적 관점에서 다음과 같은 세 가지 주요 요소를 파악할 수 있다.

- 경험
- 성찰
- 의미

성찰 학습은 학습자의 이해를 중요시하므로 구성주의적 발달 이론과 일맥상통한다. 두 이론 모두 과거의 경험이 현재와 미래에 미치는 영향을 강조한다. 여기서 변화를 위한 자발적 매개체는 내적 담화, 즉 성찰의 렌즈를 통해 세상을 보는 것이다. 이것은 학습자의 이해 프레임워크를 재구성함으로써 미래의 방향을 설정한다.

코칭과 멘토링의 패러다임은 2장에서 살펴보았듯이 미래지향적이다([그림 2-1] 참조). 그러나 피코치자와 멘티는 미래로 나아가는 과정에서 심리적 장벽에 부딪히는 경우가 종종 있다. 목표가 현재를 기준으로 한 이상향과 희망을 의미한다면, 미리 점검하지 못한 요소로 인해 장벽이 나타날 수 있다. 예를 들어, 피코치자는 '미래가 너무 이질적이고 위협적으로 보인다.' 고 호소할 수 있다. 한편, 코치나 멘토가 조성하는 코칭 환경이 너무 익숙할 경우 학습자는 과거의 기준을 따르기 때문에 앞으로 나아갈 수가 없다. 다시 말해서 학습 바퀴가 돌아가지 않는다. 학습 과정에서 불가피하게 봉착하게 되는 또 하나의 피할 수 없는 문제는 모든 상황이 익숙하고 고정되어 있는 안전지대comfort zone에서 학습할 것이냐, 상황이 유동적이고 애매한 비안전지대out-of-comfort zone에서 학습할 것이냐 하는 것이다. 환경에 대한 매우 고정된 인식은 우리를 안정적으로 유지시켜 주고(아마도 '움직이지 못하게 만들고'), 이 환경에서 학습자는 안전과 안정을 위해 변화와 학습을 취한다. 반면 유동적 환경은 탐험과 성찰을 유도하기 마련이다. 이 속에서 결국 학습자는 학습을 위하여 안정을 포기하게 된다. 고정된 환경은 과거 경험이나 고정관념을 근간으로 하고 있으며 학습자가 매우 편하게 적응할 수 있다. 또한 현재와 학습자가 지향하는 미래의 환경과의 차이점에 대해 심각하게 고민할 필요가 사라질 수도 있다. 그러므로 코치와 멘토는 학습자에게 지나치게 친숙하지

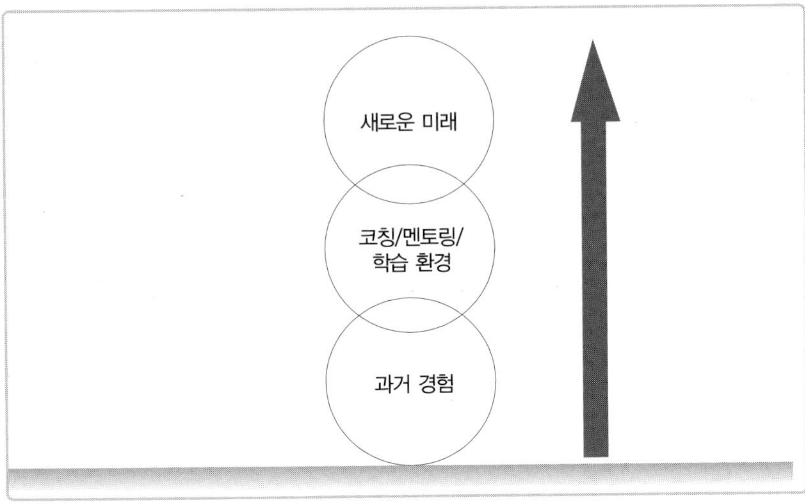


[그림 3-3] 코칭/멘토링/학습 패러다임의 상향 전환

도, 새롭지도 않은 전환기적 학습 환경을 조성해 주어야 한다([그림 3-3], [그림 3-1] 상향 전환 참조)

동질성이 더 나은 학습 관계를 구축할 수 있다고 가정한 초기 연구에는 몇 가지 문제가 있다. 사람들은 공통적인 부분이 많은 사람과의 관계를 지향하는 경향이 있으며 이러한 관계에서 감정이입이 더욱 쉽게 일어난다. 대인 호감에 관한 연구에 따르면 태도, 정치적 신념, 종교가 동일한 경우 서로 간에 호감을 느낄 가능성이 더욱 높다. 번과 넬슨(Byrne & Nelson, 1965), 페스팅거 등(Festinger et al., 1950), 올포트(Allport, 1954)는 고정관념을 잘못된 일반화의 결과로 간주했으며 다른 집단에 대한 부정적 인식을 반영한다고 했다. 그러므로 인간관계나 특정 환경에서 한 사람이 다른 누군가가 개인적 차원에서 자신과 다르다고 인식하는 경우 그가 속한 집단의 모든 개인에 대하여 부정적 인식을 갖게 될 가능성이 높

다. 더 나아가서 다른 사람과의 차이를 존중, 동화, 선호의 대상으로 보는 것이 아니라 '극복' 해야 할 불편한 점으로 여기는 것 자체가 편견이라고 할 수 있다.

인간관계 또는 특정 환경에서 일련의 태도, 행동, 특성 간에 거리감이 더 크게 느껴질 경우 상대방을 더욱 이질적이고 부정적으로 생각하게 된다는 개념은 재고해야 한다. 많은 저자들은 범문화적 패러다임 학습의 안전지대를 설명할 때 이러한 개념을 성급하게 도입했다.

흔히 기존의 경계를 초월한(새로운 분야에서 새로운 클라이언트 및 파트너와 새로운 방식으로 일하기) 리더십을 성공적 리더십이라 일컫는다. 다시 말해 고정화된 경계, 위치, 구역을 자유자재로 넘나드는 역량이 리더십의 성공을 좌우한다는 것이다. 학습 희망자는 적어도 한 측면에서 자신과 다른 관점을 가진 사람과 교류하고, 다양한 분야에서 일하는 사람

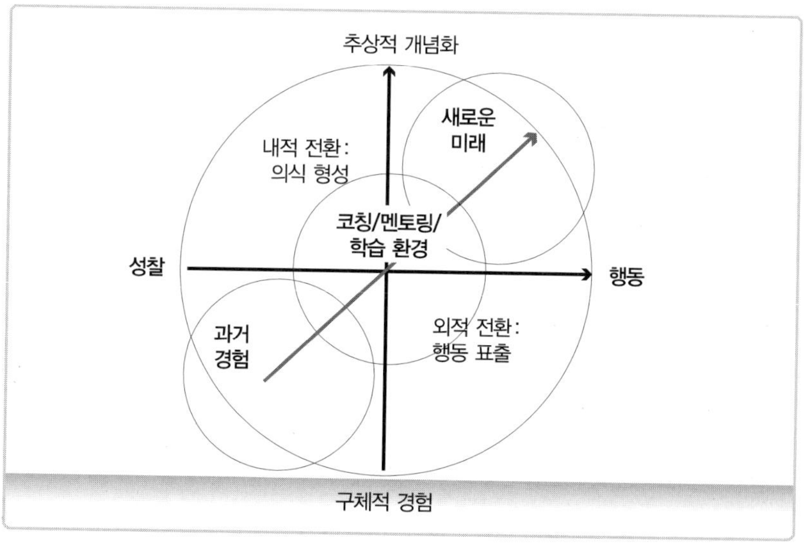


[그림 3-4] 모델 매칭: 학습 바퀴와 코칭/멘토링 패러다임

들과 교류가 더욱 잦을수록 학습 기회가 많아진다는 사실을 잘 인식하고 있다. 학습 바퀴와 코칭, 멘토링 패러다임을 하나로 종합해 보면 [그림 3-4]와 같이 학습을 기반으로 한 역동적 코칭, 멘토링 모델을 구축할 수 있다.

위 모델에서 앞서 설명했던 6단계 성찰 모델six-stage model of reflection의 세부 단계가 학습 바퀴의 세 단계(과거 경험→코칭/멘토링/학습 환경→새로운 미래)와 맞아떨어지는 것을 볼 수 있다.

새로운 지향점을 향해 가는 과정은 상향 및 전향적 전환을 통한 결과라고 할 수 있다. 그림에서 알 수 있듯이 대각선 방향으로 뻗어 가는 힘은 앞으로 굴러가는 메커니즘rolling mechanism을 좌우한다. 일부 코치와 멘토들은 학습자에게 비유적으로 '계속 공을 앞으로 굴려 나가자'라고 독려한다. 학습의 종점을 향해 나아가는 과정에서 코칭과 멘토링 대상의 내적 의식이 드러나고 행동에 반영된다. 이는 바로 숀Schon의 행동 속 사고thinking-in-action 개념과 일치한다.

코칭/멘토링 과정이든 실제 세계이든 과거 경험을 미래의 희망으로 전환해 가는 과정은 위의 모델과 같이 수월하지만은 않다. 실제로 기업의 하급 관리에서 고위 경영진까지 그들이 꿈을 실천해 나가는 과정은 매우 힘이 들 수 있다. 또한 꿈을 향해 가는 길을 가로막는 요소가 등장할 수 있다. 그중 하나는 새로운 문화에 적응하면서 겪는 어려움이다. 기업의 관리이든 이민자이든 새로운 문화에 적응해 나가는 과정은 의미의 결핍을 낳는다. 이것은 사회적 준거가 결여되어 있기 때문일 수도 있고, 새로운 도전에 대한 경험이 버겁기 때문일 수도 있다. 많은 이민자가 사회에서 소외되는 현상을 보면 이를 쉽게 이해할 수 있다(Turner, 1967). 이민자뿐만 아니라 고위 경영진도 마찬가지의 소외감을 느낄 수 있다. '위에 있

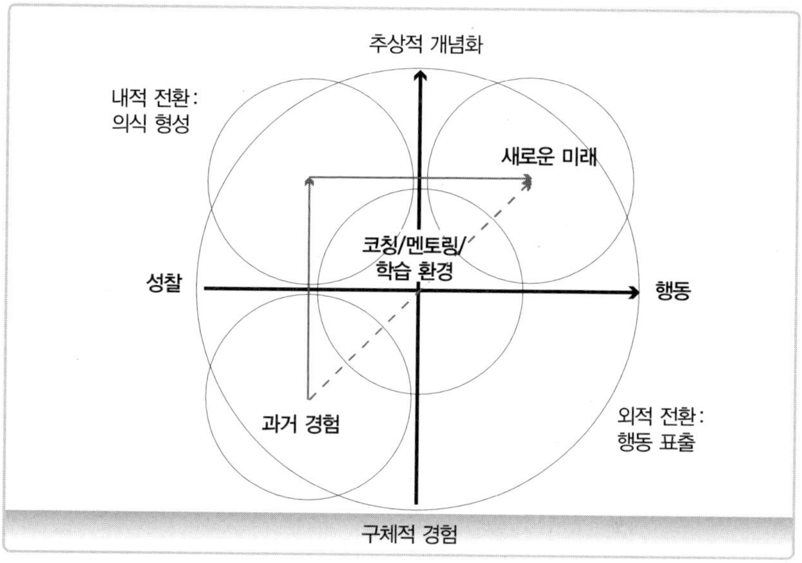


[그림 3-5] 의미가 개입변수로 작용한 역동적 코칭/멘토링/학습 모델

는 사람들이 더 외롭다'는 말도 있다. 이들은 직장 생활이나 인생 초반에는 의미를 찾아 본 경험이 있을 수 있지만 이 의미들은 계속 도전받고 때로 사라지기도 한다. 그러므로 코치/멘토의 역할은 인생의 중요한 시점에서 피코치자/멘티가 개인적 의미를 유지하고 이에 활력을 불어넣을 수 있도록 돕는 것이다. 누군가의 의미를 즉흥적으로 이해할 수는 없으며 문화의 맥락 속에서 그 사람에 대한 심도 깊은 이해가 필요하다.

훌륭한 교사와 마찬가지로 코치와 멘토는 의미 형성 과정을 잘 인도할 수 있는 능력(예: 앞서 말한 이야기식 접근 방식과 7, 8장에서 다룰 방식)이 있어야 한다. 또한 학습자가 스스로 의미를 형성, 재발견하고 이에 책임을 질 수 있도록 도와야 한다. 그러므로 의미 형성은 내적 전환의 공식에서 매우 중요한 임시 단계다. 이 새로운 세부 단계를 [그림 3-4]의 역동적 코칭/멘토링 모델에 적용하면 [그림 3-5]와 같은 모델이 완성된다.

이 틀을 이해하면 코칭과 멘토링의 구체적 경험이 어떻게 개인의 발달로 이어지고 더욱 폭넓은 의지, 의미, 목적으로 전환될 수 있는지 볼 수 있다. 멘트코프스키Mentkowski는 이 현상을 매우 적절하게 다음과 같이 표현했다. "거리distance, 미래, 과거는 살아왔던 순간에 내포되어 있는 것이며 그 순간들이 의미를 만들어 낸다." (Mentkowski et al., 2000)

전체 사회문화적 맥락에서 학습 여정을 시작하기 전 예비 과정이 있을 수 있다. 이 과정에서 학습자는 핵심 공감대에 바탕을 두지 않은 다른 관점에서 사회의 새로운 측면을 탐구하기 전에, 자신이 현재 어느 위치에 있는지 파악하고 정체성에 대한 확신을 가져야 한다. 여기서 핵심 공감대는 학습인도자와 학습자가 정체성을 이루는 핵심 요소에 대한 친숙도가 높을 때 형성될 수 있다. 모든 문화에 적용 가능한 보편적 틀을 형성하는 과정에서 저자는 이러한 핵심 요소에 대해 탐구해 보고자 한다(6장 참조). 지금까지 논의한 역동적 코칭/멘토링 모델은 학습심리학에 근간을 두고 있다. 이 모델은 인지행동치료CBT와 같은 다양한 코칭 방법에 쉽게 적용될 수 있다는 점에서 매우 유용하다. 7장에서는 인지행동치료를 활용하여 어떻게 실전에서 역동적 모델을 적용할 수 있는지 알아본다.

## 단원 요약

이 장에서는 학습심리학에 관한 연구와 이론을 돌아보고 이를 어떻게 코칭과 멘토링에 적용 가능한 보편적 모형을 구성하는 데 활용할 수 있는지 알아보았다. 이 과정에서 연구 결과가 항상 이론을 뒷받침하는 것은 아니며 일부는 이론보다 실제에 더 유용하다는 사실을 알게 되었다. 또한 이론적 접근을 다양한 문화에 보편적으로 적용하는 데에는 한계가 있으며, 창조적 학습의 중요성이 나날이 늘어남에도 불구하고 이에 대한 언급은 거의 없다는 점을 발견했다.

급속히 변하는 글로벌 시장에서 지나치게 프로그램화된 채로 확립되어 있는 모형보다는 새로운 지식을 재빨리 습득할 수 있는 능력이 더욱 중요시되고 있다. 또한 다양한 환경에서 다양한 사람과 함께 일하는 것은 불편의 원인이라기보다는 호기심을 유발하는 이슈다.

이 장에서는 코칭과 멘토링에 관련이 있는 학습 과정을 구성하는 요소, 즉 장벽, 변화, 문화, 담론적 의미, 목적과 영향 등에 대해서도 알아보았다. 여기서 담론이란 개방적 · 객관적 대화이며 편견과 왜곡된 신념 그리고 (스키마를 의미하는) 전제를 바로잡고자 하는 과정이다(Mezirow, 1996).

테일러, 마리아노 그리고 피들러(Taylor, Marienau, & Fiddler, 2000)는 여러 이론에서 발견된 학습 과정의 공통점을 찾아 "학습 과정이란 변증법적으로 모순을 해결하는 과정이다."라는 결론을 내렸다. 이 과정에서 다음과 같은 특성을 발견할 수 있다.

- 의식 제고
- 새로운 가능성
- 복합적 관점
- 세상과 자아를 바라보는 새로운 관점
- 세상에 대한 적극적 책임감

이상으로 3장을 마친다.

Chapter 04

# 코칭심리학, 코칭, 멘토링 그리고 학습

## 들어가기

이 책의 1장에서는 코칭과 멘토링을 '개인을 지원하여 발전적 행동으로 이어지도록 하는 과정'으로 묘사함으로써 코칭과 멘토링에 대한 일반적인 의미를 살펴보았다. 이 정도의 의미 규정만으로도 탐구를 시작하기에 충분했다. 이제 우리는 지난 장들에서의 발견을 바탕으로 코칭심리학, 코칭, 멘토링 그리고 학습에 대한 다양한 정의를 더 비판적인 시각에서 점검해 보기로 한다. 그리고 마지막으로 코칭, 멘토링, 학습의 심리학에 대한 보편적 접근을 간명하게 정의할 수 있는 방법을 생각해 보겠다.

## 멘토링의 의미

'멘토'라는 단어는 그리스 신화 속 인물 멘토에서 유래된 말이다. 멘토는 그의 친구 오디세우스의 아들 텔레마쿠스를 교육하는 임무를 수행하는 사람이었다. (제3장에서 언급되었듯이) 이런 배경은 우리가 일반적으로 멘토에 관해, 자신의 풍부한 경험과 지식을 전수해 주고 멘티의 승진을 돕는 사람이라는 잘못된 정의를 내리게 만든다. 이는 멘토와 멘티의 관계를 선생과 학생의 수직적 관계로 생각하게 하는 것으로, 우리가 주장하는 멘토와 멘티는 평등한 관계라는 가치에 반하고 멘토링 과정이 멘티 중심이어야 한다는 생각에도 반한다. 달로즈(Daloz, 1999)는 "멘토는 신뢰할 수 있는 가이드로, 개인 개발 이론을 잘 이해하고 이를 실천으로 전환시킬 수 있는 사람"이라고 말했다. 이와 같이 일각에서는 멘토링이 코칭에 비해 장기적인 개인 개발 및 경력 개발에 더 많은 중점을 둔다고 정의한다. 많은 일방적인 멘토링 정의들은 기업 장면에서 나온 말이며, '슈퍼바이저supervisor'와 같은 표현은 다양한 상황의 멘토링을 설명하기에 적절하지 않다(동방멘토링포럼에서는 멘토링을 단순히 '2인 이상의 교류로, 1인 혹은 양자의 지식, 경험, 기술을 공유하고 이를 통해 성장과 스스로에 대한 이해를 추구하는 것'이라고 정의한다.).

### 코칭과 멘토링에는 차이가 있을까

앞에서 기술한 전통에 의거하여 일부는 코치와 멘토 그리고 코칭과 멘토링 사이에 명확한 경계가 존재한다고 주장한다. 이러한 전통에 비추어 보면, 멘토링은 인간의 발전에 중심을 둔 접근법으로 주로 경력 관련 이슈들을 다루는 반면, 자기개발과 코칭은 더 성과 중심적이라고 정의할 수 있다. 멘토링은 업무가 바뀌어도 지속되는 장기적인 관계이고 공동 코칭co-coaching은 상대적으로 단기적이고 프로젝트나 성과와 연결되어 있다고 볼 수 있다. 실제로 코칭은 특정 분야에서의 상하관계 안에서 이루어질 수 있으나, 공동 코칭의 경우 언제나 어떤 분야의 개선에 경험이 있는 담당자의 감독하에, 그러나 상하관계 외에서 일어난다.

이 책에서는 코칭과 멘토링이 본질적으로 중복되고 상호작용을 한다고 기술한다. 그 이유는 코칭과 멘토링이 모두 학습심리학에 기초하고 있기 때문이다. 더욱 중요한 이유는 바로 두 가지 모두가 유동적이고 유연하며 적응력이 뛰어나서 시간의 흐름과 함께 상황과 문화에 발맞추어 변화하는 개개인의 요구에 부응하기 때문이다.

## 코칭의 정의

멘토링이 무엇인지 정의를 내리게 했던 전통적인 인식은 코칭이 무엇인지를 정의하는 데에도 도움을 주었다. 코칭은 여러 학자들과 전문가들에 의해 다음과 같이 정의되었다.

> 타인의 성과, 학습, 개발을 촉진시켜 주는 예술이다(Downey, 1999).

> 개별지도나 강의 등의 형식을 통한 즉각적인 성과 향상과 기술 개발에 직결되어 있는 것이다(Parsloe, 1995).

위트모어가 말했듯이 대부분의 코치는 티모시 갤웨이Timothy Gallwey가 내린 정의를 사용한다.

> 코칭은 성과를 최대화하기 위하여 개인의 잠재력을 발휘하도록 하는 것이다. 학습자를 직접 가르치기보다는 학습자 스스로 배울 수 있도록 돕는 것이다(1992, 2002, p. 8)

간단히 말해 코칭은 다음과 같은 특성을 지닌다(Law, 2002).

- 성과를 최대화하기 위한 잠재력 발휘
- 촉진 접근법facilitation approach: 가르치기보다는 학습을 돕는 역할
- 강의식 접근법instructional approach: 개별지도나 강의 등의 형식을 통해 즉각적인 성과 향상과 기술 개발에 직결됨
- 기존의 치료적 접근법에 기반하고 있는 코칭 모델을 통해 직장과 삶에서의 성과 증진

2장에서 언급했듯이, 코칭과 멘토링에는 직접적인 강의식 접근법에서부터 비직접적이고 촉진적인 기법에 이르기까지 다양한 스타일이 존재한다. 무엇이 최선의 방법인지에 대한 합의는 없다. 어떤 것이 가장 효과적인 방법인지는 각각의 피코치자, 멘토와 코치 그리고 당사자들이 당면한 상황에 따라 달라진다. 하지만 코치와 멘토가 공감대를 형성하고 있는 부분은 바로 그들의 역할이 고객들과 함께 고객들 그리고/혹은 그들의 조직이나 공동체에 이득이 될 수 있도록 그들의 강점을 발견하고 극대화할 수 있도록 돕는 것이라는 것이다. 다음은 코치와 멘토가 하는 전

형적인 이야기다.

> 사람들이 삶에서 새롭고 귀중한 발견을 하도록 돕고, 그 이후에도 더 나아가 이들을 돕고자 하는 의도다(Breakthrough & Beyond Ltd).

> 코칭은 사람들 간의 커뮤니케이션을 돕고 상대와 자신의 생각을 더 잘 이해하도록 사람들을 돕고, 모든 일에 있어 훨씬 더 효과적으로 일을 수행할 수 있도록 돕는 것이다. 코칭의 궁극적인 목표는 조직이 더 효율적으로 운영되고, 뛰어난 인재를 유지하고, 수익을 창출할 수 있도록 하는 것이다. 하지만 코칭 프로그램은 자기개발과도 관련된다. 따라서 프로그램 참가자들이 일뿐만 아니라 각자의 사생활에도 도움이 될 만한 경험을 익히고 배움을 얻을 수 있다……. 코칭은 학습을 흥미롭게 하여 개개인들이 배움을 일과 삶에 적용하는 것을 추구한다……. 또한 학습 과정이 끝나고 오랜 시간이 지난 이후에도 계속해서 학습을 지속할 수 있도록 개인의 학습과 성장 역량을 키우는 것을 지향한다(Learning to Inspire Ltd.).

상기의 분석은 코칭의 한쪽 끝에는 촉진적 접근법, 다른 쪽 끝에는 강의식 접근법이 있는 매우 광범위한 스펙트럼을 보여 준다. 코칭심리학특별회의[SCGP]의 조사에 따르면, 촉진적 접근법이 많이 선호된다고 한다. 거의 70% 이상이 이 접근법을 사용한다고 응답했다([그림 4-1] 참조). 접근법이 보편적이기 위해서는 지속 가능성과 재생이라는 개념이 내재되어 있어야 한다. 모든 사람들은 잠재적으로 함께 프로세스에 참여하는 사람들에게 코치나 멘토의 역할을 할 수 있다.

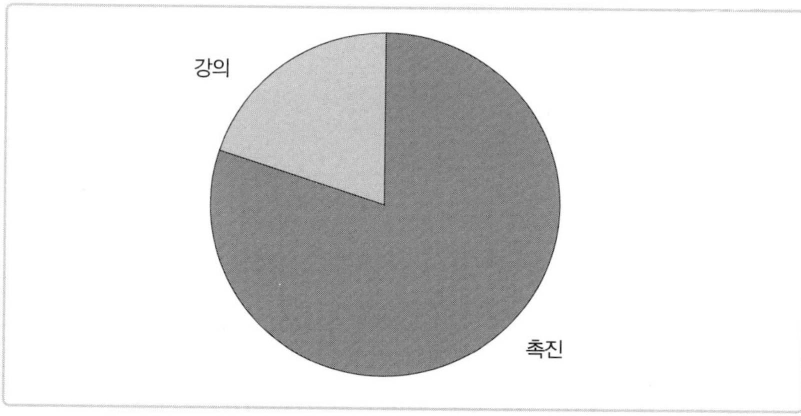


[그림 4-1] 코칭에서의 촉진적 접근법과 강의식 접근법

자료제공: Palmer & Whybrow(2004)

## 학습의 정의

이 책에서 저자들은 멘토링과 코칭이 학습심리학에 근간을 두어야 한다고 주장한다. 학습에 관해서는 머시 드리스콜Marcy Driscoll의 정의를 채택한다. 그녀는 학부와 대학원에서 교육학을 가르쳤던 다년간의 경험과 축적된 지식을 바탕으로 하여 여러 가지 다양한 심리학을 성공적으로 접목하고 실행에 옮겼기 때문이다.

드리스콜에 따르면 학습은 "세계와의 상호교류와 경험으로 인한 성과 혹은 잠재 성과의 **끊임없는 변화**"(2005; 강조는 첨가한 것임)라고 정의할 수 있다. 즉, 이 정의에 따르면 학습자는 자신의 경험에서 배우고, 이를 통해 성과에 영구적인 변화를 가져온다. 이는 단기적이고 측정 가능한 성과 향상에 언제나 초점을 맞추는 것이 항상 그래야 하는 것이 아니라는 것을 암시하기도 하지만, 성과는 중요한 문제이며 모든 개발 과정에 있어 적어도 어느 정도는 중점을 두어야 한다.

여기서 중요한 문제는 '영구적인 변화를 가져오려면 정확히 어떤 과정을 거쳐야 하는가?'이다. 학습 이론은 이러한 과정을 설명하려고 한다. 학습 이론들은 주로 세 가지 분야에서 학습의 개념을 바라본다([그림 4-2] 참조).

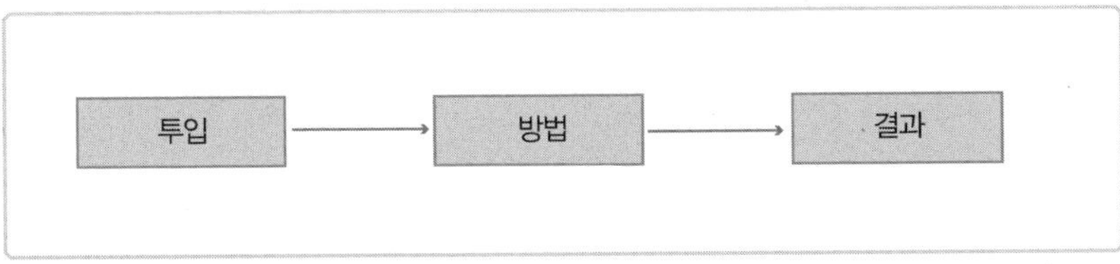


[그림 4-2] 학습 과정의 정의

- 투입input: 학습이 일어나기 위해 필요한 요소는 무엇인가?
- 방법means: 어떻게 학습이 일어나는가?
- 결과outcome: 어떤 변화가 일어나는가?

## 학습의 정의를 교육, 코칭/멘토링에 적용하기

드리스콜은 학습심리학을 교육의 정의에 적용하면서 학습 이론을 트레이너를 위한 교육과 연결한다(이는 교사, 코치, 멘토에게도 비슷한 의미를 지닌다.). 그녀는 교육을 "학습자가 **목표**를 성취하는 것을 도와주는 **고의적으로 계획된 사건**"(2005; 강조는 첨가한 것임)이라고 정의한다.

### 개인의 장점에 대한 정의-긍정심리학의 관점에서

린리와 해링턴(Linley & Harrington, 2006)은 긍정심리학을 다음과 같이 정의한다.

> 최적의 기능에 대한 과학적 연구로 인간의 어떤 상황이 행복, 성취감, 번영 등으로 이어지는지에 초점을 맞춘다…….

강점은 다음과 같이 정의한다.

> 가치 있는 결과를 추구하는 과정에 있어 최적의 기능 혹은 성과를 발휘할 수 있는 방식으로 행동하고 사고하고 느낄 수 있는 자연스러운 역량이다.

이 두 가지 정의에서 알 수 있는 사실은 코치와 멘토가 심리학에 대한 이해를 높임으로써 학습자와 멘티가 그들이 '가치 있는 결과를 추구하는 과정에서 최적의 기능과 성과'를 성취하도록 도울 수 있다는 것이다. 이제 이것을 코칭심리학과 비교해 보겠다.

## 코칭심리학의 정의

코칭심리학은 성인 학습과 심리학적 접근법에 기반한 코칭 모델에 의해 뒷받침되고 있으며, 정상적이고 병리학적 이상이 없는 사람들의 삶과 일에 있어서의 안녕과 성과를 높인다는 목표를 가지고 있다(Grant & Palmer, 2002).

이와 같은 정의에서 주의해야 할 점은 심리학을 단지 정상적이고 병리학적 이상이 없는 사람만을 대상으로 적용한다는 점이다. 즉, 코칭의 혜택을 누릴 수 있는 잠재력이 있는 사람들을 대상에서 제외하고 있는 것이다. 게다가, 사람들의 무리에서 무엇이 병리학적 이상이고 병리학적 정상인지를 가늠하기가 어려우며 그 기준 역시 임의적이다. 또한 코칭을 받고자 하는 피코치자가 스트레스, 외상, 우울증 등 심리학적 문제들을 경험할 수도 있다. 만약 피코치자가 병리학적인 문제를 안고 코치의 상담을 받기 시작했다면 코치는 이를 돌볼 의무가 있다는 주장이 있다(Spence, Cavanagh, & Grant, 2006).

비록 그랜트와 팔머의 정의가 2002년 5월에 열린 코칭심리학포럼에서 채택되었지만, 포럼이 코칭심리학특별회의로 발전하면서 여러 회의에서 상기의 문제가 논의되었다. 그 결과 이 정의를 더욱 포괄적으로 만들기 위하여 '정상적이고 병리학적 이상이 없는' 이라는 문구를 삭제하기로 했다. 따라서 코칭심리학은 다음과 같이 정의될 수 있다.

> 코칭심리학은 성인 학습과 심리학적 접근법에 기반한 코칭 모델에 의해 뒷받침되고 있으며, 사람들의 삶과 일에 있어서의 안녕과 성과를 높인다는 목표를 가지고 있다(Palmer & Whybrow, 2006; Grant & Palmer, 2002에서 채용).

## 초문화적 코칭심리학의 정의

이 책의 서론에서 언급했듯이, 국제 비즈니스이든 다문화 사회이든지 간에 현대 국제 사회에서 성공적으로 멘토링과 코칭을 수행하기 위해서는 다원성을 소중히 여기고, 다양한 상황과 문화에 걸쳐 코칭과 멘토링을 적용할 수 있어야 한다. 따라서 우리는 문화에 상관없이 적용될 수 있도록 코칭과 멘토링을 재정의하는 데 특히 노력했다.

초문화적intercultural 코칭심리학은 다양한 문화적 배경 혹은 선천적으로 이중적 문화 유산을 타고난 사람들의 삶과 일에 있어서의 안녕과 성과를 높인다는 목표를 가지고 있다. 비교문화적cross-cultural 코칭은 초문화적 코칭과는 미묘한 차이가 있다. 비교문화적 코칭이란 서로 다른 국가에서 와서 서로 다른 문화를 가진 사람들을 대상으로 코칭하는 것을 의미한다. 두 가지 코칭법 모두에서 문화 인류학에 기반한 심리학 접근법을 사용하는 것이 유용하다. 하지만 주로 지리적 그리고 인종적 차이에 중점을 두는 기존의 방법은 점점 더 복잡해지고 혼합화되는 세상에 적용하기에 충분하지 않다. 오늘날에는, 재택근무가 늘어나고 사람들 간의 교류도 증대되고 서로 다른 기질의 사람들이 함께 일한다. 또한 새로운 유형의 조직과 파트너십을 구축하고 새로운 방식으로 커뮤니티 간에 협업을 해야만 지속 가능할 수 있다. 우리는 매일 미시세계와 거시세계를 만들어 내고 그 둘 사이를 드나든다. 문화와 상황이라는 개념은 이렇듯 변화하는 미시 그리고 거시 세상을 포괄할 수 있을 정도로 유연해야 한다.

이 책에서 내린 정의는 코칭심리학특별회의에서 내려진 주류의 정의와도 매우 비슷하다(Palmer & Whybrow, 2006; Grant & Palmer, 2002에서 채용). 하지만 오히려 코칭에 문화적 요소를 가미시킴으로써 학습자가 의미 있는 결과를 도출할 수 있고 그들의 잠재력을 발휘할 수 있도록 도울 수 있다는 필리페 로신스키(Philippe Rosinski, 2003)의 제안과 더 일맥상통한다.

## 단원 요약

이 장에서는 주요 주제에 대한 정의를 내렸다. 이 책에서는 코칭과 멘토링의 이론적인 근거와 과학적인 증거를 강조하고는 있지만 그렇다고 해서 이들의 예술성을 희생해서는 안 된다. 다시 말해 더 과학적인 접근법이라고 해서 반드시 프로그램화되고 정밀한 접근법으로 이어지는 것은 아니다. 우리는 코칭과 멘토링이 지나치게 형식적이지 않아서 다양한 학습 가능성을 제공하여 주는 몇 몇 개발법 중 하나라는 사실을 잘 알고 있다.

우리는 이 분야에서 많은 학자들이 내놓은 수많은 정의를 알고 있다. 우리는 이로부터 많은 것을 배울 수 있다. 하지만 코칭과 멘토링의 새로운 발전 양상, 학습심리학 이론 그리고 문화를 초월하는 유연하고 지속가능한 접근법을 정의해야 한다는 시급성을 잘 이해하고 있기 때문에 다음과 같은 정의를 제안한다.

> 보편적인 코칭/멘토링 모형은 개발적이고, 변화를 가져오며, 문화를 염두에 두는 과정을 거치는 심리학적 학습 이론에 기반하고 있다. 이는 실행에 있어서의 융통성과 유연성을 가져다주며 경계를 허물 수 있도록 해 준다.

이러한 과정은 사람들이 조직과 공동체 그리고 스스로 규정 지은 경계를 넘어 새로운 세상으로 나아가도록 도와준다. 이를 통해 사람들은 기존의 익숙한 지식과 경험을 뛰어넘어 새로운 학습의 영역을 체험하게 된다. 새로운 영역에 노출됨으로써 여러 상황에서의 다양한 역학관계와 복잡한 세계를 보다 잘 이해할 수 있게 된다. 이 책의 여정을 함께하면서 이를 더 발전시켜 나갈 수 있을 것이다.

Chapter 05

# 코칭과 멘토링을 통한 학습조직

## 들어가기

3장에서 학습심리학, 긍정심리학에서의 발전 그리고 학습조직을 위한 코칭과 멘토링의 활용에 대해 기술한 바 있다. 코칭 또는 멘토링은 학습조직 내에서 향상을 가져오기 위한 파트너다. 이는 어떤 직급에서도 적용 가능하며, 두 명 간의 관계에서뿐 아니라 팀에서도 적용 가능하다. 저자들이 4장에서 제시한 코칭과 멘토링에 대한 정의에 따르면 이 과정은 기존의 조직과 집단을 벗어나서 새로운 영역으로 사람을 이끄는 것을 포함한다. 이 장에서 저자들은 조직 상황에서의 이러한 영역에 대해 더 자세히 기술하고자 한다.

특히 코칭과 멘토링이 조직에서 중요한 이유, 그리고 현대화 시점에서 코칭과 멘토링의 역할에 대해 설명하고자 한다. 또한 조직이 코칭과 멘토링 프로그램을 실행해 나감으로써 학습조직으로 변화해 가는 과정을 보여 주고자 한다. 여기서 말하는 조직이란 우리가 속해 있는 사회도 포함하는 것이다. 여기서는 멘토링과 코칭이 왜 필요하고, 관련된 이슈와 이점은 무엇이며, 코칭/멘토링 프로그램을 어떻게 시작하는지에 대해 설명하고자 한다.

또한 조직과 사회 상황에서의 학습과 변화를 살펴보고 구조, 기술, 몰입 및 협력, 가치와 태도에 대한 지각, 그리고 학습사회모형에 대한 기여도, 그리고 마지막으로 코칭과 멘토링이 조직에 어떻게 도움을 줄 수 있고 향상시킬 수 있는지에 대해 다루고자 한다. 또한 코칭/멘토링 과정을 정착하기 위한 실무 지침에 대해서도 다룰 것이다.

## 현시점에서의 도전

오늘날 모든 조직은 현대화되고 향상되고 있다. 경영진은 지속적 향상과 현대화를 기대하고 있으며, 정부는 전문가들에게 변화하는 환경에서 자신들의 적합성에 관한 전략을 평가할 수 있는 권한을 주고 있다. 조직은 상대적 우위를 점하고, 예산과 자원을 절약하고, 질quality을 향상시키며 새로운 업무 방법을 실행하기 위해 변화할 것을 요구받고 있다. 조직은 커져 가는 시장에서 적절하고 효율적인 상품을 위해 새로운 동맹 관계를 맺고 있다. 조직이 자체적으로 경쟁하기 어려운 분야에서는 아웃소싱과 파트너십을 활용하는 것이 경제적이다. 상호 신뢰와 존중을 바탕으로, 권력이 집중되지 않고 동등하게 분배되고, 일하는 방법이 투명할 경우 협력 관계가 잘 이루어질 수 있다.

또한 과거에 일어난 일과 향후 발생할 일에 대한 연속성이 없을 경우에도 오류가 발생할 수 있다. 컴퓨터 시스템 도입으로 인해 많은 사람들이 정보에 접근할 수 있게 되었으나 변화를 가져오기 위한 지식이 자동적으로 전달되는 것은 아니다. 변화속도, 증가되는 환경의 복잡성, 시장의 변화, 발전하는 테크놀로지의 역할, 증가되는 주주들의 기대와 요구 등을 고려할 때 그대로 가만히 있어서는 안 된다. 급변하는 세상에서 살아남기 위해서 조직은 반드시 지속적으로 학습해야만 한다(Vaill, 1996). 다음의 예는 조직이 과거의 가치에만 빠져서 변화하려 하지 않을 때 어떤 일이 발생할 수 있는지를 보여 준다.

### 학습하지 않는 회사

50년 동안 가정용 집을 짓는 회사의 예를 들어 보겠다. 이 회사의 미션은 '전통적인 가정 집 건축'이었다. 이 회사는 전통만 고집하다 보니 점점 더 경쟁력이 약해지게 되었으며 거의 몰락 직전까지 가게 되었다. 그렇게 되기까지 불과 5년밖에 걸리지 않았다. 매년 이사회가 열리고 회사의 비전, 미션, 전략 및 약점들에 대해 논의했다. 계획도 일부 조정했으나 이사진의 전반적인 생각은 변하지 않았다. 이사회는 매년 변화를 추진했고, 일부 이사는 시장이 확대되고 있는 유럽에 진출하자는 제안도 한 바 있으나, 지금까지 명성을 쌓아 온 현 지역을 고수해야 한다는 다수의 반대에 부딪치고 말았다. 회사를 반으로 나누어 반은 현재의 방식을 고수하고 다른 반은 새로운 시도를 해 볼 필요가 있다는 제안도 있었으나, 이사회는 그러한 시도가 현재의 전통적인 건축 방식의 미션을 훼손한다는 생각을 가지고 있었다.

대표이사는 현 시장을 고수할 필요가 있다고 이사회를 설득시켰다. 그는 일순간의 시장 상황에 동요되지 말고 과거 50년 동안의 경험을 토대로 이 어려운 시기를 잘 이겨 나가게 되면, 고객도 다른 회사 제품의 문제점을 인식하고 다시 우리 회사로 돌아올 것이라고 강조했다. 자체 조사한 설문에서도 지역 주민들은 회사를 신뢰하고 있었고 회사의 브랜드를 인식하고 있는 것으로 나타났다. 그러나 문제는 주민들이 현 회사가 만든 집을 사지 않는다는 것이었다. 이 회사는 고객이 원하는 것은 주택의 질과 가격이지 전통이 아니며 지역에 있는 회사에 대한 애정이 반드시 구매로 연결되는 것은 아니라는 사실을 인식하지 못하고 있었다. 즉, 이 회사는 고객이 중시하는 것과 상황이 변하고 있다는 것을 충분히 인식하지 못하고 있었다. 회사의 어려움에 관한 소문이 돌기 시작했으며 이사회의 역할에 관한 부정적인 비판이 언론에 등장하게 되었다. 그다음 주에 대표이사는 강한 반발 기사를 신문에 실었다. 그 내용은 '우리는 전통적인 주택을 건축하는 데 큰 기여를 해 왔다. 만약 우리의 경쟁회사로부터 집을 산다면 장기적으로 볼 때 손해를 보게 될 것이다.'라는 기사였다. 지역 주민들의 반발이 뒤따랐다. 결과적으로 회사는 부도가 나고 수백 명의 종업원들은 직장을 잃게 되었다. 지역 주민들도 건실한 회사가 사라진 것에 대해 진심으로 아쉬워했다.

이 사례가 보여 주는 것은 신뢰만 가지고는 성공하는 데 충분치 않다는 것이다. 이 회사는 다른 브랜드를 내세웠어야 했다. 시장에서 차지하는 위치 및 대중과의 협력에 관한 피드백으로부터 무엇인가를 배웠어야 했다.

만약 협력으로 인한 혜택이 상호적인 것이 아니라면 한 집단은 다른 집단에게 부정적인 영향을 미치게 된다. 권력 균형이 이루어지지 않는다면 환경은 더 이상 상호보완적이지 못하고, 학습에 대한 수용성도 중지되며, 지식의 흐름도 감소하고, 신뢰가 감소하며, 긍정적인 행동도 감소하게 된다. 회사가 만약 다른 브랜드를 내세우고 살아남았더라면 주주와의 관계를 새롭게 재설정할 필요가 있었을 것이다.

위의 사례는 권위적이고 위계적이며 전통에 얽매이는 가치지향적인 조직인 경우 변화가 매우 힘들다는 것을 보여 준다. 조직의 구조와 과정이 새로운 방향으로 대치된다면 조직은 어느 정도 견뎌 낼 수 있을 것이다.

여기서 배울 수 있는 교훈 중의 하나는 조직과 사회 개발에 영향을 주는 가치, 믿음 및 태도는 지속적으로 변할 필요가 있다는 점이다. 그러나 변화해야 할 시점이 언제인가를 파악하는 것은 쉽지 않다. 환경이 변화함에 따라 조직의 미션은 시대에 뒤떨어진 것이 될 수 있다.

## 출발점

학습조직을 만드는 것은 조직의 사업, 시장, 고객, 경쟁자 및 공급자를 철저히 이해하고 확실하게 분석하는 데서 출발한다(Verity, 2006). 조직을 분석하는 데 도움이 되는 전통적인 경영 기법은 많이 있다. 예를 들어, BSC, SWOT, PESTEL 그리고 6장에서 기술할 정서지능 등이 있다. 이 장에서는 먼저 유능한 조직은 어떤 모습이어야 하고, 코칭과 멘토링을 통한 학습이 조직을 유능하게 만드는 데 어떻게 도움을 줄 수 있으며, 코칭과 멘토링이 어떻게 조직에 소개될 수 있는지에 대해 설명하고자 한다. 6장에서는 이론적 토대에 대해 설명하고, 7장과 8장에서는 기법에 관해서, 그리고 9장에서는 사례 연구, 마지막 10장에서는 효과성 평가에 관해 다루고자 한다.

## 학습조직은 유능한 조직이다

유능한 조직은 어떤 조직인가? 우리가 관찰한 바에 따르면 유능한 조직은 다음과 같은 특성을 가지고 있다.

- 방향
- 장기적 비전
- 자원
- 변화환경에 대처하는 능력
- 주주들의 만족

이 요소들은 일반적으로 대부분의 조직 전략에 포함되어 있다. 예를 들어, 대기업은 향후 5년간의 사업계획을 가지고 있으며 영업부는 마케팅 전략을 세워 두고 있다. 중소기업의 경우에도 경쟁력을 유지하기 위해서는 위에서 기술한 전략들을 포함하는 사업계획이 필요하다. 이러한 특성은 존슨과 숄(Johnson & Schole)이 집필한 책에서도 잘 기술되어 있다.

> 전략은 장기적으로 조직이 나아가야 할 방향과 범위를 의미한다. 이를 통해 조직은 시장market의 요구를 충족시키고, 주주들의 기대를 만족시키기 위해 변화하는 환경하에서 자원을 잘 배치함으로써 이익을 얻을 수 있게 된다(1999, p. 10).

조직이 전략을 수립하고 전략경영을 통해 이를 실행하기 위해서는 적어도 다음 세 가지 점을 고려해야 한다.

1. 분석: 조직의 전략, 환경, 자원, 가치 및 목표를 통해 조직을 이해한다.
2. 선택: 다양한 대안을 도출하고 최적의 대안을 선택한다.
3. 실행: 자원계획, 조직설계 및 인사관리를 통해 전략을 행동으로 실행한다.

코칭과 멘토링에 관한 문헌 고찰을 통해 우리는 지식경영과 조직학습에 관한 문헌과 실무 내용 중 대부분이 심리학과 경영학에서 사용하는 도구와 기법을 그대로 적용하고 있다는 것을 알 수 있었다.

이 책에서 우리는 이러한 기본적 개념과 유형을 개인과 조직에 적용할 수 있는 '행동 가능한 지식'으로 옮기려고 한다. '행동 가능한 지식'(Argyris, 1999)이란 코치/피코치자와 멘토/멘티의 제도를 실시하는 데 유용한 실무적인 지식을 의미한다. 동시에 많은 연구가 진행되며 입증할 수 있는 자료가 뒷받침하고 있음을 의미한다.

전통적으로 조직학습에 관해서는 다음의 세 가지 다른 입장이 존재한다.

1. 합리성: 전략경영(분석–선택–실행)을 합리적 과정으로 간주한다. 행동 계획의 목적은 이론적 근거가 주주에게 전달되고 이들이 이해한다면 성취될 수 있다.
2. 진화: 조직 행동은 너무 복잡해서 합리적으로 이해할 수 없다고 본다. 조직은 시행착오를 통해 진화되어 간다. 조직이 과거에 실행했

던 것을 기억하고 그것으로부터 교훈을 배울 수 있는 것처럼, 성공적인 전략은 시간이 지남에 따라 나타나게 된다.

3. 과정: 중간 입장을 취한다. 전략모형과 과정은 합리적으로 설계될 수 있으나, 실수를 통한 학습을 통해 변화에 적용될 수 있다는 입장을 취한다.

조직학습과 학습조직에 대한 다양한 정의와 특성이 존재한다. 학습조직은 다음과 같은 내용을 가능하게 하는 과정으로 간주될 수 있다.

- 실수를 통해 학습하고, 적응행동을 유발하고, 오류를 발견하여 교정하고, 집합적 사고-행동 방법을 취한다(cyert & March, 1963; Argyris, 1977; Argyris & Schön, 1978). 이러한 것들은 조직수준에서 개인 또는 집단에 의해 성취될 수 있다(Cangelosi & Dill, 1965).
- 태도 및 행동 변화에 대한 지식증대와 이해를 통해 행동과 성과를 향상시킨다(Fiol & Lyles, 1985).
- 과거 사실로부터의 추론을 체계적인 규칙과 절차를 통해 현재 행동에 영향을 주는 일상적인 일과로 변환시킨다(Levitt & March, 1988).
- 과거 지식과 기억을 토대로 하여 통찰력, 지식 및 정신 모델을 공유한다(Strata, 1989).
- 조직 내 구성원들의 학습을 장려하고 학습한다(Handy, 1989).
- 다양한 가설 또는 신념을 이해로 공유할 수 있게 통합한다(Ginsberg, 1990).
- 구성원들이 지속적으로 함께 학습하게 함으로써 바람직한 성과를 가져오기 위한 조직의 역량을 확장한다(Senage, 1990).

- 유용한 지식과 변화 행동을 획득한다(Huber, 1991).
- 새로운 지식을 만들어 내고, 암묵적 지식tacit knowledge*을 명확하게 하여, 조직을 통해 보급시키고 이를 새로운 기술, 제품, 서비스로 구현한다(Nonaka, 1991).
- 오류 없는 과정을 이끌어 낸다. 조직행동은 '집합 정신', 즉 '주의 깊은 상호관계'를 반영한다. 조직은 정보처리 기능을 가진 기계처럼 움직인다(Weick & Roberts, 1993).
- 지식을 창출하고 획득하며 전이한다. 새로운 지식과 통찰을 반영하기 위해 조직행동을 수정한다. 새로운 시각으로 세계를 본다. 조직 자체의 경험, 과거사 그리고 경험과 실무를 통해 학습한다(Garvin, 1993).

요약하자면, 학습조직은 조직학습을 촉진시키는 과정에 관한 것이며, 학습 과정에 관한 저자들의 정의와 매우 유사하다. 이는 다음과 같은 요소들로 구성되어 있다.

- 투입: 경험
- 과정: 사람들의 지속적 학습을 허용하는 절차(예: 스태프의 역량 모형, 직원 훈련 및 개발 계획). 경험을 새로운 지식, 통찰 및 이해로 전환하고, 이 지식을 공유하고 유포한다(즉, 흥미집단, 포럼, 커뮤니케이션 전략 등). 이를 역사로 축적한다(예: 공적기록 보관소). 투입 경험을 토대

---

*암묵적 지식: 언어로 외재화하기 어려우며 은유를 통해 전달하는 주관적 · 경험적 지식.

로 새로운 지식을 탐지하고, 오류를 교정하며, 행동을 변화시키는 기제다(예: 수행관리, 피드백 시스템 및 평가).

- 결과: 행동의 변화, 새로운 기술, 제품/서비스 및 역사
- 성과: 이해와 가치의 공유. 능력의 확장. 역량, 행동, 제품/서비스 및 고객만족 향상

학습조직은 전통적인 자원을 토대로 한 조직과는 다음의 특성에서 차이가 있다(Senage, 1990; Arvedson, 1993).

- 목표 설정: 조직의 비전이 위에서 전달되는 것이 아니라 구성원들이 공유하는 것이다.
- 사고와 행동: 원자론적(경영진이 생각하고 관리자는 행동만 함)이라기보다 체계적(조직의 모든 수준에서 생각하고 행동함)이다.
- 갈등 해결: 권력관계를 통해 정치적으로 중재하기보다는, 서로 대화를 유도하고 다양한 의견을 통합하며 이해를 공유한다.

## 코칭심리와 조직의 기억

2006년 12월 19일 제2회 코칭심리학회에서 어네스토 스피넬리Ernesto Spinelli는 '코칭심리 실무에서 실존심리학의 적용'이라는 연설에서 코칭 철학이 미래에 대해 지나치게 강조하는 것을 비판했다. 그는 이러한 접근 방법이 과거와 현재를 무시하는 것이라고 지적했다. 실제로 과거와 미래는 모두 중요하며 두 가지 모두가 변화에 대한 현재의 상태를 보완

한다. 지나치게 기술(예: 전자 커뮤니케이션)을 활용하여 한 번에 모든 것을 처리하려는 조직은 과거를 망각하는 위험에 처할 수 있으며, 조직의 치매로 인해 중요 지식을 기억하지 못하는 고통을 겪을 수 있다(Blackler, Crum, & McDonald, 1999의 하이테크놀로지 회사 사례 연구 참조).

조직의 기억은 성공에 중요하며 높은 수행을 가져올 수 있다. 여기에서 제시할 수 있는 첫 번째 질문은 '종업원들은 조직 내에서 과연 어떠한 지식을 공유해야 하는가?'이다. 문헌 고찰을 통해 팀이 공유해야 할 다섯 가지 지식을 다음과 같이 도출할 수 있다.

- 사전적 지식(선언적 지식): 대상과 사건에 대한 정의 및 분류. 무엇을 해야 한다고 선언하는 진술이다(Sackmann, 1991, 1992; Zack, 1999).
- 처방적 지식(절차/과정 지식): 특정 과제를 실행하는 방법에 대한 과제/특수 절차를 의미하며, 이를 통해 팀 구성원들이 성과에 대한 공유된 기대감을 갖고 실행한다(Sackmann, 1991, 1992; Cannon-Bowers & Salas, 1993; Zack, 1999).
- 안내 지식: 과제를 실제로 어떻게 하고 있는지를 기술하는 과제와 관련된 기술. 이 지식은 일반적으로 기존의 구성원들에게 이미 널리 알려져 있으며, 신입사원들은 모르기 때문에 다소 불이익을 받을 수 있다(Sackmann, 1991, 1992; Rentsch & Hall, 1994).
- 대인 지식: 팀 구성원들의 역량을 이해함으로써 구성원들이 다른 사람의 강점과 약점에 맞춰 자신의 행동을 조정할 수 있음. 팀 또는 조직 내에서 같이 일하기 위해서는 각자가 누가 무엇을 알고 있는지 학습할 필요가 있다(Moreland, 2000).
- 공리적 지식(원인 지식): 근본적인 태도, 믿음 및 가치. 공유된 조직의

가치와 팀 구성원의 태도 및 믿음을 통해 팀은 효과적이고 효율적으로 합의를 도출해 낼 수 있음. 이러한 지식은 사람들이 왜 특정한 일을 하고 특정한 방법으로 행동하는지를 설명해 준다. 또한 이러한 지식은 조직문화를 분명하게 만든다(Sackmann, 1991, 1992; Zack, 1999; Mohammed, Klimoski, & Rentsch, 2000).

위에서 기술한 다섯 가지 지식 유형은 고정된 것이 아니다. 각 유형은 대인 간 및 조직 내에서 유동적이며 효율적이고 잘 기능하도록 변형될 수 있다. 종업원들이 효과적이고 효율적으로 합의에 이르도록 유도하는 조직의 경우, 암묵적인 공리적 지식을 명시적인 공유된 가치로 전환해서 기본 규칙, 윤리, 지침 및 행위의 형태로 나타나도록 하는 것이 중요하다. [그림 5-1]은 조직 내에서 지식이 이동하는 과정을 보여 준다.

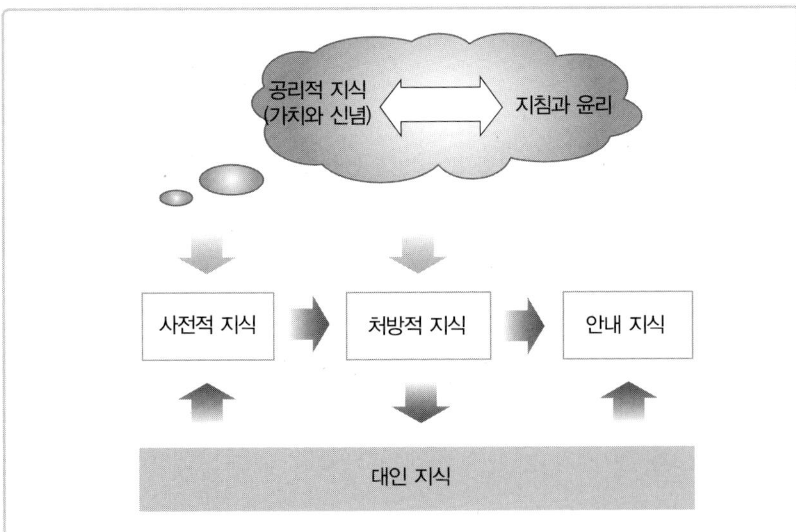


[그림 5-1] 조직 내에서 지식의 이동

물론 지식이 자발적으로 이동하는 것은 아니다. 이를 위해서는 새로운 지식을 획득하고(예: 코칭, 컨설팅, 훈련 및 개발을 통해서), 기존의 지식을 유지하며, 새로운 종업원에게 전달하기 위한(예: 오리엔테이션 및 멘토링 등) 관련자들의 적극적이고 협력적인 노력이 필요하다. 이러한 과정은 세 가지 군—지식 획득/창조, 지식 저장, 그리고 지식 확산 및 전이(Staples et al., 2001)—으로 나눌 수 있다. 지식경영 과정은 저자들이 제시한 투입-과정-결과/성과 시스템과 일치한다.

### 최고경영진의 역할

이러한 지식의 이동 과정은 일반적으로 조직 내 최고경영진의 전략적인 인식으로부터 시작된다. 따라서 최고경영진의 특성은 조직의 전반적 수행에 큰 영향을 미친다. 1980~1990년대에 걸친 수많은 기업에 대한 경험 연구 결과에 따르면, 최고경영진의 다양성(연령, 교육수준, 위치, 근속연수, 관리기능 등)과 조직수행(장, 단기) 간에는 유의한 상관이 있는 것으로 나타났다(특정 연구의 결과를 보기 위해서는 Murray, 1989; Wiersema & Bantel, 1992; Markoczy, 1997; Lioukas & Chambers, 1998; Miller, Burkre, & Glick, 1998; Sutcliffe & Huber, 1998; Chattopadhyay et al., 1999; Smith et al., 1999 등을 보기 바란다).

최고경영진이 효과적이고 효율적으로 기능할 수 있는 최적의 다양성 수준이 존재하는 것으로 보인다. 최고경영진의 다양성과 조직수행 간의 관계는 [그림 5-2]에서 보듯이 스트레스와 수행 간의 관계에서 볼 수 있는 것과 유사한 역 U자 형태로 나타날 것으로 가정할 수 있다.

최적의 조직수행을 가져오는 다양성 정도에 관한 연구는 거의 없는 실

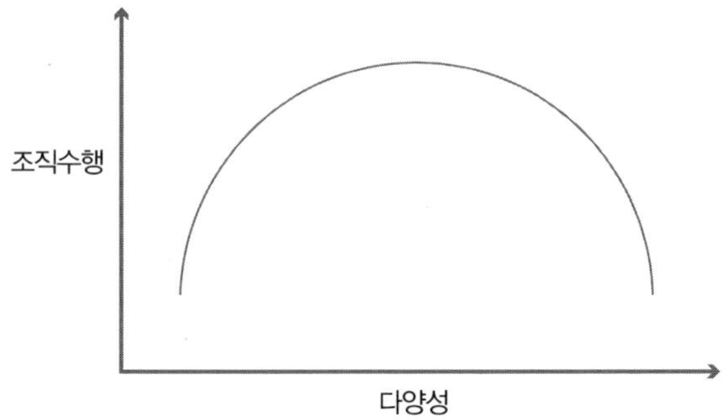


[그림 5-2] 최고경영진의 다양성과 조직수행과의 관계

정이다. 따라서 팀의 다양성과 다양성에 대한 태도 측정에 관한 연구가 필요하다(측정모형을 위해서는 6장을, 사례 연구와 평가에 대해서는 9장과 10장을 참조하기 바란다.). 그러나 한 가지 분명한 시사점이 있다. 높은 수행을 유지하기 위해서는 조직 내 다양성, 특히 최고경영진의 다양성을 관리할 필요가 있으며 이를 통해 팀 구성원들은 공유된 비전, 믿음, 가치, 이해 및 통찰을 가지고 전략적인 합의에 도달할 수 있다. 여기에서 핵심 질문은 다음과 같다. '최고경영진의 모습은 어떠한가?' 이 질문에 답하기 위해서는 관리역량에 영향을 주는 변인들에 관해 살펴볼 필요가 있다. 다음 절에서 이러한 관리역량의 특성에 관해 살펴볼 것이다.

## 학습조직과 학습심리

조직 내에서 지식교환은 사람과 경영 정보 처리 과정 간의 상호작용을 필요로 한다. 가장 간단한 형태로 보자면 이러한 상호작용은 의사소통이

한 사람으로부터 다른 사람으로 전달되듯이 적어도 두 행위자를 필요로 한다. 지식은 많은 형태로 전이된다. 지식창조에 관한 일본식 개념에 따르면 이러한 접근 방법은 네 가지 유형의 조직역량으로 구분될 수 있다 (Nonaka, 1991; Nonaka, Takeuchi, & Umemoto, 1996).

- 사회화: 개인은 서로를 통해 학습한다. 암묵적 지식tacit knowledge은 관찰과 직접 경험을 통해 조직 내의 개인 간에 직접적으로 전이된다 (암묵적 지식에서 암묵적 지식으로).
- 조합(통합): 명시적 지식explicit knowledge 중 일부는 일련의 지식, 조직절차, 규칙 및 과정으로 통합되어 크고 복잡한 형태로 조합될 수 있다 (명시적 지식에서 명시적 지식으로).
- 표현: 개인은 암묵적 지식을 명시적 지식으로 해석하여 조직을 통해 다른 사람에게 의사를 전달한다(암묵적 지식에서 명시적 지식으로).
- 내재화: 의사전달을 통해 선언적 지식이 공유되며, 시간이 경과하면서 종업원들의 마음속에 내재화되어, 각자의 암묵적 지식이 된다(명시적 지식에서 암묵적 지식으로).

이러한 구분은 〈표 5-1〉에 보이는 것처럼 지식 전이 매트릭스로 요약될 수 있다. 노나카(Nonaka, 1991)가 기술한 조직학습 과정은 다음과 같은 학습 사이클로 도식화될 수 있다.

**〈표 5-1〉 지식 전이 매트릭스**

| 지식 | 암묵적 지식-개인 | 명시적 지식-과정 |
|---|---|---|
| 암묵적 지식-개인 | 사회화(개인-개인) | 표현(개인-과정) |
| 명시적 지식-과정 | 내재화(과정-개인) | 조합/통합(과정-과정) |

• 구체적 경험에서 내재적 숙고를 통한 추상적 개념으로(내재화. 명시적 지식에서 암묵적 지식으로, 과정에서 개인으로 전환)

• 추상적 개념에서 행동으로(표현. 암묵적 지식에서 명시적 지식으로, 개인에서 과정으로 전환)

이러한 형태의 조직학습은 개인의 학습 사이클 네트워크로 설명될 수 있다. 이 네트워크는 개인 대 개인(사회화), 개인이 지식을 경영과정으로 해석하는 부분(표현), 그 반대 과정(즉, 절차 및 과정으로부터의 학습, 내재화), 과정을 시스템으로 조합하는 부분(조합) 그리고 전체적으로 학습조직이 이루어지는 부분으로 설명할 수 있다. [그림 5-3]은 이러한 지식 네트워크를 간단히 도식화한 것이다. 그림에서 보듯이 이 네트워크는 개인 A가 B로부터 학습할 수 있고, 경영과정 1은 2에서 n까지 서로 영향을

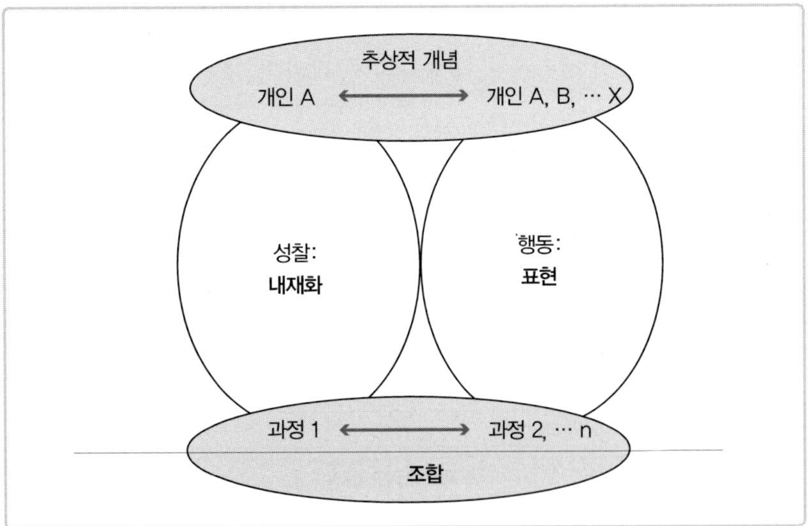


[그림 5-3] **학습 사이클과 지식 네트워크**

주는 등, 둘 또는 그 이상의 학습 사이클로 구성되어 있다.

이 네트워크 모형의 특성은 협력적 탐구와 일치하며(Heron, 1981a, 1981b; Reason & Rowan, 1981; Reason, 1988), 또는 사실적이거나 인간적인 탐구와도 일치한다고 볼 수 있다(Lincoln & Guba, 1984; Bell & Hardiman, 1989). 이 상황에서 코칭은 조직 내 지식 흐름을 촉진시킬 수 있다. 이 경우 코치의 역할은 지식 전이 과정에 관한 조사를 하려는 목표를 가진 연구자의 역할을 수행하는 것이다.

조직수행의 향상을 위해 코칭과 멘토링 모형에 학습 사이클 모형을 접목시키려는 시도가 참신하지만, 지식 획득과 훈련에의 적용은 새로운 것이 아니다. 1988년 질 벨Jill Bell과 밥 하디먼Bob Hardiman은 미국, 독일, 싱가포르에서 인간 조사 접근 방법을 활용해 '지식공학의 인간적 측면'이라는 4일간의 훈련 과정을 개설했다. 이들은 자신들의 방법을 '자연지식공학naturalistic knowledge engineering: NKE'이라고 명명했다. 우리는 조직 코칭 상황에서 이 자연지식공학 원리를 적용했으며, 이는 다음의 과정으로 구성되어 있다.

- 협력 과정: 관리자, 전문가, 피코치자/멘티 및 다른 코치와 멘토를 포함한다.
- 자연 과정: 지식이 적용 가능한 모든 상황에서 발생한다.
- 연구 과정: 임직원을 대상으로 연구한다.
- 지식 획득 과정(표현): 암묵적 지식을 발견하고, 이 지식을 유용하고 표현된 형태로 변형시킨다.
- 상호 과정: 경험 학습 사이클을 따른다(Kolb, 1984; 3장 참조).
- 감사 과정: 획득한 지식을 확인하고 검증한다.

• 조직 과정: 접근 방법이 보다 구체적이어야 하고, 조직문화에 민감할 필요가 있다.

콜브Kolb의 학습 사이클을 지식유발 과정으로 해석하면서 벨과 하디먼(1989)은 다른 해석과 용어를 사용했으며, 저자들은 이를 다음과 같이 좀 더 확장시켰다.

1. 수집(구체적 경험): 모든 가능한 자원으로부터 관련 자료, 정보, 지식을 수집한다([그림 5-1]과 [그림 5-3] 참조).
2. 사고(숙고): 코치/피코치자는 무엇을 학습했는지 생각해 볼 시간을 가질 필요가 있다.
3. 이론화(추론적 개념): 코칭 상황에서 발생한 다양한 유형을 기록한다. 자료를 이해하고 이로부터 의미 있는 지식을 도출한다. 지식을 유용하고 명시적인 형태로 재표현한다.
4. 계획(행동): 다음에 무엇을 할 것인지 계획을 세운다.

## 관리역량과 코칭 프로그램 소개

앞 절에서의 분석으로부터 저자들은 코칭과 멘토링이 다음의 영역에서 관리자에게 도움을 줄 수 있다고 확신한다.

• 전문역량 수준의 향상
• 업무 효율성 향상

• 고수행 팀 관리 및 창조
• 효율적 학습

위의 성과에서 보듯이 많은 중간 및 고위 관리자가 조직에서 코칭과 멘토링 프로그램을 통해 고수행자가 될 때, 이 조직은 학습조직이 된다. 이를 달성하기 위해서는 먼저 역량 있는 조직과 관리역량을 어떻게 연결시킬 것인지를 결정하고, 코칭과 멘토링이 임직원과 조직의 역량을 향상시키는 데 도움을 주기 위해 어떻게 도입될 수 있는지를 분명히 할 필요가 있다.

조직심리 분야의 연구에 따르면 MBTI Mybers-Briggs Type Indicator (Myers, 1962), 숨은 그림 찾기 Embedded Figure Test (Witkin, 1962)와 같은 심리검사를 사용해 관리역량을 인지 스타일 및 성격 특성과 연계시키는 경향이 있다. 숨은 그림 찾기는 전경과 배경 환경을 구분해 낼 수 있는 인지역량을 평가하는 것이다.

MBTI는 성격 유형을 다음 네 가지 관점에서 측정하는 것이다.

• 외향형-내향형
• 감각형-직관형
• 감정형-사고형
• 인식형-판단형

관리자의 의사결정 행동을 측정하기 위해 3장에서 논의한 학습 사이클과 학습 유형을 활용할 수 있다. 인지 유형과 의사결정 행동 간에는 다음과 같은 유의한 상관이 있는 것으로 나타났다(Leonard, Scholl, &

Kowalski, 1999).

- 구체적 경험–감정 및 장 독립과의 연합
- 추상적 개념화–사고 및 장 의존
- 적극적 실험–외향형
- 성찰적 관찰–내향형
- 분석적 의사결정–감각형
- 개념적 의사결정–내향형

동시에 레너드 등(Leonard et al., 1999)은 장 의존성이 직관형과 관련이 있고, 장 독립은 감각형과 관련이 있음을 알아냈다. 관리자의 학습 유형에 관한 관점에서 볼 때, 코칭과 멘토링은 일반적인 교육보다 관리자들의 역량 향상에 더 효과적인 방법이라고 볼 수 있다. 코치와 멘토는 피코치자와 멘티에 따라 이들의 인지 유형에 맞추고 강점을 촉진시킴으로써, 이들에 대한 개별화된 프로그램을 개발할 수 있다. 조직에서 직면할 수 있는 초기의 주요 도전은, 코칭과 멘토링을 조직에 소개하는 것이 문화적 혼란을 초래할 것이라고 보는 부정적 시각일 것이다.

## 조직 내 코칭 프로그램 도입

다른 프로젝트 평가와 같이 코칭/멘토링 프로그램이 조직 내에서 승인을 받기 위해서는, 코칭/멘토링 주창자들이 돈을 투자할 만한 가치가 있다는 것을 사례로 보여 주는 것이 필요하다. 일반적인 경영 사례는 다음의 내용을 포함한다.

- 전략 사례: 코칭과 멘토링 프로그램 전략을 소개하고, 이러한 전략이 조직의 목표를 달성하는 데 어떤 도움이 되는지를 보여 주어야 한다. 예를 들어, 코칭은 조직의 전략역량을 폭넓게 활용하는 것을 촉진시킬 수 있으며, 이를 통해 전반적인 관리역량을 향상시킬 수 있다.
- 경제적 사례: 비용 대비 효과 분석과 같은 평가 기법을 활용하여 효과를 예측한다.
- 재무 사례: 프로그램을 실시할 예산이 충분한지를 검토한다.
- 홍보 사례: 프로그램이 조직의 홍보에 얼마나 기여할 수 있는지를 보여 준다.
- 프로젝트 관리 사례: 경험 연구와 타당성 연구를 통해 프로그램이 실행 가능하다는 것을 보여 준다.

경영 사례의 한 부분으로 프로젝트 관리자는 영향 평가도 동시에 실시해야 한다. 이렇게 하는 목적은 프로그램이 조직, 고객 및 구성원에게 미칠 수 있는 모든 영향을 평가하기 위한 것이다. 제안된 코칭/멘토링 프로그램 내에서, 결과물을 만들어 내고 이를 전달하며 조직의 목표를 충족시키도록 하기 위해, 구체적인 목표를 설정할 수 있다. 목표는 다음의 내용SMARTER을 포함해야 한다.

- S–구체적이어야 함specific
- M–측정 가능해야 함measurable
- A–달성 가능해야 함achievable
- R–관련성 있고 현실적이어야 함relevant/realistic

- T–시간이 정해져 있어야 함time-bound
- E–평가 가능해야 함evaluative
- R–검토 가능해야 함review

이와 같은 내용은 코칭 및 멘토링 프로그램에서 고려할 필요가 있으며 코칭 기법을 선택하는 데 영향을 줄 수 있다(8장 참조). 코칭/멘토링 프로그램의 평가를 성공적으로 하기 위해서는 처음부터 다음 내용을 고려할 필요가 있다.

- 코치/멘토 및 다른 전문가를 활용할 수 있는지에 대한 고려
- 프로그램 비용 및 효과
- 프로그램의 품질 유지
- 코칭/멘토링으로부터 배운 지식의 전이 방법
- 주요 목표, 중요한 이정표, 자원, 코칭/멘토링 문화 등을 설정하는 등의 프로그램을 위한 프로젝트 계획

코칭/멘토링 프로그램을 도입하기 전에 프로그램 담당자는 조직뿐 아니라 구성원들의 분명한 요구를 파악하는 것이 중요하다. 그다음에는 코칭/멘토링 프로그램을 실시하기 위한 논리를 개발해야 한다. 코칭/멘토링 프로그램 도입에 앞서 다음과 같은 질문을 던져 볼 필요가 있다.

- 프로그램을 실시하는 이유가 분명한가?
- 코칭/멘토링 프로그램이 비용 대비 효과가 있을 것으로 판단할 수 있는가? 달리 말해 투자한 비용에 비해 효과가 더 클 것인가?

- 달성하려고 하는 목표는 무엇인가?
- 프로그램의 성공 여부는 무엇으로 측정하는가?
- 일반적인 교육 프로그램과 같은 다른 제안서에도 유사한 목표가 있는가?
- 코칭/멘토링의 목표는 조직의 전략 목표와 일치하는가?
- 코칭/멘토링의 목표를 산출물(예: 코칭/멘토링 상담 횟수, 멘토링 연결 등)이 아닌 성과(예: 수행 향상, 스트레스 감소, 개인 성장 등)로 정의할 수 있는가?
- 코칭/멘토링의 목표와 성과는 어떻게 측정하는가?
- 코칭/멘토링의 목표를 과정중심으로 정의할 수 있는가?
- 코칭/멘토링의 성공에 중요한 요인은 무엇인가?
- 어떤 SMARTER를 설정할 수 있는가?
- 코칭/멘토링 프로그램이 충족시켜야 할 목표들은 무엇인가?

코칭/멘토링 기법은 추가 비용을 요구하며, 피코치자나 멘티의 관점에서 볼 때 원치 않는 영감적 왜곡을 유발할 수 있다. 코칭/멘토링 프로그램을 계획할 때는 반드시 이러한 점을 고려해야 한다. 예를 들면, 코칭/멘토링 프로그램이 피코치자나 멘티의 열망을 증진시키는 데 성공적일 수 있으나, 일부는 이를 통해 다른 회사로 옮기거나 떠나려는 생각을 할 수도 있다. 이는 조직에 또 다른 비용을 초래할 수 있기 때문에 심각하게 고려할 필요가 있다.

따라서 코치와 멘토는 프로그램을 도입할 때, 다음과 같은 장애 및 제한 요건을 극복해야 한다는 점을 이해할 필요가 있다.

- 제한된 자원: 예를 들어, 시간 및 예산
- 관리자가 효과에 대해서는 충분히 고려하지 않고 필요한 자원에만 관심을 갖는 경우
- 해결 방법이 아닌 발생 가능한 문제점에 대한 지나친 몰두
- 비현실적이거나 높은 기대. 예를 들어, 모든 복잡한 문제를 일순간에 해결할 수 있는 간단한 방법에 대한 기대
- 스태프들이 프로그램에 코치나 멘토로 직접 참여하지 못하는 것에 대한 저항
- 코칭과 멘토링에 대한 과대 선전으로 인한 잘못된 인식
- 지위에 대한 집착: 피코치자나 멘티들이 고위직 관리자로부터 멘토링을 받거나 명성이 높은 코치로부터 코칭을 받음으로써 자신들의 지위를 높이려는 열망이 강한 경우

위에서 기술한 내용과 코칭/멘토링의 이론적 기반을 확인하기 위해 코치/멘토는 다음 내용에 관해 연구할 필요가 있다.

- 코칭/멘토링 프로그램의 목표: 이는 조직의 정책과 부서의 목표, 그리고 더 나아가서는 미시경제적 목표와 일관성이 있어야 한다.
- 코칭/멘토링의 결과: 아무것도 변하지 않는지, 또는 아주 적은 정도만 변하는지 파악한다.
- 조직의 시장 상황: 코칭/멘토링 프로그램이 조직이 직면할 수 있는 실패 상황을 막거나, 고용수준을 높이는 데 도움을 줄 수 있는지 확인한다.
- 현재 및 예측된 추세, 그리고 코칭/멘토링이 어떻게 미래의 결과를

향상시키는 데 도움을 줄 수 있는지 확인한다.

- 잠재적 이익 수혜자: 코칭/멘토링 프로그램을 통해 혜택을 볼 사람이 누구인지 파악한다.
- 기술 개발: E-러닝, 온라인 도구 등을 확인한다.
- 코칭/멘토링 프로그램의 범위가 시간이 지남에 따라 변화되는지 파악한다.

위의 연구를 통해 코칭/멘토링 프로그램이 실시할 만한 가치가 있다고 판단되면, 이 프로그램의 목표, 결과, 성과 등을 분명하게 기술할 필요가 있다. 이를 통해 조직이 채택할 수 있는 코칭/멘토링 프로그램의 범위를 파악할 수 있다.

코칭/멘토링 프로그램의 결과 및 성과의 예는 다음과 같다.

- 멘토의 수
- 피코치자/멘티의 수
- 추가 산출 또는 효율성 향상의 가치, 피코치자/멘티 수행의 가치
- 기술 개발
- 코칭/멘토링이 이루어지는 장소의 수
- 코칭/멘토링 프로그램을 끝마친 사람의 수
- 인적자원 그리고/또는 소득 능력의 가치
- 자격 요건(예: MBA)
- 생산성 향상

## 응 용

학습조직 개념은 일반 사회에도 적용될 수 있다. 사회학은 일반 사회에서의 변화를 다루며 이러한 변화는 학습에 의해 촉진된다. 사회적 향상을 위해서는 비전을 인식하고 동기를 긍정적 행동으로 변화시키는 것이 필요하며, 이는 집단의 변화를 가져오기 위한 과거의 방법과는 다소 차이가 있다(Eyerman & Jamison, 1991). 과거의 문제를 새로운 방법으로 탐색할 때, 개인은 새로운 통찰력을 갖게 되고 행동을 변화시키는 것을 학습하게 된다. 개인의 통찰력들을 공유하는 것만으로는 집단행동을 유발하기 어렵다. 집단행동을 위해서는 좀 더 나은 세상을 만들려고 하는 상황에서, 경험을 통한 통찰력과 바람직한 성과를 가져오는 과정, 그리고 이러한 성과는 행동(능력배양empowerment)을 통해서만 가능하다고 믿도록 동기화시키는 식견이 필요하다.

확신과 타인과의 긍정적 관계를 통해 자신의 능력에 대한 자신감이 증대되며, 이는 능력배양을 가져온다. 기존의 위계 조직 내에서, 개인의 능력배양은 상황에 추진력을 가져오고 변화를 가져오게 된다. 조직은 때때로 모든 부서(특히 서비스 분야)의 능력배양과 몰입이 이미 정착되었다고 홍보하는 경우가 많다. 그러나 이는 피상적인 경우가 많다. 예를 들어, 전문직 종사자들은 자신의 영역을 벗어나게 되면 역할 혼란이 생기고 전문성을 훼손하게 될지도 모른다는 걱정을 한다. 따라서 가능하면 현 상태를 유지하려고 한다. 그러나 6장에서 기술할 보편통합모형Universal Integrated Framework: UIF과 사례 연구에 따르면 자신의 역할과 영역에 도전하는 것은 건설적인 개발의 한 부분으로 볼 수 있다. 서비스 분야의 지도자인 어떤 사람의 말에 따르면 "전문가의 전문성은 서비스의 성과를 향상시키는 데 기여할 수 있으나, 진정으로 서비스 사용자들의 욕구에 귀 기울이는 지혜를 통해서만 서비스의 질을 향상시킬 수 있다."

서비스 조직에 있는 실무자들은 고객들의 반복적이고 끊임없는 불만을 처리해야 한다. 이러한 불만은 공동체를 훼손할 수 있지만 통찰력과 연계되어 있기도 하다. 통찰력은 경청deep listening을 통해서만 얻을 수 있다. 또한 불만은 새로운 변화를 이끌어 내곤 한다. 이론적 근거는 없지만, 불만을 처리하는 과정에서 발생하는 통찰력은 뜻밖의 새로운 행동을 가져오는 경우가 있다.

## 코칭과 멘토링을 위한 사회적 지원

상급자가 경험이 부족한 멘티를 단순하게 지원하는 전통적인 멘토링의 역할을 넘어서서 코칭과 멘토링의 범위를 더욱 넓히기 위해서는, 피코치자와 멘티에게 사회적 지원을 제공하는 것이 중요하다. 사회적 지원에 관한 새로운 개념은 '발달 관계' (Kram & Hall, 1996)로 기술할 수 있다. 발달 관계를 갖게 되면 만족이 증대된다(Higgins, 2000). 사회적 지원은 정서적 지원, 확신 제공, 청취, 관심 등을 포함한다. 또한 평가적 지원(피드백과 확인), 정보적 지원, 도구적 지원(구체적 지원), 시간이나 자원 투자 등도 포함한다. 우정과 배려는 개인이 자신의 자긍심을 유지하도록 돕는 데 큰 역할을 할 수 있다(Wills, 1992).

멘토링에서 후원자의 역할이 경력 개발에서 학습을 촉진시키는 데 중요하듯이, 발달 관계에서 심리사회적 지원도 학습과 긍정적 변화를 가져오며 스트레스를 감소시킬 수 있다. 이와 같은 다차원적 멘토링 개념은, 감옥이나 학교 등과 같은 공동체에서 학습을 촉진시키기 위한 폭넓은 지원을 가져오는 데 중요한 역할을 한다. 코칭과 멘토링, 동료, 집단 코칭 및 발달 관계는 모두 학습하고 변화하는 공동체를 지원하는 데 중요하다.

코칭과 멘토링의 사회적 지원에 대한 강조는 우정의 발달과 같은 것이라고 주장하는 사람도 있다. 그러나 잘 알다시피 어떤 우정은 파괴적일 수도 있다. 개인에 따라서는 본능적으로 경청보다는 충고하는 것을, 칭찬이나 격려보다는 비난하는 것을 더 선호하는 사람이 있다. 남을 돌보는 것은 의도했던 방향으로 관계를 이끌고 나가는 것이다. 이러한 상황에서 돌보는 행동이 자연스럽게 일어나도록 전체 공동체와 협력해 나갈 필요가 있다. 바쁜 회사생활과 가정생활의 조합, 테크놀로지 활용, 독립심 증대, 외국인 인력, 흩어진 가족 등은 빠른 시간 내에 해결해야 하는 문제이므로 관계의 발달보다 우선시될 수 있다.

새로운 사고를 가져오기 위해, 옛날 원리와 접근 방법을 공유함으로써 혜택을 볼 수 있다고 제안하는 것은 다소 의아스럽게 들릴 수도 있다. 아무도 코칭이나 멘토링이 로켓 과학이나 소설이라고 가정하지 않는다. 이는 자연과학에 토대를 두고 최선의 성과를 가져올 수 있는 가장 간단한 형태의 기법이다. 사회적 코칭과 멘토링은 성과가 매우 크다. 예를 들어, 감옥에서 외부인이 재소자를 대상으로 멘토링을 할 경우, 재소자들이 사회로 복귀한 후 삶이나 취업을 준비하는 데 도움이 될 수 있다. 국가보건기구National Health Service: NHS와 같은 조직 및 다른 공동체 집단에서도 정신병력과 중독 경력이 있는 입소자들을 대상으로 한 멘토링이 효과가 있다는 것을 인식하기 시작했다.

학교에서의 멘토링도 특히 문제가 있는 학생을 다룰 때 효과가 있다. 이러한 학생들의 학습이 제한되는 것은 능력 때문이 아니라, 자긍심과 새로운 것을 시도하려는 자신감의 부족에 기인하는 경우가 많다. 어떤 사람들에게는 누군가가 자신의 편에 서서 격려하고 관심을 보여 주는 것 자체가 새로운 경험이 된다. 이와 같은 긍정적인 결과가 있다는 것이 알려지면서, 모든 사람의 학습을 촉진하기 위해 멘토링 제도의 도입이 확산되었다.

청소년이 학습자로서 자신감을 갖게 되면 적극적인 방법으로 학습 공동체를 만드는 데 기여할 수 있게 된다. 공동체에서 코칭과 멘토링의 효과에 관한 대표적인 사례로, 전통적으로 이 분야에서 중요한 역할을 하는 사람을 살펴보면, 전에는 사회에서 소외되었던 피코치나 멘티인 경우가 많다. 이들은 다른 관점에서 문제를 바라볼 기회를 가지게 되었고, 그 결과 새로운 공감을 얻게 되었다.

## 개인학습과 조직학습 간의 관계

개인학습에서 코칭이나 멘토링을 적용할 때의 주안점은 목표 설정, 개인이 직면하고 있는 현실에 대한 탐색, 문제에 대한 다양한 관점에서의 검토를 통한 향상 추구 등이다. 또한 이러한 것들은 조직이나 공동체에 코칭과 멘토링을 적용할 때와 맥락상 완전히 일치한다.

코치와 멘토는 전통적인 경계를 넘어서서 공동체에 새로운 아이디어를 소개하며 최고의 기법을 실행하고 있다. 건강 및 사회지원 분야의 공공기관 관리자들에 대한 최근 연구에 따르면, 중간 관리자들에게 복잡한 환경에서의 관리 역량이 부족한 것으로 나타났다. 여기서 우리가 중요시해야 할 점은 이들이 상위직으로 승진하기 이전에 이러한 역량을 준비하도록 만들어 주어야 한다는 점이다. 경험이 많은 고위직 임원들은 점차적으로 이러한 역량을 가지게 되는 것처럼 보이며, 코칭과 멘토링은 더 상위직으로 가기 전에 이러한 경험을 쌓을 수 있는 방법을 제시한다.

## 학습 공동체의 필요성

조직이 경험하는 복잡성의 근거가 되는 이론을 설명하기 위해 많은 책과 논문들이 발표되었다. 스테이시(Stacey, 1996)는 조직이란 안정, 불안정, 복잡성 사이를 왔다갔다 하면서 끊임없이 변화가 이루어진다고 했다. 복잡한 환경에서 사회적 네트워크는 더욱 중요해져 가고 있으며 이러한 연결고리를 통해 업무 협력이 이루어지게 된다.

변화를 이끄는 방법을 아는 것은 학습의 중요한 요소가 되고 있고 비공식적 상황을 통해 이러한 방법을 적절하게 활용할 수 있다. 공식적이고 통제적이며 계획된 환경은 과거로부터 정제된 조심성 있고 정돈된 활동을 가져온다. 비공식적이고 지속적인 사고 환경은 현재의 혼란 속에서 적극적인 실험 정신을 가져온다. 후자와 같은 생각은 케셀(Kessel, 1996)의 회사교과모형corporate curriculum model을 토대로 한 것이며, 참여자들이 불확실성과 변화에 대한 인내를 발달시키는 것을 돕는다.

소비자들은 생산과 서비스 제공의 토대가 되는 과정과 기제에 더 많은 관심을 보이고 있다. 학습조직이 스스로 물어봐야 할 중요한 질문은 다음과 같다. '우리 회사는 전통적인 회사인가 아니면 첨단의 회사인가? 그렇다면 우리의 전략은 조직의 가치와 어떤 관련이 있는가?

조직은 현재 무엇을 하고 있으며, 왜 그것을 하고 있는지, 그리고 다른 조직과 어떻게 비교할 수 있는지에 대해 분명히 할 필요가 있다. 우리는 조직과 공동체에서 일하고 있으며 변화 과정에 참여해야 한다. 이를 통해 우리 자신을 적극적이고 능동적인 사람으로 바꾸어 갈 수 있다. 첨단의 조직으로 남아 있기 위해서 학습을 지속할 필요성은 페들러, 버고인 그리고 보이델(Pedlar, Burgoyne & Boydel, 1991)이 개념화한, 학습조직을 만들어 나가는 발달 과정에서도 나타난다. 조직은 변화 환경에 적응해 나가기 위해 적극적인 학습자가 될 필요가 있다. 페들러 등은 또한 조직이 변화 과정을 통해 구성원들을 자극시키고 지원하고 도전정신을 키워줄 필요가 있다는 점을 인식했다. 학습과 변화는 밀접한 관계가 있다. 학습조직이 되기 위해서는 전통적이고 하향적인 명령체계에서 구성원을 참여시키고 도전정신을 불러일으키는 방향으로 변화되어야 한다. 우리 모두는 단순한 관찰자가 아니라 실제 행동을 하는 선수가 될 필요가 있다. 만약 우리가 맨 앞에 서고 싶다면, 단순한 참여에서 벗어나 창의성/혁신성 및 실행을 갖춘 리더십을 발휘해야 한다.

조직을 현대화로 이끌어 가는 데 필요한 틀이 있다. 대부분의 모형들은 달성하려는 것이 무엇인지를 분명하게 이해하는 것을 바탕으로 하여 변화에 대한 목표 설정의 필요성을 강조하고 있다. 조직은 변화의 영향을 어떻게 측정하고 그 자료를 다른 사람에게 어떻게 전달할 것인지를 파악할 필요가 있다. 조직수준에서의 향상 전략은 역량과 수요 간의 균형을 이룰 필요가 있고, 시스템에서 지연되는 부분을 파악하고 고객 경험과 생산성 극대화에 영향을 주는 질적인 문제를 파악할 필요가 있다. 이러한 문제를 이해하기 위해, 진행 과정의 매 순간에서 이해관계자들의 견해를 확인할 필요가 있다. 구성원들이 변화를 향해 나아감에 따라 이들의 견해를 이해하고 초기에 이들의 몰입을 조성해야 한다. 그러나 변화 과정이 진행되면서 불가피한 인적 갈등이 있게 마련이며, 그래서 개인, 집단, 조직수준에서의 변화를 촉진시킬 수 있는 조직 내의 지식 및 기술들에 관한 새로운 전략들이 필요하다.

## 학습을 위한 협력적, 동반자적 접근 방법들

변화 환경은 협력적 업무 관계에 대해 도전을 가져온다. 연합이야말로 시기적으로 적합하고 효율적인 서비스 제공에 중요하다. 이해관계자 및 고객과 지속적인 관계를 갖는 것도 중요하다. 이해 관계자와 고객으로부터 긍정적인 관심과 지지를 받는 것이 성공에 중요하다. 조직과 공동체 사이에 협력 관계를 맺은 곳은 많다. 그러나 많은 부분에서 협력 과정에 참여하는 그들의 역량에 대해 의문을 제기하게 된다.

## 단원 요약

협력은 권력이 동등하게 분산되어 있고, 상호 간에 잠재적 혜택이 눈에 보이며, 서로 간에 신뢰와 존중이 있을 때 효과적으로 일어난다. 개인이 지각하는 것과 현실은 항상 동일하지는 않다. 예를 들어, 개인마다 각자의 가정 때문에 상황을 다르게 이해하고 해석할 수 있다. 조직이나 에이전시의 명성은 활동이 멈춘 후에도 오랫동안 지속될 수 있다. 이해관계자와 공동체 파트너 사이의 진정한 관계는 조직이 명성을 쌓는 데 도움을 줄 수 있다. 최고경영진의 리더십 변화가 언제나 조직이 원하는 방향으로의 변화를 가져오지는 않는다.

고수행 팀이 공유할 필요가 있는 지식에는 다양한 유형이 있다. 이것은 암묵적일 수도 명시적일 수도 있으며, 둘을 혼합한 것일 수도 있다. 사전적이며 자세한 지식은 명시적인 반면, 격언적이며 구성원들이 가진 지식은 암묵적이다. 이와 같이 다른 유형의 지식을 관리하기 위해서는 적극적인 습득/창의성, 지식 수집 및 저장 그리고 지식 확산과 전이가 필요하다. 코칭과 멘토링은 지식 획득과 전이를 촉진시키는 데 중요한 역할을 하는 것으로 인식되고 있다.

이 장에서 논의한 내용을 토대로 하여 학습조직에서 지도자의 역할을 다음과 같이 추론할 수 있다.

- 비전이 존재함을 확실히 하고 비전을 만들어 내기보다 공유한다.
- 관찰을 통해 일반화된 추론을 이끌어 낸다.
- 스태프에게 권한을 부여한다.
- 몰입을 증진시킨다.
- 조직 내에서 의사결정이 잘 이루어지도록 한다.
- 암묵적 가정을 명시적 지식으로 전환한다. 암묵적 지식을 명시적으로 만들고, 학습 사이클을 통해 새로운 암묵적 지식을 만들어 낸다.
- 최고경영진의 다양성을 관리하고 전략적 합의점을 이끌어 낸다.
- 조직을 설계하는 역할을 한다.
- 학습 과정, 코칭 및 멘토링 프로그램을 설계한다.
- 코치와 멘토로 활동한다.

초보자가 코치와 상담자 간의 차이를 구분하기는 쉽지 않을 수 있다. 이는 상담이 코칭과 멘토링의 중요한 부분이기 때문일 수 있다. 피코치자와 멘티가 심리적 장애 및 일/가정 문제가 전혀 없는 완전한 인간일 수는 없을 것이다. 만약 그렇다면 코칭을 받을 필요가 없을 것이다. 보통의 경우, 이들은 심리적 문제나 걱정거리를 가지고 있으며 코치/멘토는 이것이 무엇인지 파악할 필요가 있다.

이 장에서는 성공적인 코치/멘토가 상담 기술뿐만 아니라 다음과 같은 기술을 가질 필요가 있다는 점을 분명히 하고자 한다.

- 인식: 자신과 타인을 인식하고 자아와 타인의 정체성, 사회적 요구, 조직 및 문화 차이에 민감한 능력
- 공감: 피코치자/멘티뿐 아니라 프로그램 집행자(고위 관리자)와 라포rapport를 형성할 수 있는 능력
- 친근한 성격: 친근하고 활달함. 코치와 멘토는 사람을 좋아하고 새로운 사람을 만나는 것을 좋아해야 한다. 무엇보다도 다른 사람들이 이야기할 상대로서 좋아하는 사람이어야 한다.
- 외교적 수완: 조직 정책과 독특한 문화를 이해하고, 원만한 대인관계를 가지며, 조직 내 어려움을 협상할 수 있는 능력
- 촉진 기술: 사람들이 자신의 문제에 대해 이야기하도록 격려하고 문제를 파악하도록 안내하는 능력
- 학습 기술: 빨리 배우고, 팀과 조직 내에서 누가 무엇을 학습하는지를 아는 능력
- 면접 기술: 면접을 실행할 수 있는 능력
- 청취 기술: 상대방의 말을 주의 깊게 들어 줄 뿐 아니라 상대방이 중

요시되고 존중받았다는 느낌이 들도록 만드는 능력

- 변화 관리: 조직 내에서 변화를 주도하고 포용하고 관리하는 능력
- 모호성 인내: 변화가 끊임없이 일어나는 조직 내에서의 혼돈을 인내하는 능력

이 장에서 저자들은 학습조직 내에서의 임원 코칭을 다루었다. 또한 조직문화를 끌어올리고 조직 내 정보를 공유하기 위한 수단으로 코칭을 활용할 수 있다고 주장했다. 따라서 학습자의 역할뿐 아니라 선생/강사의 역할을 수행하는 것 외에, 코치/멘토는 지식 창출, 전이 및 관리 촉진자로서의 제3의 역할을 담당한다. 이는 코치/멘토에게 빠른 학습자가 되고, 융통성을 갖추며, 리더십 역할을 담당하고, 다양성과 조직문화를 이해하는 전문역량을 갖출 것을 요구하는 새로운 패러다임이다. 6장에서 저자들은 리더십 역량이 어떻게 개발되는지를 보여 주고, 코치/멘토를 좀 더 체계적으로 탐색하기 위한 보편통합모형을 제시함으로써, 이러한 새로운 패러다임에 대해 기술하고자 한다.

Chapter 06

# 다양성, 코칭 및 멘토링을 위한 보편통합모형의 개발

## 들어가기

이 장에서는 학습의 맥락을 조직의 관점을 넘어서서 개인 차이로까지 확장하고자 한다. 글로벌 환경에서 개인학습에 관한 이론과 연구를 살펴보고, 문화의 역할과 의미 그리고 코칭/멘토링이 성공할 수 있는 상황을 파악한다. 그리고 학습에 영향을 미치는 요인과 멀티미디어가 학습 관계에 미치는 영향을 고려할 것이다. 코칭과 멘토링이 광범위한 학습 시스템의 일부라는 것을 보여 주기 위해, 협력 학습을 이루어 가는 수단으로 의사소통, 피드백 및 슈퍼비전에 관해 논의하고자 한다. 또한 정서지능모형에 '보편통합모형Universal Integrated Framework: UIF'을 지원하는 문화적 차원을 포함해 설명한다. 이러한 특징은 다양한 학습 상황에서 일하는 방법을 강화시키는 데 목적이 있다.

많은 협력 및 파트너십 연구들은 태도, 가치, 지각과 같이 해석할 필요가 있는 요인들과 테크놀로지, 시스템, 절차 및 조직의 복잡성과 같은 구조적 요인을 포함하는 상황요인을 통해, 효율적인 업무를 촉진시키는 조건을 파악하고자 한다. 이러한 조건이 충족되지 않을 경우 성공적인 성과를 경험하기 어렵게 된다. 타인과의 파트너십 또는 협력 학습을 위해서는 이러한 다양한 요인에 대한 이해가 필요하다. 이 장에서는 조직을 넘어서서 개인 차이로까지 상황을 확장하여, 이러한 관계를 통해 어떻게 학습을 유도할 것인지에 대해 다루고자 한다. 글로벌 환경하에서의 개인학습 이론에 관해 다루고, 현재 우리 주변 환경을 인식하여 학습에 영향을 미치는 좀 더 폭넓은 요인과 멀티미디어 의사소통이 학습 관계에 미치는 영향에 대해 다룰 것이다. 코칭/멘토링의 응용, 비교문화 매칭, 실무에서의 이러한 이론의 사례(멘토링 혼합에 대한 고려, 원거리 멘토링에 대한 고려, 코칭/멘토링에 관한 보편적 접근 방법 개발, 다양한 연구 자료의 중요성, 최선의 실무에 적용하기 위한 심리학 이론의 역할) 등에 대해서도 다룰 것이다.

## 보편통합모형

이 장에서는 저자들이 연구와 실무를 통해 개발한 보편통합모형에 대해 기술하고자 한다. 이 모형은 실무에서 코칭과 멘토링의 다양성에 관해 기술하고 있다. 메타모형과 같은 근원적인 모형을 개발하려는 시도는 새로운 것이 아니다. 이미 많은 학자와 실무자들이 시도한 바 있으며, 예를 들어, 데이비드 레인[David Lane]도 제2회 코칭심리학회 워크숍에서 참가자들이 스스로의 메타모형을 만들도록 도움을 준 바 있다(Lane, 2005).

메타모형을 만들게 되면 분명한 장점이 있다. 레인이 설명했듯이, 코치들이 다음과 같은 측면에서 코칭 과정을 통합하는 데 도움을 줄 수 있다.

- 모형: 기본 뼈대에 모델을 하나씩 추가할 수 있다.
- 질문: 코칭 질문이 메타모형 내에서 구조화될 수 있다.
- 리더십: 코치들이 분명한 목적, 관점 및 과정을 가지고 있음을 확인시킨다.

저자들의 모형은 다음과 같은 특징을 지닌다.

- 학습 사이클, 슈퍼비전 및 지속적 전문성 개발
- 문화 환경에 대한 이해
- 코치/멘토/멘티 간의 유동성
- 통합적 연속성
- 비교문화 정서지능
- 위의 요소들을 모두 포함하는 실무적 실행모형
- 의사소통 방법 및 피드백 기제

## 학습 사이클, 슈퍼비전 및 지속적 전문성 개발

지금까지 코칭과 멘토링에 대한 폭넓고 일관성 있는 철학과 이론에 대해 다루었다. 그러나 행동 계획을 실행하지 않으면 이러한 모든 것들은 또 하나의 이론에 불과할 것이다. 따라서 여기서는 실행 단계를 포함할 필요가 있다. 보편통합모형을 구성하는 데 있어서 첫 번째 단계로 [그림 6-1]에서 보는 것과 같은 역동적인 코칭/멘토링/학습 모형을 구축했다.

보편통합모형은 역동적인 코칭과 멘토링 모형(3장에서 기술한 학습 사이클)을 포함하며, 이는 '지속적 전문성 개발continuous professional development: CPD' 학습 사이클을 잘 반영한다([그림 6-2] 참조).

이 모형은 피코치자와 멘티에게 코칭/멘토링 과정을 검토할 수 있는 기회를 제공하고, 이들의 학습을 최적화하는 슈퍼비전 및 지속적 전문성 개발과 일치한다. 지속적 전문성 개발과 슈퍼비전을 통합함으로써, 실무자들은 탁월성을 달성하고 재능을 개발하며 수행의 질을 제고할 수 있다.

슈퍼비전은 피코치자와 멘티가 코치/멘토와 만나서 업무 향상을 목적으로 업무에 대해 이야기하는 형식을 포함한다. 피코치자와 멘티는 실무 경험을 이야기하며, 코치/멘토나 슈퍼바이저로부터의 도움을 통해 학습한 교훈을 검토한다(Carroll, 2006). 캐럴Carroll의 정의에 따르면 슈퍼비전은 경험 학습의 형태를 나타내며, 이를 통해 업무를 검토하고 면접하여, 질문을 하고 주의 깊게 고려한다. 따라서 학습 이론 관점에서 슈퍼비전을 보편통합모형에 포함시키는 것은 의미가 있다. 또한 개인 수행과 만족에 미치는 영향을 평가하기 위한 도구를 제공하며, 이는 코칭/멘토링의 혜택을 인식하는 데 중요하다. 지속적 전문성 개발과 슈퍼비전을 포함해서 코칭/멘토링은 피코치자와 멘티가 '개인-학습'에서 '공동체-학습'으로 전환하는 것을 가능하게 한다.

외부 및 내부 관리자들은 모두 멘토와 코치가 될 수 있다. 고위 임원의 경우에는 비밀보장을 해 줄 수 있는 외부 코치/멘토를 활용해야 한다. 따라서 외부 및 내부 코치/멘토를 함께 활용함으로써 최적의 도움을 받을 수 있을 것이다.

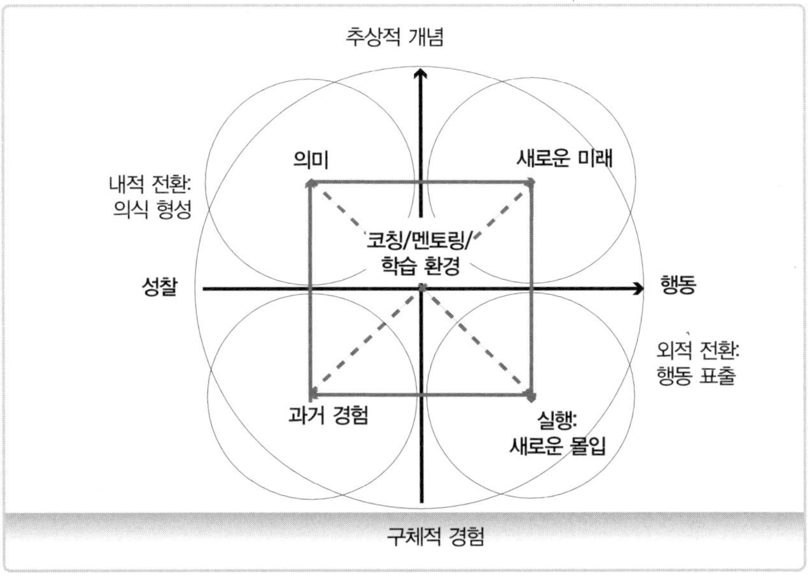


[그림 6-1] **역동적 코칭/멘토링/학습 모형**

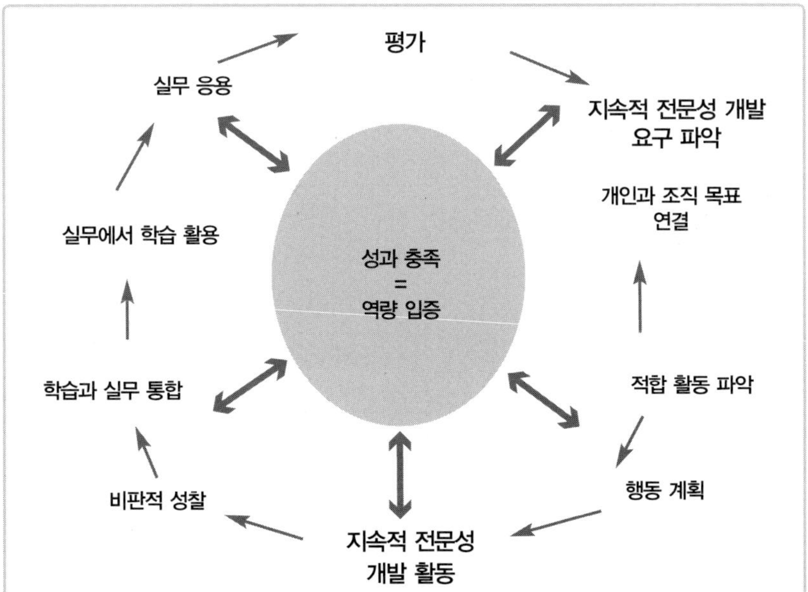


[그림 6-2] **지속적 전문성 개발 사이클**

## 문화 환경에 대한 이해

학습자로서 우리가 처해 있는 문화나 환경은 독특한 특징을 인식함으로써 파악할 수 있으며, 여기에는 건물, 열, 조명, 소리, 안전과 건강에 영향을 주는 물리적 환경 측면; 공유된 비전과 목적, 동기, 전문가 직위, 집단의 사회적 특징과 특성; 성공기준과 이해관계자의 이익에 대한 이해, 긴장과 갈등 경험; 이해를 부드럽게 하는 의사소통 방법과 상황적 관습 및 개인의 독특한 요소(동기, 팀 업무 스타일, 긴장과 갈등 경험, 학습 유형, 위험 전략 등) 등이 포함된다. 이러한 모든 것들이 업무를 조화롭게 처리해 나가기 위해서 고려되어야 한다([그림 6-3]).

문화는 우리가 처해 있는 환경 또는 우리가 환경에 적용하는 속성일 수 있다. 개인의 가치, 지각 및 관찰한 내용에 대한 평가 기술과 경험의 상호작용이야말로 상황을 인식하는 데 중요하다. 개인의 가치는 가정교육과 가족 문화의 영향을 받는다. 성공, 행복, 자기 자신, 열망에 대한 이해는 이 단계에서 개발될 수 있다. 이러한 경험을 통해 주변의 것 중 우선순위를 정하게 되며, 가정생활을 통해 얻게 된 행동 및 격언으로부터 일생 동안의 가치를 얻을 수 있다. 잠시 이러한 가정의 격언(가훈) 중 일부를 살펴보면 다음과 같다.

- 자신의 고민은 스스로 해결한다.
- 자업자득이다.
- 낭비하지 않으면 부족한 것도 없다.
- 꼬리가 길면 밟힌다.

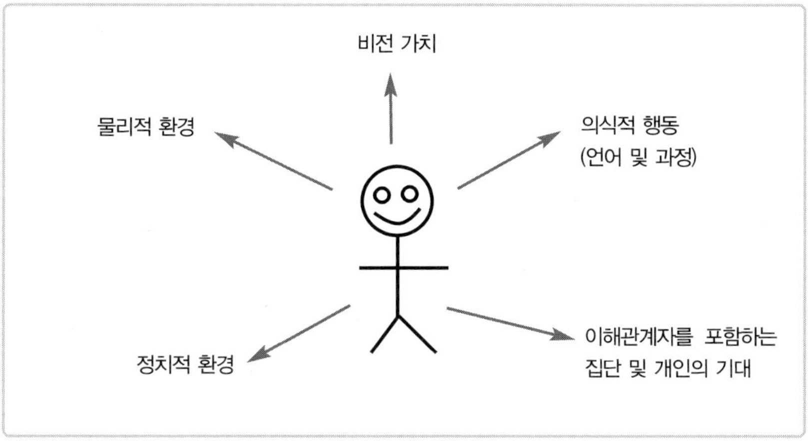


[그림 6-3] **문화 환경에 대한 이해**

- 가정이 최우선이다.
- 사람들이 우리를 무시할지라도 굴하지 않는다.
- 세상사는 생각하기에 달려 있다.
- 스스로 자신을 잘 보살펴야 한다.
- 사람은 모두가 실수를 한다.
- 여성에 대해: 그들은 누군가의 어머니다.
- 장애인에 대해: 친절하게 대해야 한다. 하느님의 은총이 없었다면 나도 저렇게 되었을 것이다.
- 남성에 대해: 엄하게 구속해야 한다.

이 격언 가운데 일부는 잘못되었거나 잘못된 억측을 가져올 수도 있다. 이러한 가정의 문화와 더 넓은 조직의 분화 경험을 통해 우리는 무엇이 옳고 그른 것인지를 알게 되며, 이는 일을 처리하는 방법으로 선호하는 것을 결정하는 데 영향을 준다. 가정 문화가 결혼 등을 통해 합쳐지게 될 때, 사람들은 초기에 결정된 방법을 그대로 따르려는 경향이 매우 강하게 나타난다.

사람들은 배경, 인종, 신체 및 정신능력, 성별 그리고 조직 내에서의 전문 영역에서 큰 차이가 있다. 매슬로의 욕구위계설과 같은 이론에서조차 우리가 공유하는 보편적 욕구는 분명하지 않다(학습심리에 관한 문헌 검토는 3장을 참조). 공유된 가치/목표는 개인의 행동을 특징짓는 유형 및 접근 방법에서보다 협력 학습에서 훨씬 더 중요하다(Spreitzer, 1995).

학습자로서 우리 모두가 공유하는 핵심 요소가 있다. 학습은 이를 달성하려는 유형과 내용이 다를 수는 있지만, 기본적으로 동기, 지원, 피드백 및 검토를 필요로 한다. 일부 전문가들은 문화에 따른 개인차를 파악하고 이러한 차이에 대한 인식을 제시하기 위해, 문화 간 민감성 모형을 개발한 바 있다(Bennet, 1991; Rosinski, 2003 참조). 이러한 유형적 접근 방법이 다양한 관계 상황에서 개인의 학습을 끌어올리기 위한 문화적 구분에 얼마나 유용한 것일까? 이러한 접근 방법에는 많은 문제점이 있다. 민족적 관점에서 보면 자기 국가의 문화 및 의식 행동과 태도를 많이 표현하는 사람들이 있다. 그러나 중국에서 태어나 미국 또는 유럽에서 교육받은 사람들이 많아지고, 세계적으로도 점점 많은 사람들의 혈통이 섞이고 있다.

따라서 전통적으로 특정 기능을 중시하는 전문성 문화에서조차 효과적으로 경쟁하고 돈에 대한 가치를 높이기 위해 서로 합병하고 기술을 유포할 것을 요구받고 있다. 전문 지식과 기술을 가진 사람들은 이제 전문가 구성원이 아닐 수도 있다. 이러한 유형론적 접근 방법은 잘못된 범주화를 가져올 수 있으며, 또 다른 경계선을 만들어 낼 수 있다.

현재는 과거의 선택을 토대로 안전하게 행동하고, 현 시점을 인식하면서 행동을 취하는 것을 새로운 수직적 범주화 모형을 탐색하는 과정보다 우선시하고 있다. 다양성의 관점에서 보면 게슈탈트Gestalt 모형을 통해 다양한 시각 상황을 파악할 수 있으나, 더 넓은 환경의 기여, 개인사 및 집단사 또는 의미와 중요성에서의 변화 간의 균형을 설명할 수 없다. 이 장에서 우리가 다루려고 하는 것은, 서구 문화의 행동 과정과 관련된 현재의 긴급성과 구조화된 모형의 처리를 통해 과거에 대한 이해를 촉진하는 모형이다.

## 문화의 중요성

코칭/멘토링 모형에서 중요한 주제 중의 하나는 문화의 중요성을 다루고 있다는 점이다. 문화를 이해하는 것은 다른 사람들의 인생 경험을 이해하는 것과 같은 문제다. 학습, 관계 및 의식적 행동은 개인의 내적 생활과 관계, 관습 및 조직의 외부 세계 사이의 경계에 놓여 있다. 문화의 주제는 의식적이건 무의식적이건 과거의 행동과 일치되어 나타난다(Krause, 1998).

그렇다면 문화란 무엇을 의미하는가? 어떻게 정의할 수 있는가? 문화를 하나의 변인으로서 다른 것과 분리하여 다룰 수 있는가? 문화는 어떤 모습일까? 기어츠(Geertz, 1986)의 구분에 따르면 문화는 '케이크 위에 입힌 설탕'이다. 그러나 문화가 케이크와 같다면 여러 개의 층으로 된 케이크인가 아니면 단층 케이크인가? 케이크를 굽는 것이 문화라는 데 논쟁이 있을 수 있다(Strawson, 1996).

한 조직 내에서도 문화 간의 유사성과 차이점 때문에 긴장이 존재한다. 조직 내의 다양성과 관련해서 다음과 같은 중요한 질문을 던질 수 있다. '사람은 자신의 문화 가치를 포기하지 않고 표현함으로써 조직을 변형시킬 수 있는가?' '문화 차이를 동일한 것으로 간주할 수 있는가?' 이러한 긴장을 해결하고 이와 같이 중요한 질문에 답하는 것은 다양한 문화에 적용할 수 있는 보편모형을 개발하는 데 중요하다. 만약 비교문화적으로 동일한 것을 발견할 수 있다면 우리 모두가 공유하는 조건을 발견해 낼 수 있으며, 이는 비교문화 연구의 중요한 지지대가 될 것이다.

저자들의 통합된 보편모형은 문화가 다층적이라는 것을 수용하고 있으며, 모든 상황에서 멘토링/코칭을 적용할 수 있다는 특징을 가지고 있다. 하나의 해결방안이 모든 것에 적용되는 것은 아니며, 주변 환경에 대해 많이 알고 있는 사람이야말로 멘토/코치로부터 건설적인 지원과 도전을 받을 수 있는 사람이다. 모든 상황들에 대한 차이점을 파악하고 독특성을 발견하기 위해 개인과 함께 일하는 것이야말로 진정한 보편성을 반영하고 최선의 해결책을 찾는 방법이 될 것이다.

## 코칭과 멘토링의 다양성

4장에서 기술한 코칭/멘토링에 대한 정의는 이 용어가 다양한 상황에 적용됨에 따라 더욱 복잡해진다. 사람들마다 다른 미디어를 사용하고 다른 의미를 이야기하고 있기 때문에 더욱 그러하다(Nandram, 2003). 그렇다면 3장에서 기술한 멘토링/코칭에 관한 연구나 실무적 내용이 이러한 응용 분야에서 학습에 대한 이해를 높이는 데 기여하는 점이 있을까?

우리 모두 목표 설정이 코칭/멘토링의 과정을 구조화하는 데 도움이 될 수 있다는 점을 알고 있다. 자기효능감이 코칭/멘토링에서 만족할 만한 성과를 가져오는 데 중요하다는 것도 알고 있다. 그러나 '할 수 있다'라는 정신의 밑바탕이 되는 요소는 문화마다 차이가 있을 수 있다. 코칭/멘토링에서 초점을 두는 점은 개인이 자신의 잠재력을 달성하도록 돕는 것이다. 그러나 이뿐 아니라 다른 사람 및 다른 상황과의 상호작용이 중요하다는 것을 인식하는 것도 중요하다. 코칭/멘토링 관계에서 코치와 멘토는 뒤로 물러서서 피코치자와 멘티가 주도적인 역할을 하도록 하고, 피코치자와 멘티가 자신, 타인과 환경을 탐색하고, 특정 상황에서의 원인과 결과를 파악하도록 촉진시키는 역할을 해야 한다.

코칭/멘토링 관계에서는 학습과 만족의 선행 조건으로서 관계의 질 또한 중요하다. 이러한 관계의 질을 이야기할 때 주로 인용되는 단어는 신뢰, 몰입, 진정성, 경청, 비판적 성찰의 시간, 긍정적 배려, 명확성 및 관리, 질문 및 도전 등이다. 이것들은 다른 방법에서 사용하는 일반적인 학습 조건 이상의 것들이며, 코칭과 멘토링 과정의 핵심이 된다.

저자들이 제시하는 모형에서 주의해야 할 점은 학습과 업무를 위한 파트너십에서 소외당했다고 느끼는 사람들이 있다는 점이다. 예를 들어, 흑인과 소수민족 스태프 그리고 장애인으로 멘토/멘티 관계가 형성된 경우, 이들이 자신과 공통되지 않은 특성을 가진 다른 사람을 신뢰하기에 앞서서, 자신을 수용하고 자신의 경험을 신뢰할 수 있도록 사전에 준비할 필요가 있다. 이러한 공통점을 통해 라포를 형성하고 안정과 자기확신을 발달시켜 나갈 수 있게 된다. 대인 매력에 관한 연구를 살펴보면, 이 단계는 단기적인 경우에 만족할 만하고 새로운 발달의 출발점이 되며 학습에 대한 수용성을 넓히게 한다. 더 나아가 단순한 공감 이상의 것을 원하는 경우에는 지속적 학습을 위한 전제 조건으로서 목표와 가치의 공통점을 더 강조할 필요가 있다.

이 멘토링 단계는 여러 개월 동안 지속될 수 있다. 자신감이 증대되면서 여러 명의 멘토를 만들 수도 있다. 물론 모든 사람에게 다 적용되는 것은 아니다. 다양한 배경과 경험을 가진 사람들로부터 멘토를 선택하는 것은 의미 있는 일이다. 멘토링 관계에 대한 시간 제한은 멘티의 필요에 따라 융통성 있게 운영하는 것이 바람직하다. 멘토링에서 준비 단계가 있는 것과 마찬가지로 공통되는 멘토링 과정이 있을 수 있다. 다시 강조하지만 멘토링 과정에는 분명히 다양성이 존재한다. 즉, 진행하는 기간도 다르고 경험도 다르게 지각하며 한 단계 또는 두 단계를 건너뛸 수도 있다. 그러나 이러한 다양성이 존재하는 것과 동시에 공통되는 특성이 존재할 수 있다.

저자들은 이러한 다양성 멘토링을 [그림 6-4]와 같은 삼각형으로 나타내고자 한다. 이 모형은 네 단계로 구성되어 있으며 맨 밑이 일단계이고 위로 올라가면서 네 번째 단계에 도달하게 된다.

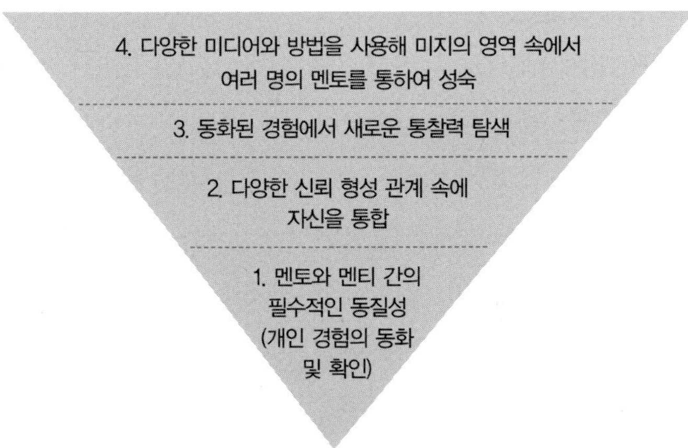


[그림 6-4] 다양성 코치 멘토링

1. 기초 단계: 다양성 멘토링을 위한 기초 단계
2. 멘토링 단계: 동질적 공감에서 멘토링으로
3. 미래 탐색 단계: 미래에 대해 탐색하고 일을 진행시킴
4. 성숙 단계: 다양성 멘토 챔피언으로의 성숙

### 단계 1: 다양성 멘토링을 위한 기초 단계

높은 수준의 공감과 해당 영역(소수집단 유형)에서, 유사성/동질성을 갖춘 사람과 함께, 개인으로 하여금 자신의 이야기와 경험을 확인해 보게 한다. 이들이 타인을 신뢰하도록 준비시킨다.

개인을 다음 수준으로 올리기 위해 필요한 것은 무엇인가? 아직 멘토가 되기에는 이르지만, 이들이 진행 과정에 관한 능력을 배양하도록 멘토와 멘티로 훈련시킬 필요가 있다. 이들에게 코칭에서 필요한 요인들을 훈련시킴으로써 필요한 기술들을 갖추게 한다. 이들이 정서지능과 정서지능이 멘토링/코칭에 미치는 영향에 대해 알도록 도와야 한다.

일부 사람들은 이 단계에서 빨리 다음 단계로 올라갈 수 있지만 어떤 사람들은 오래 걸릴 수 있다. 자신과 유사한 멘토를 선택하는 것이 매우 중요하다.

### 단계 2: 동질적 공감에서 멘토링으로

새로운 멘토가 등장하거나 1단계에서의 멘토의 역할이 확장된다. 멘티들은 다른 관계에서 자신들이 배운 것을 검증할 준비가 되어 있다. 새로운 관계를 통해 개인들은 자신에 대한 이해를 통합하고, 이러한 관점에서 자신의 경험을 검토하며, 신뢰와 정직성을 개발하는 새로운 방법을 발견할 수 있는 기회를 갖게 된다.

개인을 다음 수준으로 올리기 위해 필요한 것은 무엇인가? 개인들이 자신을 나타내는 것에 대해 긍정적인 피드백을 준다. 이들이 업무에서 지금보다 나은 역할을 맡거나 새로운 것들을 시도하도록 격려한다. 일어나고 있는 변화를 학습일지에 기록하도록 격려한다.

### 단계 3: 미래에 대해 탐색하고 일을 진행시킴

과거에서 벗어나 새로운 통찰력을 활용하는 것을 이해할 필요가 있다. 소수집단에 속해 있거나, 직급이 낮거나 경력이 낮은 다른 사람을 대상으로 멘토링을 시작할 준비를 한다.

개인을 다음 수준으로 올리기 위해 필요한 것은 무엇인가? 다른 코치, 멘티, 멘토에 대한 슈퍼비전, 지속적 개발과 네트워크 및 역할의 확장이 필요하다. 특히 중요한 것은 환경이 어떻게 기능하는지, 조직 상황에서 성공적 변화는 어떻게 일어나는지, 효과적으로 사용할 수 있는 소수집단 경험 및 지식의 통합 방법은 무엇인지에 대한 암묵적 지식의 증대다. 기존의 경계를 넘어서는 다양한 기술로 멘토링 기술을 활용해야 한다.

### 단계 4: 다양성 멘토 챔피언으로의 성숙

여기에 포함되는 내용은 다음과 같다.

- 다양성 문제에 관한 상황적 이해를 보여 주기 위해, 다양한 문화에 속해 있는 사람들을 대상으로 멘토링을 한다.
- 광범위한 네트워크를 형성한다.
- 다양한 목적 충족 및 경계 관리를 위해 새로운 코치/멘토를 발견한다.
- 소수집단 공동체와의 관계를 유지하면서 다양한 공동체와의 관계도

유지한다.

- 다른 기술을 활용해서 다양한 멘토링 관계를 가진다.
- 새로운 접근 방법과 실무에 아이디어를 제공한다.
- 여러 공동체에 걸쳐 역할 모델이 된다.

이 단계에서는 다음 단계보다는 현 상태의 유지에 더 초점을 둔다. 시간이 지나면서 멘토 중에서 떨어져 나가는 사람이 생기거나, 성공으로 인해 소수집단 공동체와 소원해져서 더 이상 멘토 역할을 할 수 없는 경우가 자주 발생한다. 자신과 매우 동질적인 사람으로부터 멘토링을 받게 되면 이러한 문제점을 피하는 데 도움을 줄 수 있다.

멘토링을 받았던 소수집단의 지도자들이 다른 사람에게 멘토링을 제공하는 것에 대해서는 크게 관심을 두지 않는 경우도 자주 있다. 특히 조직에서 소수집단의 지도자가 많지 않은 경우에 이러한 문제가 발생한다. 멘토링 프로그램의 코디네이터가 보고한 바에 따르면 의료분야 상담자는 원무과 직원들을 멘토링해 주는 것을 꺼려 한다. 이 보고서에 따르면, 일반적으로 원무과 직원들은 스스로도 잘해 나갈 수 있는데 왜 멘토링을 받아야 하는지 모르겠다고 이야기했다. 멘토로서 다른 흑인 의사를 멘토링할 것을 요구했을 때, 한 흑인 상담자는 "시스템이 아무것도 변하지 않기 때문에 내가 관여할 필요가 없다."라고 대답했다.

클러터벅(Clutterbuck, 2003)은 멘토를 위한 최선의 제도를 다음과 같이 요약했다.

> 멘토와 멘티 양쪽에서의 현실적 참여를 위해서는, 적어도 두 가지의 대안을 제공해서 선택을 할 수 있도록 하는 것이 필요하다. 모든 관계에

서 처음 두 번의 미팅은 시험적인 것이다.

2장에서 제시한 심리학 연구를 토대로, 저자들은 비디오나 다른 기술을 통해서라도 면대면을 강조하려는 멘토링의 접근 방법을 지지할 수 없다. 이 경우 온라인 의사소통의 장점의 일부를 잃을 수 있기 때문이다. 오히려 여러 가지 방법을 혼합한 형태로 면대면 의사소통을 시도하기보다는 주로 컴퓨터를 이용해서 진행하고, 다양한 방법(예: 전화, 이메일, 대화방, 화상, 메신저)으로의 의사소통이 학습 성과 및 개인 학습 스타일에 미치는 영향에 대해 분명히 해야 할 필요가 있다. 이 과정에서 어떤 순서로 의사소통을 하는 것이 이상적인가? 어떤 경우에 효과가 없는가? 개인의 학습 스타일이 미치는 영향은 무엇인가? 온라인을 이용한 동료 멘토링이나 팀 멘토링의 범위는 어디까지인가?

이 장에서 저자들은 멘토링 혼합 방법의 범위를 설명하기 위한 모형을 제시했다. 온라인 멘토링은 원거리 멘토링보다 한 차원 위의 개념이다. 문화 차이가 클 때, 쉽게 조직생활에 접목할 수 있으며 동시에 여러 사람을 멘토링할 수 있다는 장점이 있다. 이것이 전통적인 방법은 아니지만 멘토의 반응은 다음과 같이 긍정적이다.

> 내가 담당하고 있는 멘티들은 내가 그들에게 완전히 집중해 있다고 느끼고 있으며 실제로 그렇다. 단지 두 명을 동시에 진행하는 경우 대화가 잠시 중단되기는 하지만, 실제로 나는 각 사람에게 적용할 수 있는 질문에 대한 아이디어와 통찰력을 얻을 수 있다. 여러 사람을 대하는 것은 집중력을 흩뜨리기보다는 내 사고를 자극해서 좀 더 효과적으로 대화할 수 있게 만든다.

많은 온라인 멘토링 시스템에서 지나치게 프로그램화되고 규정이 많은 경우에는 융통성을 제한하게 되므로, 비공식적인 장점들이 감소될 수 있음을 인식해야 한다. 학생들이 온라인 대화와 문자 메시지에 익숙한 세대임에도 불구하고, 멘토들이 그런 환경에 익숙하지 않고 시스템을 설계하는 것이 어렵다는 이유로 이러한 의사소통 방법을 사용하지 않는 것은 문제가 있다.

안전은 항상 먼저 고려해야 할 부분이기는 하지만, 멘토링 과정에서 융통성의 장점을 잃어서는 안 될 것이다. 멘토링 대안을 전달하기 위한 학습자 중심의 방법, 멘티와 학습자의 선호를 고려한다면, 이와 같은 학습에 따른 위험과 장애는 극복해야 할 부분일 것이다. 아이들과 취약한 성인의 모든 의사소통은 위험성이 있다. 그러나 안전에 대한 제도로 인해 혁신적인 설계를 막아서는 안 될 것이다. 만약 처음부터 안전을 고려해야 한다면, 법령과 예산에 적합한 효율적인 절차를 개발할 수 있을 것이다.

기존의 제도적 시스템에 코칭/멘토링 제도를 적절히 맞추기 위해서, 우리는 코칭/멘토링이 비공식적이고 제도권 밖에 있을 때 가장 효과적으로 기능한다는 사실을 기억해야 할 것이다.

## 코치/멘토/멘티 간의 유동성

멘토/코치 훈련은 전통적으로 멘토/코치 개발에 중점을 두었다. 보편통합모형에서는 피코치자/멘티 또한 코치/멘토로 훈련을 받으며, 이를 통해 전체 과정에 대해 알 수 있게 되고 무엇이 필요한지 알 수 있기 때문에, 그 과정에 더 몰입할 수 있게 된다. 해당 당사자들은 피코치자/멘티뿐 아니라 코치/멘토 역할을 하도록 훈련받는다. 이를 통해 양쪽 역할을 학습할 수 있는 기회를 갖게 되고, 각자의 역할만이 아니라 일련의 연속 과정 가운데 여러 역할을 하나로서 파악하게 된다. 지도자 또한 양 역할을 경험할 필요가 있다. 이는 소위 말하는 조직에서의 '이중고리학습'으로 볼 수 있다(Argyris, 1977).

언어 또한 이 역할과 관련해 심리적 장애가 될 수 있다. 코치와 멘토의 역할은 행동 중심의 관점에서 보면 추진자의 역할로 볼 수 있으나, 실제적으로는 피코치자/멘티가 추진자의 역할을 맡을 수도 있다. 그렇기 때문에 피코치자/멘티의 훈련은 이들의 학습 기회를 극대화하도록 돕는 것이 중요하며, 일부 연구에 따르면 코치/멘토를 찾게 하는 것만으로도 개발과 후속 계약에 도움이 될 수 있다.

## 통합적 연속성

4장에서 논의했듯이, 일부 학자는 개인/수행에서의 차이 때문에 멘토링과 코칭을 구분해야 한다고 강조한다. 그러나 엄격한 구분을 하게 되면, 멘토링은 조직 관련 비즈니스에서 멀어지고 개인의 개발에서 벗어나게 될 수 있다.

코칭과 멘토링 사이에 차이가 있기는 하지만 저자들은 이 둘을 통합된 연속선상에서 보고자 한다. 저자들의 실무 경험에 의하면, 둘 사이에는 동일한 기술이 필요하다는 연결고리가 있다. 예를 들어, 피코치자와 멘티가 탐색적으로 목표를 정하고 있을 때 멘토링과 코칭의 성과는 '행동'(3장에서 기술한 바대로 저자들의 코칭/멘토링 모형에서 학습 과정의 성과임)이다.

또한 지속 가능성에 관심을 가지고 있으며, 멘토링과 코칭을 전체적인 접근 방법으로 받아들인다는 공통점이 있다. 개인의 개발을 수행 향상과 연결시킴으로써 좀 더 통합적인 모형을 만들어 나갈 수 있다. 이를 통해 멘토링에서는 경영 안건이 핵심으로 자리 잡고, 코칭에서는 리더십 개발뿐 아니라 조직 향상도 다루게 된다. 코칭/멘토링과 핵심 경영 과정 간의 연결에 대한 강조는 코칭/멘토링이 경영의 중심에 위치함을 의미하는 것이다. 조직 내에서 멘토링/코칭을 도입하는 것은 이 제도의 지속 가능성을 확실히 하는 것이다. 지속 가능성은 통합된 접근 방법을 통해 얻어지며, 이 접근 방법은 멘토링/코칭이 개혁을 지지하고 지도자를 개발하는 방법의 일부임을 확실히 해 준다. 멘토링과 개인 발달 및 수행 향상 간의 연결은, 장·단기 수익을 확실히 보장하는 지속 가능한 리더십 개발 과정의 통합 모형 속에서 설정되어야 한다.

## 비교문화 정서지능

정서지능은 골먼(Goleman, 1995)에 의해 대중에게 많이 알려지게 되었다. 그러나 개념 자체는 새로운 것이 아니며 이미 1920년대 손다이크(Thorndike, 1920)가 사회지능에 대해 연구한 바 있다. 가드너(Gardner, 1983)는 개인의 성취에 대한 대안으로 개인 내 및 개인 간 지능 개념을 주장했다. 정서지능에 관한 공식적 정의는 샐로비와 메이어(Salovey & Mayer, 1990)가 제시했으며 추후 다음과 같이 재정의되었다.

정서를 지각하고, 사고를 돕기 위해 정서에 접근하고 이를 발생시키며, 정서 및 정서에 관한 지식을 이해하고, 정서 및 지적 성장을 촉진하기 위해 정서를 스스로 조절할 수 있는 능력(Mayer & Salovey, 1997)

페트라이즈와 펀햄(Petrides & Furnham, 2001)은 정서지능에 대해 다음과 같이 정의했다.

성격구조상 낮은 수준에 있는 독특한 구성 개념으로 표현할 수 있는 정서 관련 성향과 자기지각 능력의 총합이다.

자기효능감 또한 동기의 한 부분이며, 성공에 영향을 미치는 것으로 나타났다. 저자들은 보편통합모형에 자기효능감을 포함시켰다. 그러나 이 요인을 주의 깊게 해석할 필요가 있다. 기본 가정은 주로 서구 문화(특히 미국 문화)를 토대로 한 것이다. 따라서 각 요인에 대한 정의는 보편적이지 않을 수 있다. 어떤 사람은 목적의식과 능력배양을 중시하고, 다른 사람은 운명을 중시하며, 또 다른 사람은 조화와 통합을 중시하기도 한다. 어쨌든 모든 방법은 '할 수 있다'라는 정신을 측정한다. 따라서 자기효능감 척도는 관찰 가능하거나 자신이 평가한 성과를 측정할 수 있지만 일부 차원은 양도가 어려울 수 있다.

정서 때문에 우리에게 중요한 문제를 다루기 위한 주의를 기울이게 되지만, 사실 정서가 행동을 가져오는 최선의 안내 역할을 하는 것은 아닐 수 있다. 감정과 사고가 문화에 대한 지식과 합쳐짐으로써, 우리는 전문가적인 몰입을 가장 효과적으로 할 수 있다. 따라서 저자들은 정서지능에 관한 최근의 심리학적 접근 방법을 토대로 한 통합모형을 개발하게 되었다(Goleman, 1994, 1998).

## 비교문화 코칭/멘토링 지능의 보편모형 통합

골먼의 정서역량모형이 유명하기는 하지만, 정서지능에 관한 문화역량 차원은 많이 연구되지 못했다. 저자들은 문화역량과 코칭 전문 역량의 두 가지 차원을 추가함으로써, 기존의 360도 피드백과 함께 이 모형을 확장시켰다. 저자들의 모형은 네 가지 차원으로 구성되어 있다.

1. 개인적 역량
2. 사회적 역량
3. 문화적 역량
4. 전문적 역량

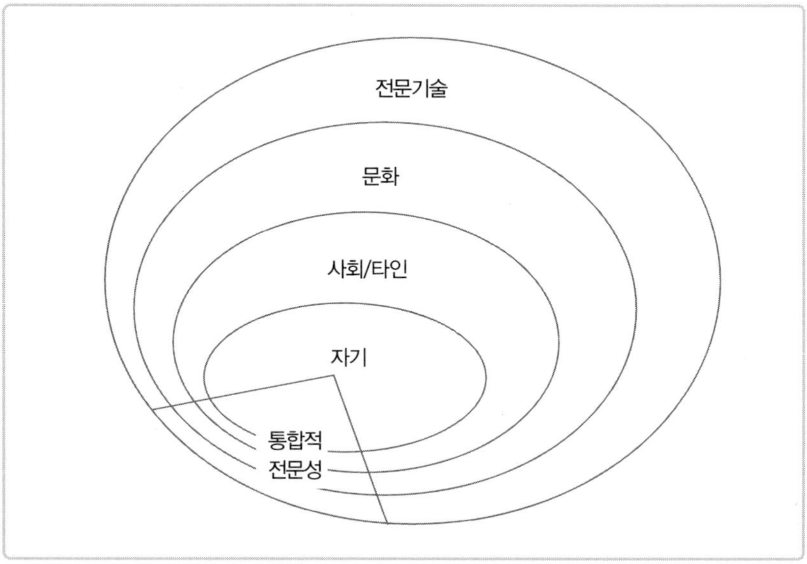


[그림 6-5] 보편통합모형-실용모형

〈표 6-1〉 문화 환경에 대한 이해

| 거시 | 미시 |
| --- | --- |
| 장기 | 단기 |

이 모형은 앞에서 기술한 모든 요인을 실무에서 활용하기 쉬운 모형으로 옮긴 것이며, 멘토와 코치들이 문화적 관점에서 정서지능을 발달시키도록 돕는 데 목적이 있다. 저자들은 이 모형을 비교문화 코칭/멘토링 및 사회지능cross-cultural coaching/mentoring and social intelligence: CMSI으로 부른다.

전체 18개의 핵심 역량요인이 도출되었으며, 각 차원과 요인별로 총 100개의 적절한 질문들이 도출되었다. 도출된 차원, 역량 및 질문이 아래에 기술되어 있다.

### 차원 I: 개인적 역량

이 역량들은 우리가 자신을 어떻게 관리하는가에 관한 것이며, 두 부분으로 구성되어 있다.

1. 자신에 대한 인식(자기인식)
2. 자신에 대한 관리(자기조절/자기관리)

### 자기인식

자신을 수용하고 중시하는지를 측정한다. 자기인식이란 자신의 내적 상태, 감정, 정서, 인지, 선호, 자원 및 직관 등에 대한 인식을 의미한다.

### 요인 1: 정서

자신의 정서에 대한 인식이다. 자신을 얼마나 인식하고 있는가? 아래의 문항 중 자신에게 해당되는 것에 표시하라.

1. 내 자신에 대해 만족한다.
2. 내 단점에 대해 걱정한다.
3. 내가 가지고 있는 자원/지원 구조를 활용하는 방법에 대해 확실히 알고 있다.
4. 신체에 이상이 있을 경우 빨리 알아차린다.
5. 나는 직관적인 사람이라고 생각한다.

여러분이 위의 질문들에 '예'라고 답했다면(2번 문항 제외) 여러분의 자기인식 점수는 높게 나타날 것이다. 점수가 높을수록 여러분은 자신이 무엇을 느끼고 알고 있는지를 잘 인식하며, 그 지식의 근원을 인식하는 정도가 높음을 의미한다.

### 요인 2: 인지

자기성찰 및 평가: 자신의 가치, 자긍심, 능력, 장점 및 단점을 알고 있다. 이것은 자신의 경험을 분석적으로 판단하고, 자신의 가정, 믿음, 가치의 타당성을 신중하게 평가하며 결론을 이끌어 내는 과정을 통하여 얻어진다.

이와 관련된 지표는 다음과 같다.

· 자신의 장점과 약점을 정확히 평가함
· 직관적임

· 자신감

이를 측정하는 문항의 예를 들면, 다음과 같다.

1. 내 장점과 약점을 알고 있다.
2. 내 자신이 옳다고 믿는 일에 대해서는, 비록 평이 좋지 않다 하더라도 목소리를 낼 수 있다.
3. 내 단점에 대해 걱정한다.
4. 내가 가지고 있는 자원/지원 구조를 활용하는 방법에 대해 확실히 알고 있다.
5. 내 자신을 직관적인 사람이라고 생각한다.

### 자기관리

자신의 정서와 동기를 관리하고, 이를 효과적으로 통제할 수 있는 능력을 의미한다. 자기관리 점수는 복원성, 융통성 및 신뢰의 세 요인으로 구분되며, 모두 13개의 문항으로 구성되어 있다.

#### 요인 3: 동기

자신의 목표나 야망을 향해 나아가도록 이끄는 긍정적인 정서를 의미한다. 다양한 상황에서 발생하는 압력하에서도 일관성 있게 수행하는 능력이다. 장애, 개인적 도전, 비판을 무릅쓰면서 자신의 목표를 달성하기 위해 몰입을 유지하면서 행동하는 능력이다. 자신의 정서를 인식하고 이를 생산적으로 통제하는 능력을 의미하기도 한다. 복원성은 일이 잘 풀리지 않아 좌절하고 있는 상황에서 좌절을 극복하고 다시 일에 전념할 수 있는 정도를 측정한다.

이를 측정하는 지표는 다음과 같다.

· 야망
· 성취
· 자신, 팀 및 조직에 대한 몰입
· 탁월성
· 낙관주의(정서적 복원성): 어려움에도 불구하고 목표를 달성하려고 노력함

이를 측정하는 문항의 예를 들면, 다음과 같다.

1. 나는 조직의 임무를 달성하기 위해 기꺼이 도전적인 과제를 수립한다.
2. 나는 쉽게 낙담하고 좌절한다.
3. 나는 어려운 시기에도 좌절하지 않고 도전한다.
4. 나는 항상 연관성을 찾기 때문에 좋은 성과를 가져올 가능성을 증대시킬 수 있다.
5. 나는 어려움이 닥쳐도 또 다른 기회가 온다고 믿는다.

### 요인 4: 통제

파괴적 정서와 충동을 통제할 수 있는 능력을 의미한다. 정서적으로 통제하는 정도, 즉 감정을 마음대로 표현할 수 있는지와 언제 어느 정도나 통제할 수 있는지를 측정한다.

이를 측정하는 문항의 예를 들면, 다음과 같다.

1. 내 감정을 표현할 뿐만 아니라 감출 수도 있다.
2. 화가 나거나 기분이 언짢을 때, 결과를 생각하지 않고 이를 분출시켜야 한다고 생각한다.
3. 내 감정을 쉽게 표현할 수 있지만, 언제 그리고 어떻게 표현해야 하는지 선택한다.
4. 다른 사람이 화를 내도 나는 차분하다.
5. 화가 날 때 다른 사람들에게 화를 퍼붓는 편이다.

## 요인 5: 신뢰

정직하고 성실함을 의미한다. 절도 있고 믿을 수 있고 일관성 있게 행동함으로써 다른 사람들로부터 신뢰를 얻을 수 있는지를 측정한다. 이를 측정하는 문항의 예를 들면, 다음과 같다.

1. 나는 다른 사람의 비윤리적 행동에 맞선다.
2. 내 믿음과 태도는 내가 누구와 있는가에 따라 달라진다.
3. 나의 내면의 신조가 무엇인지 알고 있다.
4. 내가 실수를 하고서 다른 사람을 비난하는 경우가 가끔씩 있다.
5. 다른 사람들로부터 인정을 받지 못하는 위험이 있다 하더라도 내 자신을 속이고 싶지 않다.

## 요인 6: 성실성

개인의 향상과 수행에 책임을 지는 것을 의미한다. 이를 측정하는 문항의 예를 들면, 다음과 같다.

1. 언제나 몰입하는 것은 아니다.
2. 언제나 약속을 지키는 것은 아니다.
3. 일을 처리해야 하는 것에 대한 책임감을 가지고 있다.
4. 업무를 체계적으로 잘 처리한다.
5. 업무 처리에 큰 관심을 둔다.

## 요인 7: 융통성

생각과 행동을 변화하는 상황에 맞출 수 있는지를 측정한다. 주요 질문은 다음과 같다.

· 다른 사람의 아이디어에 대해 물어보고 개방적으로 반응하는가?
· 안전하게 행동하기보다는, 익숙한 것을 잃을 수 있다는 두려움이 있더라도 새로운 것을 시도할 수 있는가?

이를 측정하는 문항의 예를 들면, 다음과 같다.

1. 여러 과제를 잘 수행할 수 있다.
2. 일단 결심을 하면 무엇이든 열심히 한다.
3. 일을 처리하는 새로운 방법을 기꺼이 배우려 한다.
4. 기대하지 않은 변화에 당황하곤 한다.
5. 변화 상황에 쉽게 적응할 수 있다.

**요인 8: 창의성**

혁신적이고 새로운 아이디어 및 적용 방법에 편안함을 느낀다. 이를 측정하는 문항의 예를 들면, 다음과 같다.

1. 창의적이다.
2. 새로운 아이디어를 잘 받아들인다.
3. 새로운 일을 하는 것을 즐긴다.
4. 문제에 대한 새로운 해결 방법을 좋아한다.
5. 쉽게 새로운 아이디어를 많이 생각해 낼 수 있다.

## 차원 II: 사회적 역량

사회적 역량은 사람들과의 관계를 얼마나 잘 관리할 수 있는지를 나타낸다. 이는 사회적 상호작용과 다른 사람들에 대한 인식을 통해 통찰력을 얻는 과정이다. 이러한 사회적 과정은 개별적으로 존재할 수 없으며

(Senage, 1990), 사회적 역량은 다음의 요인으로 구성되어 있다.

- 다른 사람에 대한 인식(공감)
- 다른 사람에 대한 관리(사회적 기술)

### 다른 사람에 대한 인식(공감)

다른 사람의 감정, 필요 및 관심사를 인식하는 것을 의미한다. 다른 사람과 감정을 공유하는지 측정한다.

**요인 9: 이해(및 신뢰)**

다른 사람의 관점에서 사물을 보는 능력이며, 주요 문제를 이해하고 전체적인 그림을 보며, 완전하지 못하거나 모호한 정보가 제시될 때 명확한 결론을 끌어내는 능력이다. 다른 사람을 신뢰하지만, 동시에 자신이 이용당하지 않도록 보호할 수 있는지도 측정한다.

이를 측정하는 문항의 예를 들면, 다음과 같다.

1. 나와 다른 감정/믿음을 가지고 있는 사람을 이해하기가 어렵다.
2. 다른 사람을 판단하기보다는 수용하려고 한다.
3. 다른 사람에게 쉽게 공감한다.
4. 다른 사람의 동기를 의심하는 경향이 있다.
5. 비록 다소의 위험이 따른다는 것을 인식할 때도 다른 사람을 신뢰하는 경향이 있다.

**요인 10: 능력배양**

다른 사람이 자신의 필요를 충족시키고 염원을 달성하도록 돕는다.
이 요인의 지표는 다음과 같다.

· 고객 중심
· 서비스 지향

이를 측정하는 문항의 예를 들면, 다음과 같다.

1. 다른 사람이 자신의 염원을 달성하도록 돕는다.
2. 다른 사람이 기술을 배양하도록 돕는다.
3. 부하에게 도전적인 과제를 맡긴다.
4. 다른 사람의 업적에 대해 보상한다.
5. 건설적인 피드백을 준다.

## 다른 사람에 대한 관리(사회적 기술)

다른 사람에게 영향을 주고 이들과 같이 협력해 나가는 능력이다. 상호 간의 공통점과 공동 목표를 파악하고, 리더십 역할을 하며, 팀 사기를 관리하고, 갈등을 해결하며, 분명하게 의사소통을 하는 능력이다.

**요인 11: 의사소통**

다른 사람의 의견에 귀 기울이고, 자신의 견해와 논리에 대해 분명하고 설득력 있는 메시지를 전달하는 능력이다. 이를 측정하는 문항의 예를 들면, 다음과 같다.

1. 다른 사람의 말을 잘 들어 준다.
2. 좋은 뉴스는 잘 받아들이지만 나쁜 뉴스는 그렇지 않다.
3. 명확하고 간결하게 메시지를 전달하는 것이 어렵다.
4. 정보를 적절하게 공유하려고 한다.
5. 개방적인 의사소통 환경을 만드는 것을 좋아한다.

## 요인 12: 갈등 해결 촉진

다른 사람을 존중하고 차분함을 유지하면서도 자신이 원하는 것을 단호하게 이야기할 수 있는가의 균형을 측정한다. 멘티와 피코치자가 갈등을 해결하도록 돕는다. 코치와 멘토는 갈등에 직면하면 정서적이고 사회적인 역량을 발휘해야 한다. 여기에 포함되는 내용은 다음과 같다.

- 다른 사람들이 견해를 바꾸도록 설득하는 능력
- 협상 능력
- 불일치 해결 능력
- 관계 관리 능력: 유대를 형성하고 관계를 증진시킴.
- 협력 및 협동 능력: 공통분모를 찾음. 공동 목표를 달성하기 위해 다른 사람들과 같이 일함.

이를 측정하는 문항의 예를 들면, 다음과 같다.

1. 다른 사람의 마음을 상하지 않게 하면서 의견을 달리할 수 있다.
2. 합일점을 찾기 위해 간접적으로 영향을 주는 방법을 선호한다.
3. 갈등 해결을 위해 윈-윈 전략을 선호한다.
4. 갈등 상황에 있는 모든 이해당사자들로부터 의견을 듣는다.
5. 공유된 목표를 위해 기꺼이 다른 사람과 같이 일한다.

### 요인 13: 리더십

영감적이고, 개인과 집단을 이끄는 능력이다. 이를 측정하는 문항의 예를 들면, 다음과 같다.

1. 모범을 보이면서 이끈다.
2. 코칭 목표를 분명히 한다.
3. 공유된 비전에 대한 열정을 불러일으킨다.
4. 각자의 능력에 따라 일하도록 안내한다.
5. 자신의 일에 대해 책임을 지도록 한다.

### 요인 14: 팀 코칭

집단의 목표 달성을 위해 팀 또는 집단에서 시너지를 만들어 낸다. 이를 측정하는 문항의 예를 들면, 다음과 같다.

1. 집단의 목표 달성을 위해 시너지를 만들어 낸다.
2. 팀 성과 모델을 만들어 낸다.
3. 팀원의 열정을 불러일으킨다.
4. 팀원들이 적극적으로 참여하도록 끌어들인다.
5. 팀원들과 성과를 공유한다.

### 요인 15: 변화 코칭

변화와 현대화를 주도한다. 이를 측정하는 문항의 예를 들면, 다음과 같다.

1. 코치가 변화를 주도하는 행동을 취하도록 격려한다.
2. 코치가 조직에서 변화 필요성을 인식하도록 돕는다.
3. 코치가 변화에 장애가 되는 요인을 제거하기 위한 행동을 취하도록 돕는다.
4. 다른 사람들을 변화 과정에 몰입하도록 한다.
5. 다른 사람들의 기대에 부합하는 변화모형을 만들어 낸다.

## 차원 III: 문화적 역량

이 역량은 조직의 변화를 관리하는 역량을 나타내며, 다음의 요인으로 구성되어 있다.

- 다른 문화에 대한 인식(교화)
- 조직문화 관리(챔피언)

문화적 역량은 피코치자/멘티가 다른 사람의 문화, 생각 및 가치에 대해 개방적으로 반응하는 정도와, 다른 사람과 자신이 가정하고 있는 것에 대해서 그대로 받아들이지 않고 기꺼이 도전하고 의문시하려는 의지의 정도를 측정한다. 코치와 멘토는 문화 간의 다른 영역을 중재해서 자신과 다른 사람들의 문화를 연결하는 능력을 가지고 있다. 이렇게 함으로써 자신이 문화적 · 정신적으로 집단의식의 한 부분임을 경험하게 된다. 또한 집단의 인식과 도덕성이 조직과 전체 사회로 변환된다는 것을 인식하게 된다.

### 다른 문화에 대한 인식(교화)

여기에 포함되는 내용은 다음과 같다.

- 문화 인식: 조직문화와 집단문화를 이해하고 문화 간 정치 및 세력 관계를 이해한다.
- 문화 민감성: 자신과 배경이 다른 사람들에 대해 문화적으로 편안하게 느끼는가를 평가한다.

• 문화 융통성: 자신과 가치가 다른 사람들과 맞추어 나갈 수 있는지를 측정한다.

### 요인 16: 올바른 인식

다른 문화와 종교에 대해 올바로 이해한다. 이를 측정하는 문항의 예를 들면, 다음과 같다.

1. 우리들 모두는 전력을 다 해야 한다. 다른 문화를 갖고 있는 사람들이 왜 그렇게 다른지 모르겠다.
2. 내가 사용하는 언어와 다른 언어를 사용하는 사람의 말을 조금이라도 배우기 위해 노력한다.
3. 다른 민족의 문화에 관심이 있다.
4. 다른 유형의 조직문화에 관심이 있다.
5. 내 문화와 배경에 대해 분명히 이야기할 수 있다.
6. 내가 속해 있는 조직문화의 독특성에 대해 분명하게 말하지 못한다.
7. 다양한 문화의 장점과 단점을 정확하게 인식할 수 있다.
8. 다양한 문화 간의 교육, 금전, 가치, 지위의 역할에 대해 올바르게 알지 못한다.
9. 내 배경과 문화에 대해 다른 사람들이 어떻게 생각하는지 이해한다.

### 요인 17: 존중

다른 문화의 차이점을 존중한다. 이를 측정하는 문항의 예를 들면, 다음과 같다.

1. 문화가 다른 사람을 존중한다.
2. 다양한 배경과 문화를 가진 사람과 잘 지낸다.
3. 다수집단 문화에 속한 사람은 다른 배경을 가진 사람이 동화되도록 도와야 한다고 생각한다.

4. 모든 사람에게 적합한 하나의 코칭/멘토링 모형이 있다고 믿는다.
5. 사람마다 다른 견해가 있다고 생각한다.
6. 다수집단 문화에 속하지 않은 사람은 불리할 수 있다고 생각한다.
7. 사람은 자신과 유사한 집단에 속한 사람을 지도자로 선택하는 경향이 있다고 생각한다.
8. 소수집단에 속한 사람은, 다수집단 문화에 속한 사람보다는 다른 소수집단에 대해 덜 부정적인 생각을 가지고 있다고 생각한다.
9. 나와 다른 배경을 가진 사람과 이야기할 때 편안하지 않다.

### 조직문화 관리(챔피언)

지금까지 기술한 요인과 차원은 〈표 6-2〉와 〈표 6-3〉에 요약되어 있다. 18개 요인은 〈표 6-5〉에 요약되어 있는 페트라이즈와 펀햄(2001)의 정서지능 15개 요소와 유사하다.

#### 요인 18: 동등성과 다양성 관리

다른 문화와 배경을 가진 사람과 함께 일하면서 높은 업적을 달성하는 것을 의미한다. 이를 측정하는 문항의 예를 들면, 다음과 같다.

1. 나는 다양성을 조직과 사회의 수행 증진을 위한 기회로 본다.
2. 나는 다양한 문화 배경을 가진 사람이 자신의 잠재력을 달성할 수 있는 환경을 만들기 위해 노력한다.
3. 나는 인종차별주의자 단체의 정책에 대해 개인적으로 아무런 책임이 없다.
4. 나는 다소의 위험이 있다 하더라도 인종차별주의에 반대하는 입장에 선다.
5. 나는 인종차별주의, 성차별주의, 연령차별주의를 이해하고, 이를 없애는 데 목표를 두고, 코칭과 멘토링에서 이를 논의하려고 노력한다.

이들의 모형은 논리적으로 독특하지 않은 중복되는 요인들로 이루어져 있다. 또한 다른 정서지능 도구와 같이, 이들의 모형도 문화적 요인을 다루지 않고 있다. 저자들은 정서지능 요인들은 저자들이 제시한 실용모형에서 보이는 것과 같이 위계적 구조로 조직화될 수 있다고 믿는다.

〈표 6-2〉 보편통합모형 실용모형 차원

| 역량 | I. 개인(자기) | II. 사회(타인) | III. 문화(문화) | IV. 전문성(역량) |
|---|---|---|---|---|
| 인식 | 자기인식 | 공감 | 교화 | 성찰적 숙련 |
| 관리 | 자기조절 | 사회적 기술 | 챔피언 | 지속적 전문성 개발 |

〈표 6-3〉 비교문화 정서지능 요인

| 차원 | 요인 | 문항 수 |
|---|---|---|
| I. 개인적 역량 | 1. 정서 | 5 |
| | 2. 인지 | 5 |
| | 3. 동기 | 5 |
| | 4. 통제 | 5 |
| | 5. 신뢰 | 5 |
| | 6. 성실성 | 5 |
| | 7. 융통성 | 5 |
| | 8. 창의성 | 5 |
| II. 사회적 역량 | 9. 이해(및 신뢰) | 5 |
| | 10. 능력배양 | 5 |
| | 11. 의사소통 | 5 |
| | 12. 갈등 해결 촉진 | 5 |
| | 13. 리더십 | 5 |
| | 14. 팀 코칭 | 5 |
| | 15. 변화 코칭 | 5 |
| III. 문화적 역량 | 16. 올바른 인식 | 10 |
| | 17. 존중 | 10 |
| | 18. 동등성과 다양성 관리 | 5 |

〈표 6-4〉 페트라이즈와 펀햄(2001)의 정서지능 15개 요인

| 요인 | 지각 |
|---|---|
| 융통성 | 새로운 조건에 융통성 있게 적응함 |
| 적극성 | 자신의 권리를 위해 기꺼이 일어섬 |
| 정서표현 | 자신의 감정을 타인에게 전달할 수 있음 |
| 정서 관리 | 다른 사람의 감정에 영향을 줄 수 있음 |
| 정서 지각 | 자신과 다른 사람의 감정을 파악함 |
| 정서 조절 | 자신의 정서를 통제할 수 있음 |
| 충동성(낮음) | 자신의 충동을 누를 수 있음 |
| 관계 기술 | 개인적 관계를 충족시킬 수 있음 |
| 자존감 | 성공감과 자신감 |
| 자기동기 | 역경에 처해서도 추진해 나갈 수 있음 |
| 사회적 역량 | 탁월한 사회적 기술을 통해 네트워크를 형성함 |
| 스트레스 관리 | 스트레스를 조절하고 압력을 견딤 |
| 특성 공감 | 다른 사람의 견해를 파악할 수 있음 |
| 특성 행복 | 즐겁고 삶에 만족함 |
| 특성 낙관주의 | 인생의 밝은 면을 볼 수 있음 |

## 차원 IV: 전문적 역량

마지막 절에서는 코치/멘토의 지식 및 코칭과 멘토링 성과에 영향을 주는 접근 방법에 대해 알아보고자 한다. 코치와 멘토는 전문적인 접근 방법을 취해야 하며, 서로 간에 진정한 피드백을 주고받는 것이 필요하다. 관련된 문항은 다음과 같다.

1. 사람들은 저마다의 해결방안을 가지고 있으며 이를 찾아야 한다.
2. 코치와 멘토는 동시에 피코치자와 멘티가 될 수 있다.

3. 코치의 진행을 돕기 위해, 목표와 기대의 점검이 중요하다는 점을 인식한다.
4. 침묵 상태에 편안함을 느낀다.
5. 좀 더 많이 듣고 적게 말한다.
6. 코칭 과정 중, 도전적인 질문을 많이 한다.
7. 멘토/코치를 방해하는 경우가 종종 있다.
8. 코치와 멘토에게 자신의 상황을 향상시킬 수 있는 방법에 대해 항상 충고를 한다.
9. 내 코칭 방법 규칙을 항상 준수한다.
10. 피코치자/멘티가 말하고 있는 내용을 정확하게 요약할 수 있다.
11. 일부 사람들이 코칭 과정에 적합하지 않다면 말한다.
12. 관계가 잘 진행될지에 관해 내 판단에 의존한다.
13. 멘토링 관계를 시작하기 전 개인/조직 문화에 관해 알 필요가 있다.
14. 멘티/피코치자의 관점을 파악하려고 할 때, 다른 이해관계자의 기대를 인식할 필요가 있다.
15. 멘티/피코치자가 배운 것을 검토하도록 돕는다.
16. 피코치자/멘티가 경험하고 있는 변화 과정을 이해하고 있는지 그들에게 물어보지 않는다.
17. 멘티/피코치자가 배운 것을 실습해 보도록 격려한다.
18. 멘티/피코치자가 네트워크를 형성하도록 돕는다.
19. 자신이 기대했던 것을 검토해 보도록 격려한다.
20. 멘토링/코칭 관계의 기능에 관해 논의를 주도한다.

앞에서 기술한 실용모형은 학습심리학을 토대로 한 것이다. 이 모형은 학습 및 발달 분야에서의 다른 메타모형과 일관성이 있다. 그러나 저자들의 모형은 더 심오하고, 사회적 측면을 문화적 역량에까지 확장시켰다는 특징이 있다〔Taylor 등(2000)의 개발의도모형Development Intention Framework〕.

이 문항들은 응답자가 자신의 개발 의도를 평가하고 미래 수행을 향상시키려는 정도를 파악한다. 검사를 마치면 응답자들은 자신이 어떻게 느끼고 있는지를 더 잘 인식하게 되고, 지식을 구조화할 수 있게 된다.

〈표 6-5〉 보편통합모형과 개발의도모형 간의 비교

| 보편통합모형 | 개발의도모형 |
|---|---|
| 개인적 역량(자기인식) | 대화 과정을 통해 자신에 대해 알게 됨 |
| 개인적 역량(자기인식: 인지) | 대화 관계를 자신으로 돌림 |
| 전문적 역량 | 지속적 학습자 지향 |
| 개인적 역량(자기관리) | 자신을 파악하려 함 |
| 사회적/문화적 역량 | 타인과의 관계 지향 |

## 의사소통 방법 및 피드백 기제

다양성을 통해, 우리는 현재에서 벗어나 우리가 의사소통하는 방법과 증가하는 다양한 의사소통 미디어를 최적화하는 방법에까지 영역을 확장하게 된다. 이 절에서는 앞에서 기술한 비교문화 코칭/멘토링 정서지능모형을 실행하는 데 사용할 수 있는 잠재적 의사소통 방법 중 일부에 대해 알아보고자 한다.

의사소통 방법과 관련해 E-러닝 방법과 전화를 사용하는 방법이 급증하고 있다. 이미 세계적으로, 사무실이나 교육기관을 벗어나 원거리에서 관계를 학습할 수 있는 방법이 발전되고 있다. E-러닝은 관계에 대한 몰입 없이 단지 정보만 제공받는 것이며, 우리가 관심을 가지는 것은 학습의 발달 관계를 가져오는 상황이다. 이러한 관계는 조직화된 프로그램의 일부로서 학습하는 사람들을 지원하고, 다른 미디어 경험 이상으로 학습 기회를 제공하기 위해 발달된다. 의사소통 미디어 요소 중 각 요인이 관계 발달에 기여하기 때문에, 우리가 직면하는 새로운 도전은 다양한 미디어와 관계 유형 및 학습 성과 성취에 관한 상호 참조적인 연구를 이해하는 것이다.

줄피 후세인Zulfi Hussain은 온라인을 이용한 E-멘토링이 모든 것을 다 해결할 수 있다고 이야기한 바 있다. 지난 20년 동안 인터넷의 확대는 인터넷의 중요성을 부각시켰다. 인터넷이 관계를 발달시키는 데 미치는 영향에 대해서는 논란이 있다. 초기에는 사회적 단서가 없는 미디어가 의미 있는 관계를 형성하는 것이 어렵고 피폐된 환경을 만들 것이라고 예상했었다.

그러나 후세인은 사회적 단서가 없는 것이 차별을 받는 사람들에게는 이득이 된다고 보았다. 그는 인터넷을 사회 및 개인적 단서를 통해 얻어진 문화적 장애를 제거하며 보편적 수준을 향해 나아가는 매개체로 기술했다.

인터넷은 장애가 있는 사람들을 위해 더 넓은 세계와 의사소통할 수 있는 방법을 제공한다. 개발도상국가에서 인터넷 학습은 학습과 기술 분할을 연결하여 주는 경제적이고 현실적인 접근 방법이다. 컴퓨터에 대한 접근, 전자 인프라 및 기초 독해 지원, 쓰기와 언어 기술, 컴맹 등이 새로운 장벽이다. 장애가 있는 많은 사람들은 좀 더 사용하기 쉽고 접근 가능한 방향으로 공학 기술을 발전시켜 가고 있다. 이러한 사람들은 모든 사람들이 혜택을 받을 수 있으며, 의사소통 기회를 풍부히 가질 수 있도록 열심히 일해 왔다. 기술과 컴퓨터를 토대로 한 의사소통은 이전에 소외되었던 사람들의 능력을 배양시키고 이들을 주류로 끌어들였다.

저자들이 고찰한 문헌에 따르면(3장에서), 면대면 방법과 온라인 의사소통 방법 간의 효과를 비교하기 위해 실시된 많은 연구들은 온라인 연구를 위해 고안된 상황하에서 진행되었다. 또한 미리 피험자들이 논의할 내용을 정해 놓았다. 피험자들은 실험 조건에서 자연스럽게 행동하지 못하기 때문에 실제 상황과는 다르며 이로 인해 타당도에 문제가 있을 수 있다.

저자들이 제시한 모형은 실제 상황에서 인터넷을 활용해 코칭과 멘토링을 통합하기 위한 것이다. 인터넷 관계가 확립되면, 다른 미디어를 통한 추가 의사소통의 필요성은 시간이 지남에 따라 줄어들 것이다. 만약 사람들이 온라인 관계의 이점을 인식하고 어떻게 최적화할 수 있는지에 대해 훈련을 받는다면, 온라인 관계에 대한 목표를 성취할 가능성이 더 많아질 것이다.

장기적으로 볼 때, 학습과 업무에서 인터넷 관계의 가치를 수용하는 방향으로 세상이 바뀌어 감에 따라 인터넷 관계에 대한 인식은 표준화될 것이다.

## 피드백 기제: 동료 평가, 360도 피드백

역동적 코칭/멘토링 모형([그림 6-1])에서 학습 사이클을 완성하기 위

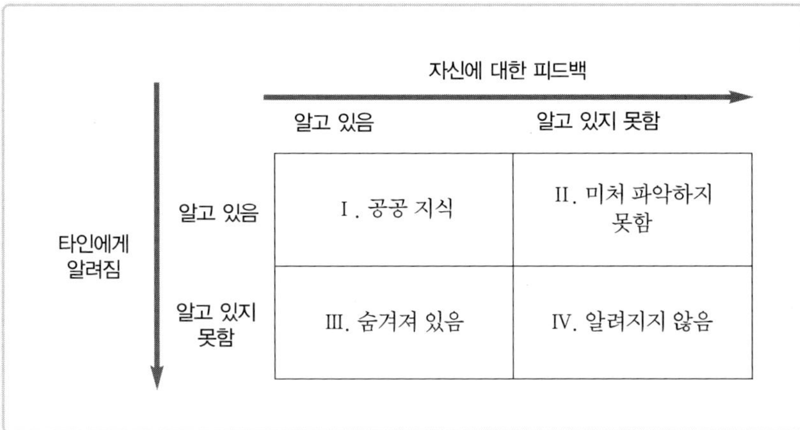


[그림 6-6] 피드백 제공: 조하리의 창

Based on Jones, J., & Pfeiffer, J. W. (1973). The Johari window: a model for soliciting and giving feedback. The 1973 Annual Handbook for Facilitators. SanDiago, CA: Pfeiffer.

해서는 과정에서 피드백 기제를 내재화할 필요가 있다. 타인으로부터의 피드백은 개인의 학습과 이해에 영향을 줄 수 있다. 이는 [그림 6-6]에서 보는 것처럼 전통적인 조하리Johari*의 창으로 나타낼 수 있다. 코치와 멘토는 피코치자와 멘티에게 피드백을 제공하여 이들이 자신의 부족한 점을 파악하고, 알려지지 않는 영역에서 알려진 영역으로 지식을 전이할 수 있도록 돕는 것을 목표로 하고 있다(Luft, 1970; Jones & Pfeiffer, 1973).

---

*조하리의 창: 고안자인 조 러프트Joe Luft와 해리 잉엄Hary Ingham의 이름을 결합하여 개발된 것으로, 타인에게 자신을 공개하는 정도에 초점을 맞추어서 인간관계의 상호 과정을 묘사한 모델

보편통합모형에서 저자들은 360도 피드백 기제를 개발했으며 이를 통해 동료나 상사의 관점과는 다른, 코칭/멘토링 프로그램에 참여한 사람들의 관점을 알아볼 수 있다. 이는 "개인 또는 집단의 수행에 관해 이 수행과 관련된 다양한 이해관계자들로부터 얻어진 체계적인 자료이며 피드백" 이다(Ward, 1997). 이를 통해 개인들은 자신의 역량에 대한 통찰력과 자기인식을 얻고 이에 따라 자신의 행동을 조정해 나갈 수 있는 기회를 갖게 된다.

이 모형은 '동료 검토' 부분을 포함한다. 코칭/멘토링 관련자들은 동료들이 자신의 행동에 대해 파악한 견해를 제공할 것을 확인할 수 있다. 동료들은 다음과 같은 질문에 응답할 수 있다.

1. 자신에 대해 편안한 것처럼 보인다.
2. 사람을 판단하기보다는 수용하려 한다.
3. 사람들이 얼마나 정확하게 느끼고 있는지를 읽어 낼 수 있는 것 같다.
4. 자신의 감정에 충실한 것으로 보인다.
5. 자신의 스트레스를 잘 관리할 수 있는 것 같다.
6. 변화하는 환경에도 침착함을 유지하는 것처럼 보인다.
7. 사람과 장소에 상관없이 항상 일관된 행동을 보이는 것 같다.
8. 자신의 감정을 쉽게 표현하지만, 언제 그리고 어떻게 표현해야 하는지를 알고 있다.
9. 다른 사람들이 화를 낼 때 차분함을 유지한다.
10. 다른 사람을 신뢰하는 경향이 있으나 그 과정에서의 위험을 인지하고 있다.

11. 좀 더 나은 성과를 위해 가능한 대안들을 고려하는 것 같다.
12. 인종이나 문화가 다른 사람들의 요구에 민감한 것처럼 보인다.
13. 다른 문화와의 차이에 대해 이해하는 것 같다.
14. 다른 배경을 가진 사람과도 편안하게 지낸다.
15. 다른 사람이 영감을 주는 목표를 설정하도록 동기화시킬 수 있다.
16. 멘티/피코치자의 입장에서 멘토링/코칭 관계가 어떻게 운영되고 있는지를 점검한다.
17. 피코치자/멘티의 입장에서 자원을 점검한다.
18. 다른 견해를 들을 때, 자신의 접근 방법을 방어하는 경향이 있다.
19. 의사소통을 원할히 하기 위해 신체 언어를 효과적으로 활용한다.

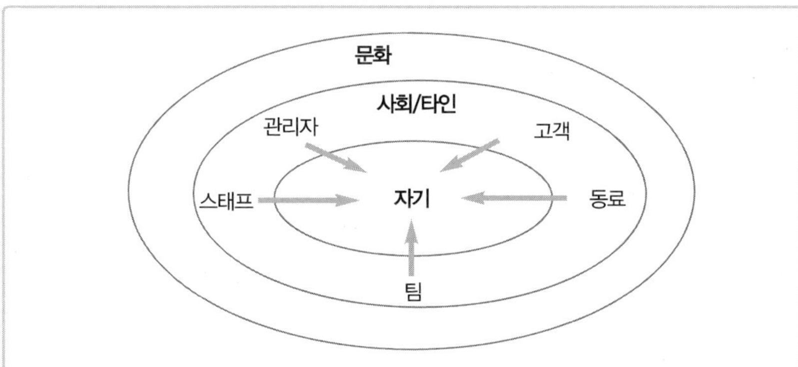


[그림 6-7] 보편통합모형에서 360도 피드백

360도 피드백 기제는 [그림 6-7]에서 보듯이 보편통합모형에 포함되어 있다. 개인의 수행과 만족에 주는 영향을 평가하기 위한 실용모형은, 멘토링/코칭의 이점을 파악하고 경영에 기여하는 부분을 확실히 하는 데 중요하다. 이 모형의 실행에 관해서는 9장의 사례 연구에서 기술하고자 하며, 이 모형이 미치는 영향에 관한 평가는 10장에서 다룰 것이다.

## 단원 요약

이 장에서, 저자들은 국제적 문화요인과 정서지능을 포함하는 보편통합모형에 대해 기술했다. 이 모형은 자기, 사회, 문화 및 전문성이라는 많은 껍질을 가진 양파와 비슷하다. 이 모형의 핵심인 자기 및 자기개발은 3장에서 기술한 역동적 코칭/멘토링 모형의 토대가 된다. 이 과정 내에서는 피코치자/멘티와 코치/멘토가 모두 학습자가 된다는 점에서 학습심리와 일관성이 있다. 이러한 몰입을 통해, 이들은 다음을 배울 수 있다.

- 학습
- 사고
- 정서적 인식
- 대화
- 피드백 제공 및 수용
- 자기평가

이 장에서는 또한 인터넷을 통해 모형을 실시하는 방법에 관해 기술했다. 360도 피드백과 질문지를 통해, 양파를 깎아 내는 칼과 같이 대략적인 윤곽을 파악할 수 있다. 이를 통해 참여자는 네 가지 차원에 대한 학습을 검토할 수 있게 된다.

다른 두 장에서는 도구 및 훈련을 통한 기술적인 노하우 가운데 일부에 대해 기술할 것이다. 이를 통해 여러분은 유능한 코치/피코치자, 멘토/멘티 또는 학습자/슈퍼바이저로 거듭날 수 있을 것이다.

Chapter 07

# 기법과 도구

## 들어가기

이 장에서는 정교화 작업을 거친 학습심리학과 보편통합모형에 적합한 기법과 도구를 추천하고자 한다. 이 접근들은 최근의 연구 및 문헌뿐만이 아니라, 우리가 해외 및 영국에서 코칭과 멘토링에 직접 사용한 경험을 바탕으로 한다. 우리는 다양한 배경을 가진 독자들을 위해서 기법들을 쉽게 소개할 것이며, 이와 관련하여 8장에서는 코칭, 멘토링 및 자기학습self-learning 과정에 사용될 수 있는 다양한 실습의 사례를 설명할 것이다.

우리는 문헌 연구와 경험을 통해, 개인의 조망에 따라 강조하는 바가 달라지면, 이에 따라 지향하는 접근이 달라진다는 것을 알게 되었다. 대략적으로, 두 가지 부류의 기법이 확인되었다. 성과를 강조하는 사람들은 과제에 초점을 두거나 목표 지향적이다. 그 외 다른 사람들은 심리적 중재를 강조하고, 자아 초월적 특성transpersonal quality을 중요시한다. 또한 이는 문화에 따른 차이를 보이는데, 서양 문화권은 목표 지향적인 반면, 동양 문화권은 자아 초월적 접근을 채택하는 경향이 있다(예: 게슈탈트 심리학과 이야기 치료). 따라서 우리는 일반적이면서 다문화적 기준에 중점을 두기보다는, 아래의 목표를 수행하는 데 유용한 구체적인 기술을 선별하고자 한다.

- 코칭 여정coaching journey에서 장애 요인의 원천을 확인하기
- 자기 자신만의 메타모형 구축하기
- 여러 가지 기법들을 조합하고 이를 적절하게 적용하기
- 코칭 대화를 구조화하기
- 일 대 다수의 그룹 상황뿐만 아니라 일대일 코칭 수행하기

이러한 목표 달성을 위해 먼저 능력배양심리학empowerment psychology의 실용 원리가 소개될 것이다. 일반적인 인지행동기법, 게슈탈트 접근과 이야기 접근narrative approach에 대한 설명이 주어진 후, 이 장에서 소개되는 다양한 기법을 GROW 모델에 적용하는 방법들이 제시될 것이다. 게슈탈트 접근은 일부 코칭과 멘토링 프로그램에서 사용되는 게슈탈트 접근의 자아 초월 측면에 대해 새롭게 성찰해 볼 수 있게 해 줄 것이다(9장의 사례 연구에서 소개될 것임). 마지막으로 코칭과 멘토링 기술을 개발하는 데 도움이 되면서 쉽게 이해하고 사용할 수 있는 보편통합모형 도구가 제공될 것이다.

## 능력배양심리학의 원리

능력배양심리학empowerment psychology은 문제 상황을 이해하고, 이를 적절한 개입 전략과 연결짓는 것을 기초로 한다. 능력배양심리학의 원리는 다음의 두 영역으로 나누어진다.

- 문제상황모형Model of Problem Situation
- 개입모형Model of Intervention

### 문제 상황에 대한 능력배양모형

이 모형은 문제가 발달되는 과정을 살펴보는 것이다. 가장 먼저 풍부한 맥락과 상황에 대한 정보가 필요하고, 이 속에 숨겨진 쟁점들을 깊이 있게 이해하는 것이 요구된다. 개입 책략을 도출해 내기 위해서는 다음과 같은 주제하에 문제를 이해하는 것이 필요하다.

- 근원
- 심리적 요인들
- 결과
- 강화

이 과정은 [그림 7-1]에 나타나 있다.

근원은 개인의 환경 속에 존재하는 자극을 말한다. 예를 들어, '나에게

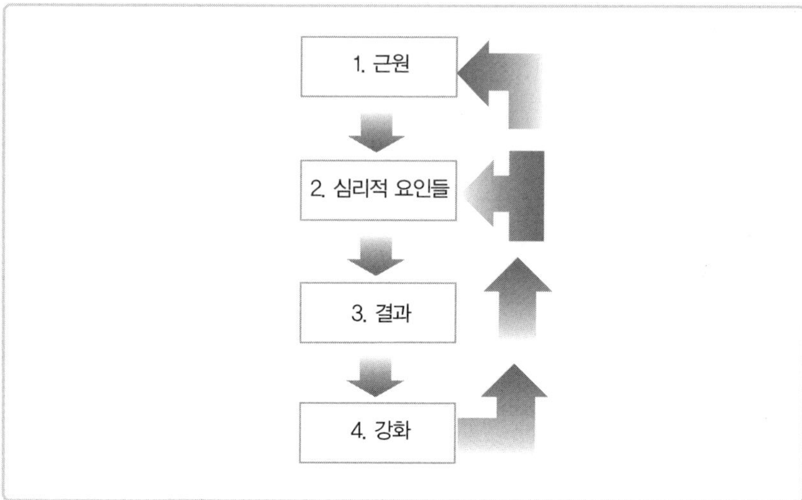


[그림 7-1] 문제 상황에 대한 과정모형

위협적인 어떤 사람'은 하나의 스트레스 원인이 될 수 있다. 이러한 자극은 개인의 정신과 감정(심리적 요인들)에 영향을 주게 된다. 예를 들어, 좋지 않은 대우를 받으면 '기분이 나쁘다.' 이에 따라 이 사람은 행동을 하거나, 소리를 지르거나 말을 하게 된다(결과). 따라서 부정적인 행동은 타인에게 영향을 주며, 타인들은 이 사람을 부정적으로 지각하여(예: '그 사람은 공격적'이다.) 결과적으로 이 사람에게 부정적으로 반응하게 된다. 이는 일종의 강화 과정으로서 악순환 고리를 형성하게 된다. 강화란 갈등을 순화시키거나 악화시킬 수 있는 결과를 초래하는 행동이나 반응의 패턴을 말한다.

## 개입에 대한 능력배양모형

위의 모형에 따르면, 우리가 개인과 조직의 기대를 충족시키기 위해

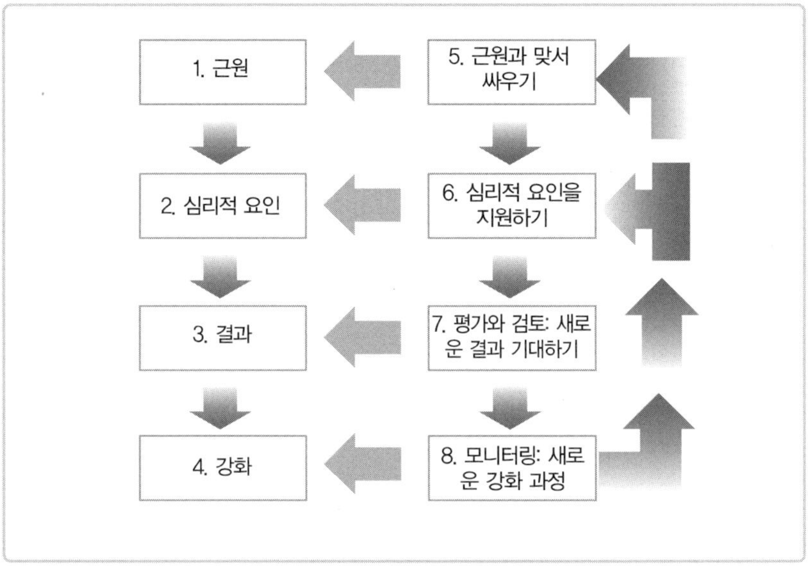


[그림 7-2] 개입에 대한 능력배양모형

이들의 능력이나 권한을 강화시키려면 각각의 단계에서 문제점들을 꼼꼼히 검토해 봐야 한다. 이는 본질적으로 문제 해결 과정에 해당되는 것이며 다음과 같은 단계로 구성되어 있다([그림 7-2]).

- 근원들을 붙들고 맞서 싸우기
- 심리적 요인을 지원하기
- 새로운 결과를 기대하기(평가, 모니터링 및 검토)
- 새로운 강화 과정(지속적인 모니터링)

먼저 문제의 근원을 짚어 보는 것부터 시작하여 장애 요인이 될 수 있는 심리 상태를 확인하고 고통받는 사람, 피해자 혹은 가해자의 심리적 측면을 지원할 수 있는 책략을 이끌어 낸다. 책략이 효과를 발휘하게 되면, 우리는 개인과 조직으로부터 새로운 결과를 기대할 수 있다. 결과적으로, 새로운 패턴의 사회적 상호작용을 통한 강화 과정이 생겨난다. 우리는 지속적으로 결과를 모니터링하고 검토해야 하는데, 이는 증거를 토대로 한 평가evidence-based evaluation에서 중요한 요소이기 때문이다. 사건에 대한 이러한 사이클이 개입에 대한 능력배양모형을 형성하게 된다.

## 인지행동기법

2장에서 살펴 본 바와 같이, 인지행동기법cognitive bejavioural technique: CBT은 스토아 철학에 뿌리를 두고 있는 긍정심리학의 원리와 일치한다. 이 기법은 임상 장면에서는 인지행동치료로 잘 알려져 있는데(Beck et al., 1979), 임상 치료에 폭넓게 적용되어 성공적으로 활용되고 있다. 인지행동기법의 효과를 지지하는 연구들은 상당히 많다. 이 기법은 '정선된 심리치료'로 간주되며, 사용 가능한 심리치료 기법들 중 아마 가장 유효한 치료 기법의 하나일 것이다(Chambless, 1988, p. 12; Rothbaum et al., 2000).

증거를 토대로 하는 질문과 경제적인 측면에서의 제한점에도 불구하고, 코칭과 멘토링에서 인지행동기법의 사용은 비교적 새롭다. 인지행동적 코칭은, 피코치자가 자신의 목표 지향적인 행동을 수행하는 데 방해가 되는 인지적, 행동적 그리고 정서적인 차단 요인을 확인하고, 이를 수정하는 데 도움을 준다(Neenan & Palmer, 2001; Law, 2003).

인지행동기법의 가정에 따르면, 인지는 개인의 감정과 행동에 영향력을 행사한다. 즉, '생각이 문제를 지배한다(mind over matter).' 많은 코칭 개입들과 마찬가지로 인지행동기법도 미래에 초점을 둔다. 그러나 과거 경험을 출발점으로 하여, 변화 계획을 세울 수 있는 기회로서 현재를 사용한다.

이는 세 부분으로 구분되어 있다.

- 과거: 과거 성취 경험과 가치들을 검토하기
- 현재: 현재의 생각과 감정을 평가하기. 변화 계획을 위한 인지 능력과 자원들을 작동시키기
- 미래를 향해 작동되는 현재

코칭에 인지행동기법을 적용하는 데에는 7가지 단계가 있는데, 다음과 같다.

1. 목표 설정하기
2. 목표와 관련된 가치 평가하기
3. SMARTER 목표 정하기
4. 피코치자/멘티의 정서 평가하기
5. 가능한 장애 요인과 문제들 확인하기
6. 장애 요인과 문제들을 극복하기 위한 책략 세우기
7. 경과 검토하기

### 목표 설정하기

이 단계는 GROW 모델과 일치하며, 인지행동기법이 이전에 소개한 능

력배양모형을 적용하는 하나의 기법이 될 수 있게 해 준다. 보통 이 단계는 코치와 피코치자 그리고 멘토와 멘티가 처음 만난 회기에서 이루어진다. 코치와 멘토는 피코치자와 멘티의 목표를 확인하기 위해서 이들의 기대, 소망 및 꿈을 정립하려는 시도를 한다. 목표는 개인의 인생에 관한 것이든 경력에 관한 것이든 상관없이, 개인의 야망을 담은 영적이고 장기적인 것이야 하며, 목적 의식이 있어야 한다. 임원 코칭executive coaching의 경우, 목표는 조직의 목표 혹은 피코치자나 멘티 개인의 수행 성과 등과 관련이 있을 것이다. 인생 코칭life coaching의 경우는 개인의 목표 의식, 일과 생활의 균형 혹은 개인의 인간관계 등이 목표가 될 수 있다. 개인과 조직의 목표 간에 혹은 임원 코칭과 인생 코칭 간에는 상당히 중첩되는 면이 있어야 한다. 그렇지 않으면, 개인의 수행과 고용주가 요구하는 업무 성과 간의 격차로 인해 긴장감이 유발될 수 있는데, 코치/멘토들은 이에 주의를 기울여야 한다. 이때 일과 생활의 재분배와 관련된 개입이 변화 프로그램 과정에 포함될 수 있다.

### 목표와 관련된 가치 평가하기

피코치자/멘티들은 목표가 자신에게 얼마나 매력적인지를 1~10점으로 평가한다. 이는 조직 상황에서 시행되는 프로젝트에 대한 평가와 유사하지만, 피코치자/멘티의 지각과 주관적 판단에 근거한다는 점에서 다르다. 임원 코칭에서는 부서 팀장line manager에게도 이를 평가하도록 할 수 있는데, 이는 피코치자/멘티들의 가치에 대해 코치/멘토, 피코치자/멘티 그리고 이들의 부서 팀장 사이에서 조정이 필요할 수 있기 때문이다.

## SMARTER 목표 정하기

코치/멘토는 피코치자/멘티가 SMARTER 목표 설정을 할 수 있도록 도와준다. 목표는 다음과 같아야 한다.

- 구체적[specific]: 성취하고자 하는 것이 무엇인지 구체적으로 기술해야 한다.
- 측정 가능한[measurable]: 목표가 성취되었을 때 결과물과 성과를 어떻게 측정할 것인지를 기술해야 한다.
- 합의한[agreed]: 목표에 대해 모든 관련 책임자들과 협의하여 동의를 얻어야 한다. 명확한 책임자는 피코치자/멘티와 코치/멘토다. 임원 코칭에서는 책임자가 부서 팀장이 될 수도 있고, 인생 코칭에서는 피코치자/멘티가 가족과 논의를 할 수 있으며, 또한 자신의 목표에 대해 훈련감독자나 그 외 사람들과 협의해 볼 수도 있다.
- 현실적[realistic]: 목표는 성취 가능한 것이어야 한다. 그렇지 않은 경우, 피코치자/멘티가 목표 달성에 실패하고 좌절할 수 있으며, 이에 대한 결과로 성급하게 프로그램을 그만두는 상황이 생길 수 있다.
- 시간 제한적[time-bound]: 코치/멘토 그리고 피코치자/멘티는 목표가 성취되어야 하는 마감 기한에 대해 서로 합의하는 것이 중요하다. 또한 코치/멘토는 피코치자/멘티가 목표 달성으로 이끄는 과제 착수 시기에 대해 동의하는지 물어볼 필요가 있다.
- 평가와 검토[evaluate and review]: 시행 마무리 단계에서, 코치/멘토 그리고 피코치자/멘티는 목표의 성취도와 행동의 영향력 정도에 대해 평가해야 한다. 코치/멘토 그리고 피코치자/멘티는 또한 이전과 비교하

여 나아진 점들을 검토하고, 가능하면 미래 계획을 세우기 위한 만남을 가질 필요가 있다.

### 피코치자/멘티의 정서 평가하기

피코치자/멘티는 협의한 목표가 성취될 것이라고 얼마나 확신하고 자신하고 있는지를 1~10점으로 평가한다. 이는 실행 가능성을 평가하는 연구와 비슷한 것이지만, 심리학적 관점에서 나온 것이다.

### 가능한 장애 요인과 문제들 확인하기

코칭은 미래 지향적인 실행 과정이다. 코치/멘토는 피코치자/멘티로 하여금 미래를 내다보고, 목표 성취를 방해할 가능성이 있는 장애물, 문제들 그리고 위험 요소들을 확인해 보도록 격려해야 한다. 이를 위해서 피코치자/멘티는 잠재적인 문제에 직면하기 전에, 먼저 이에 대해 기술해 볼 필요가 있다. 장애 요인이 심리적인 것일 수도 있는데, 예를 들면, 자존감 부족이나 일에 대한 자신감 부족 같은 것이다. 니넘과 팔머(Neenam & Palmer, 2001)는 인지적 장애물을 '수행 방해 사고performance interfering thinking: PIT'라 부른다.

### 장애 요인과 문제들을 극복하기 위한 책략 세우기

피코치자/멘티들은 확인된 장애물과 문제들에 대해 가능한 해결책을 생각해 봐야 한다. 코치/멘토는 피코치자/멘티와 함께 이를 극복하거나 위험 요소를 줄일 수 있는 행동 계획이나 책략을 세우는 작업을 할 수 있다. 코치/멘토는 피코치자/멘티가 수행 방해 사고가 아니라 '수행 증진 사고performance enhancing thinking: PET'를 개발하도록 도울 수 있다(Neenam & Palmer, 2001).

## 경과 검토하기

코치/멘토는 자신들의 피코치자/멘티들과 정기적으로 만나서, 계획한 대로 진행되고 있는지를 확인해 봐야 한다. 피코치자/멘티는 행동 계획의 성과와 결과에 대해 기술해야 하며, 코치/멘토는 정기적으로 피코치자/멘티에게 자신감 척도나 인지 척도(단계 1에서 기술한)에 기초하여 자신의 나아진 부분이나 측면을 평가하도록 요청해야 한다.

7단계는 〈표 7-1〉에 요약되어 있다.

**〈표 7-1〉 CBT를 활용한 행동 계획**

| 목표 | 시작 시점 | 언제 어떻게 | 가능한 문제점 | 장애/문제 극복 책략 | 경과 |
|---|---|---|---|---|---|
| 당신의 주요 또는 우선순위 목표를 떠올리고 이를 SMARTER로 만들어라 | | | 문제점 기술하기 〔예: 수행 방해 사고PIT〕 | 해결책 기술하기 〔예: 수행 증진 사고PET〕 | 산출물 기술하기 결과 기술하기 |
| 목적 | | | | | 경과를 1~10점으로 평가하기 |
| 가치 | | | | | |
| 목표의 매력 정도를 1~10점으로 평가하기 | | | | | 성공 확신도를 1~10으로 평가하기 |
| 성공 확신 정도를 1~10점으로 평가하기 | | | | | |

인지행동기법은 직장에서의 '개인의 성장을 위한 계획personal development plan'과 유사하다. 이런 점에서 인지행동기법은 조직에 적용할 만한 매우 이상적인 기법이라 할 수 있다. 주된 차이점은, 인지행동기법이 개인의 역량과 자신감에 대한 피코치자/멘티의 지각과 같은 정서에 초점을 둔다는 점이다. 이들은 자신의 기분 혹은 정서를 1~10점 척도에 표시한다(기술직에 종사하는 피코치자/멘티는 1~100% 척도를 더 선호할 수 있다). 이러한 평가 척도는 코칭과 멘토링 프로그램에서 일관성 있게 사용되는 척도다. 인지행동기법의 또 다른 중요한 특징은, 피코치자/멘티가 스스로 가능한 장애물들을 확인하고, 이를 어떻게 극복할 것인지에 대해 생각해야 한다는 점이다. 피코치자/멘티가 도전할 준비가 되어 있다면, 이들의 성공 가능성은 더욱 높아질 것이다.

또한 인지행동기법은 피코치자/멘티의 열망이나 포부를 증대시키기 위해 사용될 수 있다. 이를 위해 코치/멘토는 피코치자/멘티에게 목표 설정을 위한 안내를 해 줄 수 있다. 예를 들어, 어떤 피코치자가 자신감 증진을 기대하고 있다고 하자. 자신감을 구축하기 위한 회기에서, 코치/멘토는 피코치자/멘티로 하여금 높은 자신감을 가진 사람들은 어떻게 행동하고 어떻게 성취하는지를 생각해 보도록 하고, 이런 사람이 되기 위해서는 목표 설정을 어떻게 해야 하는지를 생각해 보도록 한다. 어느 연방 하원 의원은 이 과정의 경험을 '열망의 순간을 포착'하는 것으로 표현했는데, 이런 강한 포부가 긍정적인 행동을 수행할 기회를 열어 준다.

## 게슈탈트 접근

많은 게슈탈트 이론은 두뇌가 어떻게 작동하는지, 어떻게 정보를 처리하는지, 그리고 어떻게 정보를 구조적으로 조직화하는지에 대한 이해에서부터 시작되었다. 이러한 생각은 1912년 막스 베르트하이머Max Wertheimer에 의해 처음 제안되었다(Hergenhan & Olson, 1997). 정보를 범주로 묶으려는 욕구는 잘 알려진 사실이지만, 최근 연구 결과들은 근접성, 유사성, 폐쇄성 및 단순성의 원리 이외에도 우리가 범주화하는 방식이 다양하다는 것을 보여 주고 있다. 뇌에 중심 저장 영역이 있다기보다는, 저장 창고로 향하는 통로가 있어서 이에 따라 사건에 대한 기억, 정서 및 사실, 상황 정보가 저장될 수 있는 것 같다. 이는 처음 생각했던 것보다, 우리가 구조적 표상이라는 게슈탈트 범주에 의해 제한을 덜 받는다는 것이며, 지각상의 빈틈을 채우기 위해 더 많은 정보처리 과정을 작동시킨다는 의미다.

최근에는 요소들의 기능적 의미상의 변화, 요소를 집단으로 묶는 것 등을 포함하는 더욱 심층적인 구성주의 관점이 발달되었다. 주요 지역의 상황을 어떤 방향으로 구조화하느냐에 따라, 사람들은 특정 방향에 맞는 나름의 합리적인 예측을 하게 되고, 이러한 예측은 직접적이든, 간접적이든 간에 검증을 필요로 한다. 예측은 두 가지 방향으로 검증할 수 있다. 전체적이고 일관성 있는 그림을 보는 것, 그리고 전체 구조가 부분에 대해 요구하는 것이 무엇인지를 보는 것이다.

게슈탈트 이론은 개인이 환경과 어떻게 상호작용하는지를 설명해 준다. 이론의 초점은 '집단화grouping'인데, 즉 어떤 자극의 특징은 특정한 방식으로, 시각장visual field이나 문제를 구조화하고 해석하게끔 이끈다. 집단화를 결정짓는 주요 요인은 다음과 같다(조직화 법칙).

1. 근접성: 가까이 있는 요소들은 서로 함께 묶이는 경향이 있다.
2. 유사성: 어떤 면에서 유사한 요소들은 함께 묶이는 경향이 있다.
3. 폐쇄성: 각 요소들이 어떤 완벽한 전체 모습을 이루는 경향이 있으면 함께 묶인다.
4. 단순성: 각 요소들은 대칭성, 규칙성, 순조로운 정도에 따라 단순한 형태로 조직된다.

심리학에서 인본주의-자아 초월의 혁명(예: 인간의 잠재력 개발 운동)은, 게슈탈트 심리학이 철학적 근거와 실제적인 토대를 마련하며 '획기적인 도약'을 할 수 있도록 이끌었다. 서구 문화권에서는 인지행동기법이나 이야기 접근narrative approach과 같은 다른 유용한 접근과 마찬가지로, 게슈탈트 이론도 프리츠 펄스Fritz Perls의 주도로 이미 치료 장면에 적용되고 있었다. 그러나 게슈탈트 접근은 서구 사회에서 강조하는 '이론과 실제'가 아닌, 동양 철학의 맥을 따라 '태도와 실무'에 확고한 토대를 두고 정립되었다. 이런 면에서 게슈탈트 접근은 개인의 한계를 초월하는 소위, 자아 초월적인 면과 다문화적인 측면이 있다. 이는 많은 기법 중에서도 독특한 특징이라 할 수 있는데, 그 이유는 게슈탈트 기법이 이론보다는 통찰적인 이해에 기반을 두고 있기 때문이다. 게슈탈트 치료는 중국 철학과 일치되는 면이 있다. 그 중국 철학은 목적이 없는 것이 특징인 마음 상태無心, wu hsin를 얻으려는 명상의 한 형태라고 할 수 있다. 이러한 상태에서 사람들은 의식 상태를 유지하면서 동시에 의식을 내려 놓을 수 있게 된다. 치료자는 아무것도 실행하지 않으면서, 마치 밀물과 썰물의 흐름과 같은 사람들의 의식 흐름을 관찰한다. 게슈탈트 기법은 일상생활에서도 활용될 수 있다. 이는 개인이 성장할 수 있는 중요한 기회의 순간에 깨어 있도록 하는 기능을 한다(8장의 게슈탈트 연습 부분을 보라.).

## 게슈탈트 접근의 자아 초월의 측면

무의식적인 정보 수집을 강조하는 다른 자아 초월 접근과는 달리, 게슈탈트 접근은 자각awareness을 최우선시한다. 게슈탈트 치료자에게 있어서 자각은, 그 자체로 자아를 초월한 사람들을 시각적인 영역과 더 많이 연합시켜 준다. 자각은 영적인 상태를 넘어서 개인에게 작용하는, 개인을 초월하는 영향력의 결과로서 자아를 초월하여 영적으로 깨어 있는 상태다. 따라서 게슈탈트 기법에는 흔히 알려진 '인본주의적humanistic' 이라는 표현보다 '자아 초월적transpersonal' 이라는 표현이 개념상 더 정확하다 (Naranjo, 1993).

게슈탈트 접근은 다음과 같은 특징을 지니고 있다.

- 개인의 자각을 확장시켜 주는 표현 행동이다.
- 주의를 증대시켜 주는 목격자(증인)가 있다(이야기 접근에서 외부 증인은 반향 혹은 울림을 증대시켜 준다.).
- 사람들 간의 관계가 존재한다. 예를 들어, 최소한 일대일의 관계가 존재하는데, 이는 코칭과 멘토링의 과정을 규정해 준다. 이런 의미에서 코치와 피코치자는 함께 현재를 창조해 나간다.

• 유기적: 코치와 피코치자는 절차와 형식을 따르기보다는 한 주제에서 다른 주제로 주의를 전환한다(예: 인지행동기법).

경험을 통해서 우리는, 게슈탈트 접근이 21세기에는 심리치료보다 오히려 코칭 장면과 더 중요한 관련성을 맺고 있다고 믿는다. 이전 장에서 우리는 코칭 과정에서 중요한 것이 코치/멘토와 피코치자/멘티 간의 개인적인 관계임을 확인했다.

게슈탈트 심리학을 코칭 용어로 전환하면, 아래 공식으로 요약될 수 있다.

게슈탈트 코칭 = (자각 + 코칭을 통한 지원) × 코치/피코치자 간의 관계

### 현재를 최우선시하는 태도

코칭/멘토링은 상호작용 과정이다. 이 과정에서 게슈탈트 코칭/멘토링은 코치/멘토의 경험을 피코치자/멘티에게 전달하는 것이라고 정의할 수 있다. 이는 경험이 전달될 수 있다는 가정에 기초한 것이다. 이것은 내현적 태도, 즉 Weltanschauung(세계관world-view) 혹은 피코치자/멘티에게 전달하는 코치/멘토의 철학적 입장에 따라 달라진다. 이것에는 설명이 필요치 않으며, 일련의 연습을 통해 소통된다. 그러므로 게슈탈트 심리학자들은 자기 스스로를 하나의 도구로 사용하는 것에 대해 이야기한다. 코치/멘토는 자신의 예술 작품을 변형시키고 변환하는 예술가와 비슷하다. 이런 맥락에서 변환 내용은, 표현이라는 형태로 하나의 도구(코치/멘토)를 통해, 다른 도구(피코치자/멘티)를 능가하게 된다. 그러므로 게

슈탈트 심리학자들은 코치-피코치자 간 상호작용에 있어서 말보다는 행동을, 그리고 생각보다는 표현을 더 가치 있게 여긴다. 즉, 행동이 말보다 더 큰 소리를 낸다고 받아들인다. 또한 게슈탈트 코치는 비판단적이라는 점에서 상담자의 자질을 일부 공유하고 있다. 비판단적이라 함은 사람에 대한 긍정적인 수용을 말하는데, 예를 들면, 좋은 사람과 나쁜 사람이 없으며, 임원 코칭의 맥락에서 본다면, 단지 이들의 행동/반응 혹은 수행만이 존재한다는 의미다. 따라서 게슈탈트 치료자들은 다음과 같은 구분을 명확하게 한다.

- 존재 대 지식
- 행동 대 말
- 경험 대 이해
- 효과성 대 획득성

그러나 실제 코칭에서는 다음의 경계를 흐리게 하려는 시도를 한다.

- 감정 대 사고
- 직관 대 판단
- 자각 대 도덕성
- 자발성 대 의도성

다음 설명은 우리의 학습 바퀴learning wheel와 일치한다. 게슈탈트 심리학자들은 경험을 자신들의 원천으로 생각한다. 태도는 성찰을 통해 형성되고, 행동이나 스타일로 표현된다. 경험은 자신을 모사self-replicating하는 것이다. 그러므로 경험이라는 밀물과 썰물은, 학습의 수레바퀴가 끊임없이 돌아가고 있음을 증명해 준다.

게슈탈트 코치들은 자신이 진행하는 코칭을 음악과 같은 하나의 예술 형태로 보며, 마음과 마음으로 소통이 이루어지고 있다는 점에서 자신들을 '벌거벗은 상태'로 간주한다. 게슈탈트 기법의 의미는 예술적 표현이자 이해한 바를 생생하게 몸으로 구현하는 것embodiment이다. 코치/멘토들은 생생한 경험에 토대를 두면서 자신들이 이해한 바를 행동을 통해 소통하려 한다.

게슈탈트 심리학은 현재를 가장 중요시한다. 게슈탈트 코치/멘토들은 바로 이 순간에 생생한 작업을 한다. 모든 이슈들에 대한 성찰은 현재에 초점을 맞추어 이루어진다. 게슈탈트 치료자들은 '현재 중심성present-centeredness'을 하나의 기술로 여기고 있다. GROW 모델에서 현재 중심성은 그 자체가 목적이다.

## 변화에 대한 역설 이론

게슈탈트 이론에 따르면 변화는 지속적인 학습 과정이다. 변화에 대한 게슈탈트 접근은 지금-여기, 즉 지금 당신은 누구이며, 어떤 모습인지에 초점을 맞추는 것이다. 변화는 자연스럽게 발생되는 현상이다. 이것은 [그림 7-3]에 나타나 있듯이, 연속적인 경험의 흐름이라는 게슈탈트 사이클이다.

이 사이클에 따르면, 우리는 감각 입력 정보를 통해 지각을 하게 된다. 관심 있는 물체는 우리의 의식 내에서, 배경으로부터 도드라져 나온다. 우리는 관심 영역, 즉 접촉 지점에서 행동하기 위해 에너지와 노력을 기

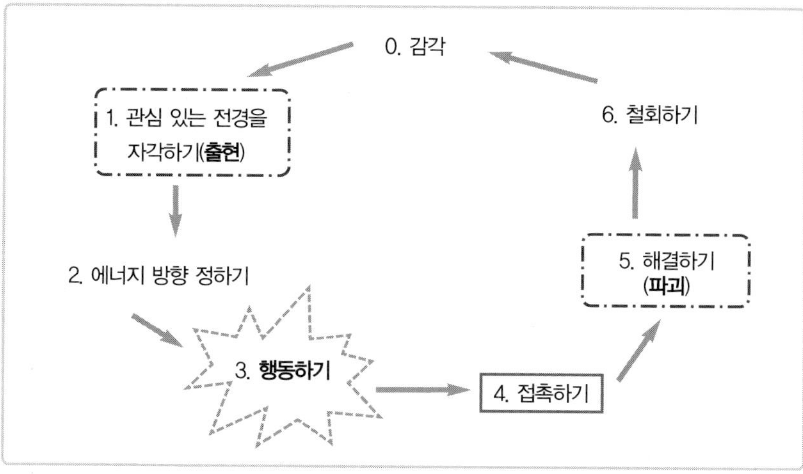


[그림 7-3] 연속적인 경험의 흐름에 대한 게슈탈트 사이클: 완전한 사이클

울인다. 관심이 사라지거나 쟁점이 해결될 때까지, 접촉 지점에 주의를 지속적으로 집중시킨다. 그런 다음 우리의 노력을 철회하고 다른 관심 영역으로 에너지와 주의를 돌리게 된다. 이런 식으로 사이클은 반복된다(경험이 연속적으로 흘러가는 게슈탈트 사이클과 학습 바퀴 간의 유사점과 차이점이 보이는가?).

이 변화의 역설은 게슈탈트 사고의 중심이다. 게슈탈트 사이클에 따르면 변화는 자연스럽게 일어난다. 그러나 변화는 단지 지금-여기에서만 일어날 수 있다. 지금-여기에 무엇이 존재하는가(what is)에 우리가 주의를 기울이게 되면(예: 생각, 정서 및 행동, 자기 자신의 내부와 사람들 간의 갈등이나 충돌), 의미와 방향을 알아내고 선택하는 데 도움을 얻게 된다. 변화는 유기적으로 출현하고 전개된다.

### 저항의 본질

때때로 저항은 방어 기제의 기능을 하는데, 이때 경험에 대한 게슈탈트 사이클이 차단된다. 관심의 대상(전경)이 출현하고 사라지는 과정이 차단되거나 이에 대한 저항이 일어나면, 사람들은 '옴짝달싹하지 못하고 갇혀 버리기' 때문에 학습이나 변화가 이루어질 수 없다. 예를 들면, 전경이 드러난 상황에서, 두려움(예를 들어, 상처를 받은 상황)에 대한 반응으로 사람들은 관심 영역에 갇혀 버려, 에너지를 투자하고 이에 따른 행동을 취하지 못할 수 있다. 두려움/얼어 버리는 반응의 전형적인 예는 화재와 같이 생명을 위협받는 상황에서 나타난다. 사람들은 접촉하는 것(행동을 취하는 것)에 대한 저항(방해하는 것)을 경험하게 된다([그림 7-4]를 보라.).

때때로 저항은 건강한 면을 지닌다. 예를 들어, 부모가 받아 주지 않을 것 같은 상황이라면, 아이는 떼쓰고 싶어도 이에 저항을 해야 한다. 단기적인 저항은 심지어 바람직할 수도 있다. 예를 들어, 회의가 끝날 때까지 배고픔을 참는 것을 생각해 볼 수 있다. 하지만 지속적인 차단은 조건화된 반응을 야기하여, 적절하게 반응하지 못하게 만들 수 있다. 예를 들어, 다른 사람의 사랑이나 지지를 잃는 것이 두려워 떠나보내는 것을 주저할 수 있다. 이런 경우 사람들은 접촉 지점에 가로막혀(4단계), 이 문제를 해결할 수가 없게 된다([그림 7-5])

저항이나 차단은 그것이 무의식적이고 미해결된 문제를 남겨 놓을 때에는 근심(균형감의 부족, 불완전한 게슈탈트)을 야기한다. 이는 새로운 상황에서의 성장과 접촉을 제한하게 된다. 부정적인 경험은 변화의 통로에 버티고 서서, 차단이나 방해물(예: 두려움, 자신감 부족, 스트레스 등등)

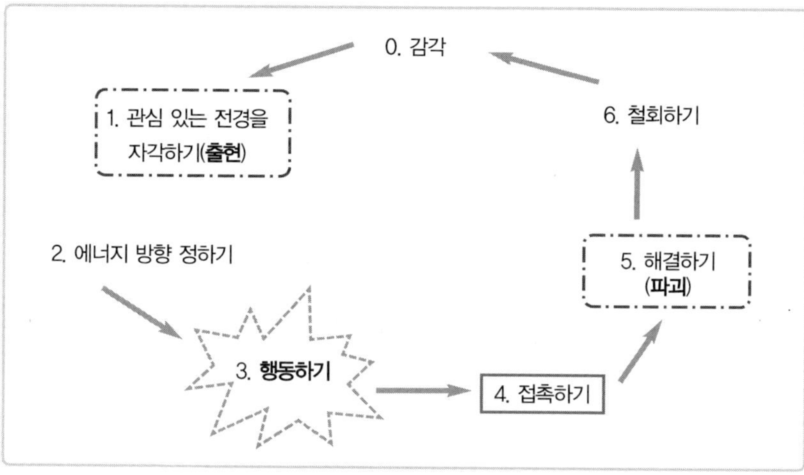


[그림 7-4] 저항의 본질: 자각 단계에서의 방해

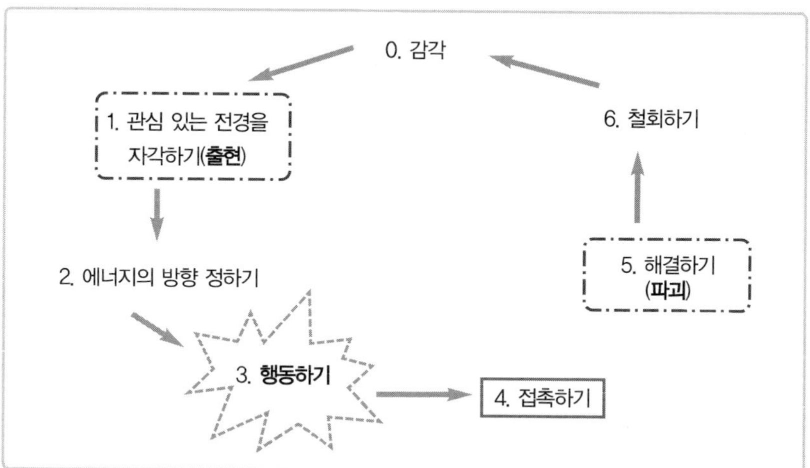


[그림 7-5] 저항의 본질: 접촉 지점에서의 방해

을 만들어 낼 수 있다. 다음에 소개하는 게슈탈트 기법은 비교문화적 코칭에 도움이 될 것이다.

## 저항을 다루기

역설적이지만 저항이나 방해물이 코칭/멘토링 동안에 나타날 때, 피코치자/멘티가 저항이나 방해물들과 함께 지낼 수 있도록 코치/멘토가 돕는다면, 그 쟁점을 충분히 경험할 수 있도록 허용해 주는 셈이다. 이렇게 되면, 자연스럽게 쟁점이 해결되거나 변형되어 피코치자/멘티는 앞으로 나아갈 수 있게 된다. 코치의 역할은, 피코치자로 하여금 지금–여기에 초점을 두고 피코치자 자신이 심리적 방해물을 야기하고 있는 것은 아닌지를 알아차리게 돕는 것이다.

게슈탈트 코치/멘토는 피코치자/멘티가 저항의 본질을 경험하고 이해하며 이를 수용할 때까지 '저항'과 함께 지낼 수 있도록 피코치자/멘티에게 조언을 한다. 변화는 그런 다음에 일어날 수 있다. 이것은 코치/멘토에 의해 촉진된 자기수용의 형태로서, 피코치자의 개인적 성장을 이끈다.

## 게슈탈트 기법

게슈탈트 심리학에는 실무자가 현재 중심적인 태도를 개발하고, 경험의 주기가 지속적으로 흘러가는 것을 확인할 수 있게 하는 많은 기법과 훈련 방법들이 있다. 그 기법의 예는 다음과 같다.

- 억제
- 표현
- 통합

여기서 우리는 기법의 원리만 소개하고 8장에서 실제 훈련 방법에 대해 소개할 것이다.

### 억제 기법

억제 기법은 사람이 변화의 본질을 차단하거나 이에 저항하는 것을 멈출 수 있다면 변화가 일어날 것이라는 원리에 기초한다. 즉, 억제 기법들은 잘못된 것을 하지 않으려는 것(나쁜 습관을 탈학습하는 것)이 목적이다.

이 기법의 출발점은 놀라울 정도로 단순하다. 즉, '아무것도 하지 않는 것, 아무것도 하지 않는 것을 경험하기do nothing; experience nothingness'다.

우리가 아무것도 하지 않는 것을 일단 받아들이면, 모든 것이 우리에게 주어지게 된다. 아무것도 하지 않는 것은 모든 '대상(전경)'이 자유롭게 나타나게끔 하는 '바탕(배경)'이 된다.

### 표현 기법

명칭에서 알 수 있듯이, 표현 기법은 억제 기법의 반대 개념이다. 억제 기법이 피코치자/멘티로 하여금 무언가를 하지 못하게 하는 것이 목적이라면, 표현 기법은 행동을 시작하거나 완성하도록 격려하는 것이다. 이런 의미에서, 코치는 산파 역할을 통해 숨겨진 목소리를 밖으로 표현하게끔 도와준다. 게다가 게슈탈트 코치는 피코치자/멘티로 하여금 자신들의 표현을 극대화할 수 있도록 이끈다. 이는 코칭 회기 중 간단한 질문이나 대사를 통해 가능하다. 예를 들면, 다음과 같다.

- 지금 당신이 경험하고 있는 것은 무엇인가?
- 피코치자의 자세가 폐쇄적일 때에는 개방적인 자세를 취하도록 요

청한다.

- 호흡이 얕을 때에는 숨을 깊이 쉬게 한다.
- 오른손 대신에 왼손으로 그림을 그려보게 한다(혹은 반대로).

표현은 다음과 같은 요인을 통해 강해질 수 있다.

- 단순한 반복
- 과장과 발전
- 설명하기와 바꾸어 말하기
- 동일시와 연기하기

피코치자에게 동일한 연습을 반복하거나, 행동을(목소리 혹은 움직임) 과장하도록 요청하면 반복이나 과장의 효과가 분명하게 나타난다. 설명하기와 바꾸어 말하기, 그리고 동일시와 연기하기는 꽤 복잡한데 이후에 소개될 것이다.

### 설명하기와 바꾸어 말하기

어떤 행동에 대해 '생각하기'와 어떤 행동에 대해 공감하는 것은 큰 차이가 있다. 설명하기와 바꾸어 말하기 기법은 비언어적인 표현을 말로 바꾸어 말하게 함으로써 내현적인 표현을 외현적인 표현으로 만드는 것이다. 예를 들면, 다음과 같다.

- 당신의 행동을 말로 나타내 본다.
- 당신의 눈물이 말을 할 수 있다면 무슨 말을 할 것인가?

- 당신의 왼손이 당신의 오른손에게 무슨 말을 할것인가?
- 당신의 외로움을 소리로 나타내 본다.
- 만약 당신이 먹고 살기 위해 일을 한다면 어떨 것 같은가?

설명하기의 과정은 바람직한 최종 해석을 이끌어 준다. 피코치자 행동의 의미를 그에게 말해 주는 것이 코치의 역할은 아니다. 코치의 역할은 피코치자가 행동에 담겨진 메시지에 직면할 수 있도록 이끌어 주는 것이다.

### 동일시와 연기하기

동일시와 연기하기 기법은 다른 사람을 분석하는 것보다는 자신이 그들이 되어 봄으로써 그들을 더 잘 이해할 수 있다는 가정에 기초한다. 게슈탈트 코칭에서 연기하기는 일종의 역할 놀이 형태로 이루어진다. 다른 역할 놀이와 구별되는 특징은 유일한 배우가 피코치자/멘티 자신이라는 점이다. 다른 사람의 역할을 연기하기 위해서는 자신을 다른 사람으로서 경험해야 한다. 코치는 피코치자에게 그들 자신을 지금-여기에서 다른 사람의 속성과 행동 특성을 지닌 사람으로 상상해 보도록 한다.

불안, 죄책감, 수치심 혹은 자신감 부족과 같은 심리적 장애물이 확인되면, 인지행동기법 치료자들은 이를 극복하기 위한 전략을 고안해 내려고 한다. 게슈탈트 코치들은 피코치자들이 역할 놀이를 통해 이 장애물들을 극복하도록 도와준다. 예를 들면, 무대 공포감을 극복하게 하기 위한 리허설을 생각할 수 있다. 정신분석과 달리, 게슈탈트 접근은 장애물에 대한 자각을 회복하는 것, 구체적으로 자신이 무언가를 하고 있고 어떻게 하고 있는지 느끼는 것을 강조한다. 치료 중에 진행되는 내성introspection과는 달리, 자기자각self-awareness은 역할 놀이 이후에도 계속 지속될 수 있다. 동일시와 연기하기의 기능 중 하나가 과거에 매달리지 않게 하는 것이다. 중요한 것은 과거의 행동이 아니라 행동하는 사람이다.

### 통합의 기술

게슈탈트 코칭의 흥미로운 특징은 피코치자에게 자신의 미래 모습을 상상해 보라고 할 때 나타난다. 미래의 자기future self가 지금-여기로 불려 오게 된다. 이런 특별한 경우에 취하는 행동은 자기 자신만의 (미래) 표현을 완성하는 방식이라 할 수 있다. 게슈탈트 용어로 과거, 현재 그리고 미래는 모두 '하위 자기sub-selves'다. '내적 시연acting in'과 '행동화acting out'의 연습을 통해, 피코치자들은 하위 자기들을 불러와 각자의 부분을 연기하면서 이들이 서로 만나서 함께 이야기를 나누게 만들 수 있다.

배우는 자신이 연기하는 인물과 동일시를 한다. '현재 자기present self'는, 미래의 특성을 마치 현재처럼 인식하여 연기하는 '미래 자기'와 함께 있게 된다. 동일한 역할 놀이가 그 외 다른 인물에게 적용될 수도 있다. 예를 들면, 세 의자 기법에서 코치는 피코치자에게 다음과 같은 제안을 지시할 것이다.

- 다른 (빈) 의자(뜨거운 의자hot seat)에 당신의 미래 자기가 앉아 있다고 상상해 보세요.
- 당신이 그 의자로 옮겨 앉을 때, 그 사람이 되어 보세요.
- 준비가 되면 그 의자로 옮겨 앉으세요.
- 머릿속으로 생생하게 그려 보는 연습을 하면서, 피코치자는 다른 의자로 옮겨 앉습니다.

• 이제 당신은 그 사람처럼 말하기 시작합니다.
• 당신의 미래 목소리가 되어 보세요(미래 자기라 생각하고 말을 해 보세요.).

두 개의 자기로 행동하는 것을 개인 내적 만남intra-personal encounter이라고 한다. 피코치자들은 한 의자에서 다른 의자로 옮겨가면서, 서로 다른 하위 자기들과 실제 자기를 동일시하려고 노력한다. 이는 '내가 해야만 하는 것'과 '내가 원하는 것' 간의 상호 대립적인 특징을 지닌다. 펄스Perls는 이런 내적 자기들을 각각 강자top dog와 약자under dog라고 부른다. 다시 말해, 내적 자기는 '나는 ……을 해야 한다'는 비판자(강자)와 '나는 ……을 원한다'는 희망이 없는 자(약자)로 양분화되는 것이다. 강자는 과거에 영향력을 지녔던 어른이나 교사의 태도를 반영하는 것으로, 현재의 실제 자기는 이에 타협하지 않을 수 있다.

### 강자 / 약자의 양분화

강자는 아래의 특징을 가지고 있다.

• 권위주의적
• 괴롭히는
• 완고한
• 유치한
• 공정한

강자는 우리에게 이렇게 말한다.

- 우리가 어떻게 되어야만 하는가?
- 우리가 얼마나 부적합한가?
- 변화하기 위해 더 열심히 노력해야 한다.

약자는 아래의 특징을 가진다.

- 마지못해 응한다.
- 죄책감을 느낀다.
- 핑계거리를 찾는다.
- 수동적으로 저항한다.
- '네, 알겠습니다. 그러나……' 라고 말한다.

강자와 약자는 '인내하고 침묵하는 자기' 라는 무대 위에서 비효율적이고 비효과적으로 공연하고 있는 두 광대다. 강자/약자의 대화는 내부적으로 진행되는 중재 서비스와 같다. 한 역할이 나머지 다른 역할이 주장하는 바를 진정으로 들을 수 있기 전까지는, 함께 가는 것에 불편함을 느끼면서 각자의 역할에 충분히 몰입할 필요가 있다. 만약 사람들이 강자/약자의 갈등을 극복할 수 있으면 통합이 이루어질 수 있다. 그러면, 두 개의 자기는 각자의 역할로 돌아가서 서로에게 귀 기울이게 된다.

**게슈탈트 코칭에서의 '해야 할 것' 과 '하지 말아야 할 것'**

게슈탈트 규칙에는 '해야 할 것' 과 '하지 말아야 할 것' 이 많다.

- 해야 할 것:

- 아무것도 하지 않기: 존재하지 않음, 즉 무[無, nothingness]를 경험하기
- 지금-여기에 초점을 맞추기
- 실체[what is]에 초점을 두기: 예를 들면, 지금 당신이 누군지 또는 무엇을 하는지에 초점을 두기
- 감각에 초점을 두기: 예를 들면, 냄새, 맛 등에 초점을 두기
- 어떤 경험을 하는지에 초점을 두기
- 실제[real]를 경험하기
- 순간에 주의를 기울이기
- 현재 그리고 항상 자신의 주변에 어떤 일이 돌아가고 있는지를 자각하기
- 자신과 환경에 대한 타고난 자각 능력을 재개발하기
- 감각에 대한 의식의 흐름, 즉 밀물과 썰물을 자각하기
- 어떤 저항에도 견디거나 이를 적절하게 다루기(저항을 건강하고 긍정적인 것으로 생각하기)
- 내적인 논쟁을 용기 있게 겉으로 표현하기
- 자신을 환경에 드러내기
- 수용적이 되기
- 자신의 본성과 직관을 신뢰하기
- 부정적인 것(예를 들면, 고통, 불완전함 등)뿐만 아니라 긍정적인 경험도 수용하기
- 존재에 항복하는 자신을 받아들이기
- 자신을 표현하기
- 자신의 행동, 감정 및 생각에 대해 책임을 지기
- 개입의 규칙을 준수하기

- 행동 착수하기
- 표현을 최대한 활용하기
- 아무것도 하지 않기(비우기)와 무언가를 하기(표현하기) 중에 선택하기
- 솔직해지기

• 하지 말아야 할 것:
- 과거나 미래에 초점 두기
- 없는 것을 다루기
- 상상하기
- 이유를 물어보기
- 가능성이나 추측에 몰두하기
- 사건을 이론적으로 개념화하기
- 바꾸려고 노력하기
- 피코치자의 역할 중 한 가지에 빠져들기(예를 들면, 바꾸려고 '애쓰는' 것을 지지하기)
- 어떤 모습이 되어야 하는지, 어떤 모습이 될 수 있는지 혹은 어떤 모습임에 틀림이 없는지에 대해 다루기
- 저항에 반대하고 맞서기(이는 새로운 사고방식을 만들어 낼 수 있다. 예를 들면, 모든 사람들의 욕구를 고려하는 것)
- 조종하기: 예를 들면, 설명하고 판단하고 정당화하기
- '해야만 하는 것' 강조하기

## 이야기 접근

이야기 치료narrative therapy는 덜위치 센터Dulwich Centre의 마이클 화이트Micahel White에 의해 체계적으로 개발되었다(White, 1995a, 1995b, 2006). 호 로Ho Law는 이야기 코칭 기술을 영국의 한 지역사회 코칭 프로그램에 처음 소개했다(Law, 2006a; Law et al., 2006; CIPD, 2006b: 10; 이 책 9장의 사례연구도 참조).

유사한 역사적-문화적 트렌드를 따라서, 이야기 접근은 덜위치 센터의 화이트에 의해 이야기 치료로서 치료 장면에 적용되었다(White, 1995a, 1997, 2000, 2006). 인지행동기법과 같이 이야기 접근도 임상 장면에 널리 적용되어, 사람들의 이야기를 정신병적 에피소드로부터 회복되는 중요한 통로로 간주했다(Hartley Whomsley, & Clarke, 2006). 그러나 이야기 치료는 원래 문화 인류학에 그 뿌리를 두고 있다(Turner & Brunner, 1986). 특히 마이어호프(Myerhoff, 1980, 1982, 1986)의 연구와, 다문화적 쟁점에 민감하고 비임상 집단에 관심을 두고 있는 학습심리학에 그 근거를 두고 있다(비고츠키Vygotsky의 근접발달). 우리는 이야기 접근을 다양성 코칭diversity coaching의 주요 영역 속에 재정착시키는 것이 적절하다고 생각한다.

3장에서 다룬 보편통합모형을 개발하는 과정에서, 우리는 건설적이고 발달적인 이론들에 대해 논의했고, 이들이 발달적인 성장을 어떻게 의미 있는 구조로 연결짓는지를 논의해 보았다. 특히 우리는 코칭 실무의 발판을 마련하기 위해, 가능한 후보자로서 비고츠키의 근접발달이라는 아이디어를 개략적으로 설명했다. 이 장에서는 이 개념을 확장하여, 화이트의 이야기 치료에 어떻게 적용되는지, 즉 우리의 코칭과 멘토링 맥락으로 어떻게 전환되는지를 보여 주려고 한다.

비고츠키의 학습의 수준(원거리 과제)들을 코칭 장면에 적용하여, 우리는 다음과 같은 단계를 만들어 낼 수 있다.

1. 기술[description]: 피코치자 자신의 세계에서 특정한 대상이나 사건들을 설명해 보도록 한다(자발성에 대한 특성화).
2. 관계(관계에서의 자발성): 이들 대상과 사건들 간의 관계를 확립함으로써 연상의 고리를 만들어 간다(분석/패턴 짝짓기).
3. 평가: 연상의 고리로부터 특정 현상을 곰곰히 생각해 보고 현실을 파악하며 이에 대해 학습한다.
4. 정당화: 평가를 뛰어 넘는 판단이다. 구체적이고 특정한 상황으로부터 얻은 현실감과 학습 경험을 삶과 정체성에 대한 개념으로 추상화한다.
5. 결론/권고: 행동을 계획하고 시행한다. 특정 행동의 결과를 이러한 개념 발달을 토대로 예측해 본다.

이야기 접근은 아래의 가정에 토대를 둔다(White, 2006).

1. 의미는 우리의 삶을 형성한다(상세한 이론적 논의를 위해서는 3장 참조).
2. 삶은 한 가지 이야기가 아닌 다양한 이야기다. 그러나 어떤 이야기들은 피코치자의 삶에 있어서 더 현저하게 두드러지는 반면, 어떤 이야기들은 무시될 수도 있다. 이는 피코치자의 발달에 중요할 수

있다.

3. 일차적 의미 부여의 틀(스토리 라인): 이야기 치료자들은 이야기하는 사람들이 들려주는 스토리 라인을 일차적인 의미 부여의 틀이라고 생각하는데, 이야기하는 사람이 이 틀을 통해 의미를 구성하기 때문이다. 따라서 스토리 라인은 우리들의 삶을 형성하는 의미를 제공해 준다(앞의 가정 1에 기술된 것처럼).
4. 스스로는 알아차릴 수 없을지라도 개인과 공동체는 강점, 지식 그리고 기술들을 지니고 있다.

개인이 가지고 있는 숨겨진/잊혀진 강점은, 자신의 이야기 속에서 흐린 흔적thin traces으로 나타날 수 있다. 따라서 코치의 역할은 이들의 강점, 기술 그리고 지식들을 개발해 주는 것이다. 코치/멘토는 피코치자의 삶의 여정 속에서 중요한 순간을 밝혀 내어, 피코치자가 무시해 버려 (흐린 흔적) 창고 속에 쌓여 있었던 삶의 경험들을 조사해 보게 한다. 이야기 접근의 조망에 의하면, 피코치자/멘티 그리고 코치/멘토는 '의미를 만들어 내는 사람'이라고 할 수 있다.

코칭과 멘토링에서 이야기 접근은 피코치자와 멘티에게 자신들이 이전에 알고 있었던 것보다 상황에 대한 대처 기술과 지식을 더 많이 갖고 있음을 스스로 깨닫게 해 준다. 코치-피코치자 혹은 멘토-멘티의 계약을 통해 피코치자/멘티는 자신의 이야기가 자신의 삶에 어느 정도의 가치를 지니고 있는지 다시 계산해 본다.

이러한 가치에 대한 계산은 이들의 삶과 정체성, 희망 그리고 꿈 등에 대한 개념을 보다 구체화시켜 준다. 이야기 치료를 통해 만들어진 새로운 이야기는 하나의 기본적인 토대를 마련해 주며, 이들은 여기서 출발하여 나아가게 된다. 따라서 코칭과 멘토링은 근접발달지대에 비계를 설치하는 데 기여한다. 화이트(2006)는 소위 행위의 관점landscape of action과 의식의 관점landscape of consciousness에 이르는 먼 여정 과제를 단계적으로 도표화함으로써 근접발달지대를 비계화하는 체계적인 방법을 개발했다. 비계를 설치하는 과정에서 피코치자는 행위의 관점과 정체성의 관점landscape of identity(이는 효과적인 질문을 통해 개인의 의식과 연결된다.)을 통해, 자신들의 삶과 개인의 정체성에 대한 이야기를 개발하는 데 도움이 되는 일종의 개념 여정 혹은 여행을 하게 된다. 화이트가 언급한 대로 비계를 마련하는 질문을 통해서 마음에 대한 이러한 대안적인 관점들이 풍부하게 기술될 수 있다.

## 행위의 관점

행위의 관점Landscape of action은 화자story-teller가 기술하는 사건으로 구성된다. 이 사건들은 시간에 따라 차례대로 연결되어 있거나 서로 얽혀 있기도 한데, 이야기를 하는 사람의 삶에 대한 자서전적/역사적 여정을 제공해 준다. 다른 이야기들과 마찬가지로 피코치자/멘티가 이야기하는 일련의 사건들은 이들의 대처 전략, 성공 혹은 실패 경험을 반영하는 주제/줄거리를 개발해 줄 가능성이 있다. 즉, 행위의 관점은 다음 요소들로 구성되어 있다.

1. 타임라인time line: 최근, 먼 혹은 오래된 역사를 이용하여 나타낸 사건들의 시간
2. 사건들: 단일 사건들의 수

3. 상황: 사건이 발생한 상황
4. 순서: 사건들은 범주 혹은 순서에 따라 서로 관련성이 있다.
5. 줄거리/주제: 사건들은 각각의 결과를 가지고 있다(예: 전략, 성공, 손실 혹은 실패 등).

조하리의 창Johari window([그림 6-6])을 통해 행위의 관점을 보면, 피코치자/멘티가 코칭이나 멘토링 회기 중 개방하기로 선택한 이야기들은 자신에게 알려져 있고 익숙한 지식에 해당되지만, 일부 주제들은 이전에 코치/멘토에게는 숨겨져 왔던 것일 수 있다(I과 III의 창).

## 의식의 관점

의식의 관점landscape of consciousness은 화자의 정체성, 이들의 행동에 대해 내려지는 결론, 그리고 정체성과 동시대 문화에 의해 형성된 사건으로 구성된다. 의식의 관점은 듣는 사람이 이야기를 통해 이해한 바를 말한다. 이러한 이해는 의도적인 측면에 대한 것일 수도 있고, 혹은 내적인 과정에 대한 것일 수도 있다.

- 의도에 대한 이해: 가치, 목적 의식, 기대, 개인의 작용 혹은 행위personal agency나 복원restoration
- 내적 과정에 대한 이해: 깨달음(자기자각)과 학습

조하리의 창과 관련하여 의식의 관점은 줄거리에서 보통 희미한 흔적으로만 나타나는 화자의 맹점blind spot 부분을 강조해 줄 수 있는데, 코치/

멘토는 이를 더 이해하고 개발시킬 필요가 있다. 이야기 접근에는 많은 기법들이 있다. 이들 기법들이 조합되어 구성된 이야기 접근은 아래의 기법이나 단계로 구성되어 있다.

1. 표출 대화externalizing conversation(1 : 1)
2. 다시 기억하기 / 다시 저술하기re-membering / re-authoring(1 : 1)
3. 외부 증인의 재진술outsider witness retelling(1 : 1 : n)
4. 선언 의식definitional ceremony(커뮤니티): 재진술을 재진술하기

모든 이야기 기법이 표출 대화의 형태를 취하는데, 이때 코치들은 이야기 형태로 내면의 경험을 이야기한다. 이런 대화는 피코치자의 숨겨진 정체성을 학습하고, 이들의 일부 맹점 영역을 확인할 수 있는 시발점이 된다. 이야기로 말하는 것storytelling은 대화 중에 한 개인의 인생 경험을 표출할 수 있는 좋은 방법이다. 그러나 이야기가 펼쳐질 때 대화가 이루어지는 방식에 있어서는 미묘한 차이가 있다. 어떤 기법을 사용하는가는 피코치자/멘티가 코칭 회기에 가져오는 이야기의 내용에 따라 달라진다. 어떤 이야기는 오래전 과거에 자신이 사랑을 받았던 사람에 대한 것일 수도 있으며(예: 자신의 증조 할머니), 코치는 다시 기억을 떠올리는 기법을 사용하여 이야기 전개를 촉진시킬 수 있다. 혹은 이야기가 외상 사건, 실패, 자신감 손상 및 학습된 무기력감에 관한 것일 수도 있다. 이런 경우에 이야기를 다시 저술하는 기법은 희망과 꿈을 재창조해 내는 대안적인 이야기를 만들어 낼 수 있게 해 준다. 외부 증인과 선언 의식은 집단토론을 촉진시켜 이들이 경험한 이야기를 공유하게 하고, 무대 중심에 서 있는 화자의 주제를 공명시키게 해 주는 효과적인 도구다.

코치와 피코치자 간에 발생하는 대화 이외에도, 다른 형태의 의사소통이 사용될 수 있다. 예를 들면, 이메일, 일기 혹은 편지 그리고 피코치자의 이야기를 회의에서 인증하여 증명서를 발행하는 것이다. 이야기 코칭은 본질적으로 이야기를 정교화하는 것에 많이 의존하기 때문에, 언어적 의사소통의 제한을 받는다. 피코치자가 언어 문제를 가지고 있거나 언어적 의사소통 기술이 부족한 경우에는 그림이나 드라마와 같은 다른 형태의 소통 방식이 더욱 적절할 것이다.

이야기 접근은 아동이나 청소년들에게도 쉽게 적용될 수 있다. 사실 화이트의 독창적인 치료들은 대부분 아동을 대상으로 하는 가족 치료(White, 2006)에 기반을 두고 있다. 코치들은 아이들에게 적합하도록 더 창의적인 접근을 시도해야 하며, 다양한 비유를 사용할 필요가 있다. 예를 들어, 한 아이가 자신이 좋아하는 장난감에 대해서 이야기를 했다면, '그 이야기가 너의 가치나 신념에 대해서 무엇을 말해 주고 있을까?' 라고 묻는 대신에, 코치는 '만약 네가 이 장난감이라면, 넌 어떤 생각을 하고 있을 것 같니?' 혹은 '만약 장난감이 지금 너의 이야기를 들을 수 있다면, 장난감에게 뭐라고 이야기할 거니?' 라고 물어볼 수 있다(아동과 청소년을 대하는 코치는 영국심리학회의 윤리행동강령British Psychological Society's Code of Ethics and Conduct을 살펴보는 것뿐만 아니라, '아동법 2004Children Act 2004'와 관련 정보에 대한 지침을 참고해 보아야 한다.).

## 표출 대화

비고츠키의 근접발달을 위한 원거리 과제는 화이트의 이야기 질문과 결합되어 코치-피코치자 간의 일대일 대화에서 표출 대화externalising conversation를 구성한다. 이 대화는 다음과 같은 단계로 도식화된다.

1. 기술description: 피코치자/화자는 최근의 경험에 대해 설명한다. 특히 코치는 피코치자가 그들의 문제 해결 기술의 독특한 결과에 대해 이야기하고, 그들의 목표를 성취하거나 학습하는 데 있어서 작용하는 장애 요인을 확인할 수 있도록 안내해 준다.
2. 관계 도식화: 코치는 복잡한 문제를 가진 피코치자의 인생 이야기 중 다양한 영역을 통해 확인된 장애물과 문제의 효과 및 영향을 도식화한다. 영역은 가정, 학교 및 직장일 수도 있고, 우정과 그들 자신과의 관계(자아 정체성)를 포함하는 또래 관계 및 가족 관계일 수도 있으며, 미래의 가능성, 포부, 가치, 희망 및 꿈 등을 포함하는 인생의 목표 및 삶의 전망 등에 관한 것일 수 있다. 코치가 피코치자 인생의 모든 영역 문제들을 도식화하라고 독려하는 것은 아니다. 코치는 피코치자의 인생 목표와 포부 중에서 가장 중요한 것에 초점을 맞추어야 한다.
3. 평가: 대화가 끝날 때쯤, 코치는 이야기의 주제/줄거리가 주어진 영역에 어떤 영향과 결과를 초래했는지 평가해야 한다.
4. 정당화: 위의 평가에 대해 판단을 하거나 정당성을 증명한다.
5. 결론/권고: 이야기 도식의 일부는 아니지만, 우리는 코칭 회기를 완성하기 위해서 이 단계를 추가한다. 상담자/코치로서 우리는 피코치자가 장애물을 극복하고 목적 달성을 위한 행동 계획을 세워 보도록 권한다. 메타방법론에 따라, 경험이 많은 코치는 이 단계에서 인지행동 기법과 같은 다른 접근들을 끌어와 사용할 수 있다.

5단계의 질문 단계로 구성된 코치의 탐색 결과, 피코치자는 삶과 정체성에 대한 안내를 받고, 이에 대한 가치 있는 결론을 말로 표현할 수 있게 된다. 이 내용은 피코치자의 신념, 가치, 책임, 소망, 선호하는 목표, 갈망, 희망, 꿈 등에 관한 것이다.

## 다시 저술하기

피코치자가 공감하며 듣기 어려운 이야기를 코치에게 할 때, 이야기 코치가 사용할 수 있는 기술 중의 하나는 이야기 속의 사건들을 어떤 주제나 줄거리에 따라 시간적인 흐름에 맞춰 차례대로 연결하는 것이다. 이야기가 펼쳐질 때, 피코치자는 이야기 속의 중요한 인물을 언급할 수 있고, 이 인물의 정체에 대한 자신의 결론을 코치와 공유할 수 있다. 다시 저술하는re-authoring 대화를 하는 동안, 코치는 피코치자가 다른 스토리 라인에서 많이 무시했던 생애 사건들과 독특한 결과나 예외적인 사건을 확인하도록 도와준다. 이런 독특한 결과나 예외적인 사건들은 다시 저술하는 대화의 출발점—피코치자의 삶에 대한 대안적인 스토리 라인으로 들어가는 지점—이 된다. 대화가 시작될 때, 이런 독특한 결과나 예외적인 사건은 단지 흐린 흔적thin traces으로만 나타난다. 스토리 라인 간에는 보통 갭이 있다. 따라서 이야기 코치는 피코치자로 하여금 갭을 메꾸도록 격려하는 질문을 통해 비계를 구축해야 한다. 화이트는 이렇게 말했다. "이는 사람들이 자신의 삶의 경험을 새롭게 모으는 것을 도와주고, 의미를 창출하는 데 필요한 자원과 상상력을 확장시키는 연습을 하게 해 주며, 호기심을 충족시키는 발판이다."

이야기 코치는 코칭을 통해 대안적인 스토리 라인을 만들어 내고 주제를 더 탄탄하게 만들 수 있도록 피코치자를 도와야 한다. 코치는 보통 이 스토리 라인이 피코치자의 역사에 더 깊이 뿌리 박혀 있다는 것을 알게 된다.

비계를 구축하는 과정에서 코치는 일련의 이야기 질문들을 한다. 여행에서처럼 코치/피코치자는 마음의 관점을 통해 함께 이야기하면서 걸어간다(브루너[Bruner]의 비유에 따르면). 이야기 접근의 용어로, 우리는 이를 행위의 관점과 정체성의 관점이라 부른다. 발판을 구축하기 위한 코치의 질문을 토대로 진행되는 이런 대화를 통하여 대안적인 마음의 관점이 더욱 풍부하게 기술된다.

### 다시 기억하기 대화

다시 기억하기 대화[re-membering conversation]란 기억나는 사람들에 대해 수동적으로 떠올려진 회상 조각들에 관한 것이 아니다. 다시 기억하여 이야기로 재진술된 인물들은 개인의 역사 속에서나 현재 삶 속에 존재하는 중요한 인물들이다. 다시 기억하기 기법을 마이어호프(1980, 1986)의 작업에 비유하여 사용했기 때문에, 화이트(2006)는 이렇게 설명하고 있다.

1. 삶을 '멤버십' 클럽으로, 그리고 정체감을 삶의 '연상 작용'으로 새롭게 환기시킨다.
2. 단일한 목소리의 정체성보다는 현대 서양문화 속에 압축되어 들어 있는 자아의 특징인 다양한 목소리의 정체성에 기여한다.
3. 삶의 개정 가능성을 연다. 일부 멤버십의 등급을 올리고 일부는 강등한다. 일부 멤버십은 인정하고 일부는 폐지한다. 개인의 정체성

문제와 관련된 일부 목소리에 대한 권위를 인정해 주며, 이에 대한 다른 목소리의 자격은 박탈한다.

4. 선호하는 정체감과 중요한 멤버십에서 함께 창출된 삶의 지식과 기술들을 더 풍부하게 설명하고 기술한다.

멤버십을 검토하면서 코치는 화자 자신의 정체성, 지식과 기술에 대해 더 많이 탐색할 수 있다. 풍부한 기술[description]을 통해 많은 중요한 결과, 결론, 학습 및 문제 해결 과정이 나타날 수 있다. 이들은 화자의 정체성, 지식과 기술에 중요한 공헌을 하게 된다. 이런 자각은 피코치자의 개인적인 성장의 토대를 제공해 준다. 결과적으로, 이는 코치/피코치자가 어떻게 나아가야 하는지에 대한 구체적인 계획을 세울 수 있게 해 준다.

## 외부 증인의 재진술

표출 대화는 집단 혹은 팀 상황에 적용될 수 있는데, 이때 한 사람 이상의 구성원들은 이야기에 대한 증인(혹은 목격자)으로 연기해 줄 것을 요청받는다. 참가자들은 한 명의 청중 앞에서 자신들의 삶에 대한 이야기를 할 기회를 갖는다. 선택된 외부 증인들은 피코치자들에게 부가적인 지원을 해 줄 수 있기 때문에 코치 보조자로서의 역할도 할 수 있다. 외부 증인들은 이야기를 귀 기울여 들은 후에, 다시 이야기를 해 보라는 요청을 받는다. 특히 코치는 이야기의 어떤 측면이 증인들 자신의 경험과 함께 공명을 불러 일으켰는지를 물어봄으로써 안내를 해 준다. 외부 증인들에 의한 재진술은 반드시 원래의 이야기를 완벽하게 기술하거나 설명해 주지는 않지만, 자신들이 가장 강하게 이끌렸던 측면에 초점을 두게 한다.

외부 증인들은 자신이 들은 이야기 중 특정 측면을 다시 이야기해 줌으로써 이야기들에 반응을 한다. 외부 증인들의 재진술이 이루어지는 문화적 상황에 따라 다르긴 하지만, 이런 활동들은 사실을 인정하는 전통의식으로 간주될 수 있다. 화이트(1995a, 1997, 2000, 2006)에 의하면, 외부 증인들의 반영reflection 반응에는 4가지 범주가 있다. 이야기 치료자들은 외부 증인들에게 다음과 같은 내용을 요청하거나 안내해 줄 수 있다.

1. 화자의 표현을 확인하게 한다.
2. 이야기가 불러일으키는 이미지를 설명하게 한다.
3. 화자의 이야기에 대한 반응으로, 자신의 삶의 경험 속에 구체화시켜 보게 한다.
4. 이야기를 통해 지식을 자신의 삶으로 '옮겨 놓은' 것을 인정하게 한다.

## 선언 의식(커뮤니티): 재진술한 것을 다시 진술하기

이야기 치료 맥락에서(나아가 더 넓게는 포스트 구성주의poststructualism 맥락에서는) 한 사람의 자아 정체성은 사적이고 개인적인 성취에 의해 통제받는 것이 아니라, 사회적, 역사적 그리고 문화적 압력에 의해 지배를 받는다.

- 자신의 역사history
- 진정성authenticity에 대한 의식

• 공적이고 사회적인 성취 경험
• 개인의 정체성에 있어 선호되는 요구를 인정하는 것

위의 내용에 따르면, 선언 의식definitional ceremony이라는 것은, 이전에 이들의 사회적 조건(특히 비교문화적 조건 혹은 상황)에서 부인되었을 가능성이 있는, 화자의 자아 정체성을 사회적으로 인정해 주는 강력한 방식이라 할 수 있다. 이야기 치료 용어로 선언 의식이라는 것은, 이렇게 하지 않았더라면 이들이 알 수 없었을 많은 대안적인 주제나 상반되는 줄거리를 더욱 늘려 주고 화자가 얻은 능력배양을 증폭시켜 주는 것이다. 선언 의식은 다양한 수준을 포함하고 있으며 다음과 같은 구조를 갖고 있다.

1. 이야기하기: 의식의 중심에 있는 화자가 수행한다.
2. 이야기를 다시 하기(첫 번째 재진술): 외부 증인이 수행한다.
3. 재진술한 것을 다시 이야기하기(두 번째 재진술): 최초의 화자가 수행한다.
4. 두 번째 재진술한 것을 다시 이야기하기(세 번째 재진술): 외부 증인 혹은 2차적인 외부 증인 집단이 수행한다.

이론적으로 다시 이야기하기 과정은 무한정으로 계속될 수 있지만, 실제 치료에서 다시 이야기하기의 단계는 물리적 제한이나 시간 제한에 따라 결정된다.

선언 의식은 모든 참가자들에게 이동이 가능하므로, 회의 방식이나 커뮤니티 모임 형식으로 집단 혹은 커뮤니티 활동에 활용하면 이상적이다. 화자들은 이전의 모습과 다르게 자신이 원하는 사람이 될 수 있는 기회를 얻게 된다. 비유적으로 말하자면, 화자는 참여를 통해 과거 삶의 영역에서 지금-여기의 현재 영역으로 옮겨진다.

## 이야기 코치의 태도와 자세

피코치자의 이야기 중 특정한 성장 발달에 대해서, 코치는 독특하고도 긍정적인 결과를 성급하게 구성하고 싶은 유혹을 느끼게 된다. 코치들은 아래의 규칙을 숙지하면서, '긍정 오류false positive(실제 없는 사실을 잘못 인정하는 오류)'를 범하는 것에 대해 경계해야 한다.

- 해야 할 것:
  - 피코치자들로 하여금 스스로 독특한 긍정적 결과를 발견하도록 하기

- 하지 말아야 할 것:
  - 피코치자들이 특정 성장 발달에 더 많은 주의를 기울여야 한다는 점을 확인시키기
  - 특정한 스토리 라인의 발달과 이와 관련된 가능성 및 잠재적 의미나 결과를 지적하기
  - 이 결과, 함축적인 의미 및 가능성에 대해 강하게 확신하는 입장을 취하기
  - 피코치자의 삶과 정체성에 대한 긍정적인 결론들을 말로 전달함으로써, 권고 사항에 대한 코치의 입장을 정당화하기

화이트는 표출 대화의 발판을 마련하기 위해서는 이야기 치료자가 어느 한쪽으로 치우치지 않는 입장을 유지하는 것이 중요하다고 강조한다. 우리는 피코치자의 이야기에서, 무시되었을 수 있는 다양한 개인적인 발달 및 성장 과정에 중요성을 부여하는 기회를 제공해 줄 수 있다. 이는 코치가 훈련을 통해 다음과 같은 태도와 자세를 갖출 때 가능해진다(〈표 7-2〉 참조).

이야기 치료에서 코치는 피코치자와 대화할 때, 탈중심적이면서 영향력 있는[decentered and influential] 입장을 취해야 한다(〈표 7-2〉의 왼쪽 상단). 탈중심적인[decentered] 입장이란 코치와 피코치자 간의 계약의 강도를 의미하는 것이 아니라, 코치의 개인적인 이야기나 지식 및 기술들보다 피코치자의 성취에 우선적인 초점을 맞추는 것을 말한다. 탈중심적이지만 영향력 있는 입장을 취하는 코치들은 피코치자에게 자신의 인생 이야기에 대한 '최초의 원작자' 권한을 부여한다. 피코치자의 삶의 역사 속에서 창출되는 지식과 기술들은 이야기 코칭에서 최우선적인 고려의 대상이 된다.

〈표 7-2〉 이야기 코칭의 태도〔White(2006)에서 인용한 치료적 자세〕

| 태도/ 효과 | 탈중심적 | 중심적 |
|---|---|---|
| 영향력 있음 | 탈중심적이면서 영향력 있음(코치, 피코치자에게 활력을 줄 수 있음) | 중심적이면서 영향력 있음(코치에게 부담을 줄 수 있음) |
| 영향력 없음 | 탈중심적이면서 영향력 없음(코치의 역할이 효력을 발휘하지 못할 수 있음) | 중심적이면서 영향력 없음(코치를 소진시킬 수 있음) |

코치는 영향력은 가지고 있지만, 코치 자신의 계획에 따라 진행한다는 생각은 하지 않아야 한다. 이런 과정에서 코치의 역할은 질문과 반영이라는 수단을 통해 중요한 연결 발판을 마련하는 것이다. 이를 통해 피코치자는 해결책을 발견하는 것뿐만 아니라, 자신의 문제가 되는 이야기를 구성할 수 있게 된다. 이야기 코칭의 목적은 다음과 같은 사항으로 피코치자를 도와주는 것이다.

1. 자신의 삶에 대한 대안적인 이야기를 기술해 보게 한다(더 희망적이고 풍부하게).
2. 자신의 삶에서 무시되었던 면을 탐색해 보게 한다(자신의 스토리 라인 중 흐린 흔적을 추적하고 이를 발전시켜 봄으로써).
3. 자신의 포부, 희망 및 꿈뿐만 아니라 과거 혹은 현재 관심사와 장애요인들을 제시함으로써 자신의 삶에 대한 지식과 기술을 더 의미 있게 확인해 보게 한다.

## 수정된 GROW 모델

이 장에서 우리는 세 가지 주요 접근을 살펴보았다. 각 접근은 각자의 학파를 갖고 있고, 도구와 실습 면에서뿐만 아니라 코치와 멘토에게 기대하는 태도와 스타일에 있어서도 서로 차이가 있다. 특정한 접근을 취하는 코치와 훈련자인 독자는 인지행동기법이나 게슈탈트 심리학과 같은 일부 기법에 대해서는 친숙할지 모르나, 다른 기법은 전적으로 새롭거나 다양하여 부담감을 느낄 수 있을 것이다. 이제 우리는 잘 알려지지 않은 영역에서부터 잘 알려져 있고 친숙한 영역에 이르기까지 소개할 것이며, 동시에 모든 서로 다른 입장을 함께 소개하려고 한다. 2장에서 우리는 코칭 산업에서 가장 잘 알려지고 널리 사용되는 모델의 하나로 GROW 모델을 설명했다. 따라서 핵심적인 질문은 '어떻게 서로 다른 기법들을 GROW 모델과 조화시켜 코칭과 멘토링에 사용할 것인가?' 이다.

우리는 주요 코칭 접근을 현재(지금-여기) 시점이라는 지렛대를 가진 타임라인time line으로 도식화했다([그림 7-6]). 우리는 변형transformation의 학습 바퀴가 타임라인의 중앙에 있는 지렛대에 맞춰 돌아간다고 믿는다. 우리는 서로 다른 접근을 아래의 GROW 모델의 각 요소와 함께 연결지어 보았다.

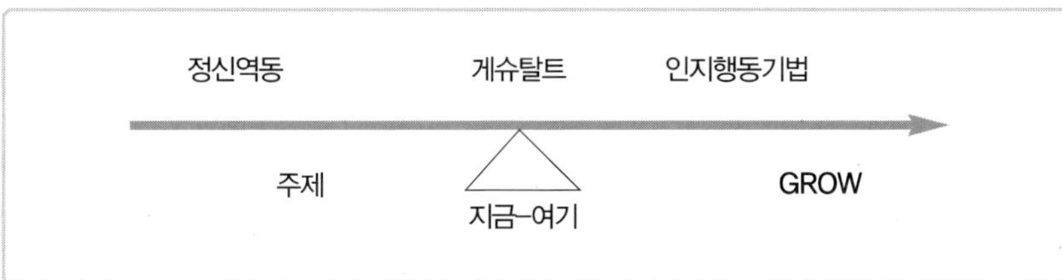


[그림 7-6] 타임라인상의 서로 다른 코칭 기법

1. 주제: 최초의 이해(정신역동→게슈탈트)
2. 목표: 당신이 원하는 것이 무엇인가?(인지행동기법)
3. 현실: 지금 어떤 상황인가?(지금 어떤 일이 일어 나고 있는가?)(게슈탈트)
4. 대안: 당신이 무엇을 할 수 있었는가?(게슈탈트→인지행동기법)
5. 의지: 당신은 무엇을 할 것인가?(인지행동기법)

독자들을 위해 연습문제를 하나 내겠다. [그림 7-6]에서 이야기 접근은 어디에 위치할 것으로 생각하는가?

우리는 학습자/코치/멘토인 독자들이 도식화된 그림을, 서로 다른 맥락과 실무 상황에 적합한 기법들을 적용할 수 있도록 안내해 주는 유용한 도표라고 생각하길 기대한다. 피코치자/멘티 간 상호작용에 대한 기대, 지식 및 기술들의 도움을 받아 이를 유연하게 활용할 필요가 있다. 예를 들어, 회기 동안 코치는 피코치자에게 인지행동기법의 틀을 적용하고는 피코치자가 과거에 대한 걱정에 가로막혀 앞으로 나가지 못하는 것을 발견할 수 있다. 이 경우 인지행동기법 회기이지만 피코치자가 지금-여기로 돌아와 현재 해결책에 초점을 맞추도록 하기 위해 코치는 게슈탈트 기법을 적용할 수 있다.

## 보편통합모형의 도구

보편통합모형에서 중시하는 바는 다음과 같다.

- 과정의 투명성과 유연성
- 개인의 상황을 이야기 맥락으로 설명하기
- 역사, 강점을 확인하는 긍정심리학적 측면과, 성공적으로 경계를 넘어선 경험과 복잡성을 해결한 경험의 기록과 책략을 추적해 보기
- 다양한 조망의 문화적, 맥락적 관점을 체계적으로 고려해 보는 것의 중요성
- 특정 맥락에 책략을 적용하기 위한 심층적인 계획 수립 과정

• 학습한 것을 융통성 있게 복습하고 경계에 초점을 두는 것
• 코치/멘토뿐만 아니라 피코치자/멘티를 위한 기본적인 훈련과 슈퍼비전

### 코스에서 벗어난 코칭

코치/멘토로서 우리는 전 경계에 걸친 전환의 과도기 지점에서, 창의성과 학습의 범위를 최적화하고 다양한 경험의 맥락에 대해 초점을 맞추고 더 많은 탐색을 할 필요가 있다. 경계를 넘어선 코칭과 멘토링을 적절하게 기술한 것이 바로 '코스를 벗어난 코칭Coaching Off-Piste'이라 할 수 있다. 이는 다음과 같은 의미를 갖고 있다.

• 추진력과 변화의 창출, 목표와 표적을 넘어선 학습에 대한 열정
• 점진적으로 발전하는 목표를 수립하고, 삶의 의식적 · 무의식적 요소들을 새로운 방식으로 고려하는 기나긴 여정이라는 인식
• 새로운 탐색, 새로운 방법과 새로운 협력 관계에 관여하기

보편통합모형은 기존의 서로 다른 기술들을 사용하는 단순한 능력과는 거리가 멀다. 우리는 탐색 단계에서 강조해야 할 이 영역들을 질문으로 소개한 바 있다. 여러분은 사람들에게 그림을 사용하고 이야기를 하고, 혹은 자신들의 사고를 확장시킬 수 있는 도전들을 활용해 보도록 격려할 수 있다.

보편통합모형은 다음과 같은 영역에서 성장을 도울 수 있다.

- 문화에 대한 기민성: 보편적 개념에 대해 나타나는 개인차들
- 집단의 목적과 개인의 목적을 연결짓는 것
- 일시적인 상태를 견디고 만족을 지연시키는 것을 학습하기
- 목적을 넘어서기
- 언어를 넘어서는 의미를 추구하기
- 삶의 단계: 틀 속에 존재하는 보편성
- 창의성에 대한 예언과 영성

각 영역에 대한 도구로 활용할 수 있는 질문은 다음과 같다.

## 문화적 기민성을 개발하기

맥락이 달라지면, 이에 따라 시간과 적시성에 대한 평가도 달라진다. 질문은 다음과 같다.

- 시간은 당신에게 어떤 역할(작용)을 합니까?
- 그것은 무엇을 의미합니까?
- 당신은 시간에 얼마나 많은 가치를 부여합니까?
- 다른 사람들은 시간에 얼마나 많은 가치를 부여합니까?
- 이 맥락에서 그것은 무엇을 의미합니까?
- 그것이 어떤 역할(작용)을 합니까?
- 일(사업)은 전반적으로 어떻게 돌아가고 있습니까?
- 당신에게 중요한 특정 요소는 무엇입니까? 이 상황에서 서로 다른 점은 무엇입니까?

• 당신은 그것을 어떻게 압니까?

질문은 점차 개인적, 사회적, 문화적인 영역으로 범위를 좁혀 가며 탐색적인 접근으로 제시될 수 있다. 예를 들면, 당신의 관점에 대한 다음의 질문이 주어질 수 있다.

• 당신의 상황에서 당신은 어떤 기술이나 지식을 갖고 있습니까?
• 이 상황에서 당신이 맡은 역할은 무엇입니까?
• 왜 그 역할을 맡고 있습니까?
• 그 상황에서 당신이 어떻게 행동해야 할지를 알려 주는 것은 당신의 어떤 신념입니까?
• 그 상황에서 당신 자신에 대해 갖고 있는 신념은 무엇입니까?
• 당신은 시간에 대해 어떤 생각을 갖고 있습니까?
• 시간은 당신의 일과 삶에 어떤 영향을 미치고 있습니까?
• 계절은 당신에게 어떤 영향을 미칩니까?

환경적인 관점에서 이 질문 중 일부만을 선택하여 쓸 수도 있다.

• 지식과 기술을 활용하는 당신의 활동 영역에 영향을 주는 환경의 주요 특징은 무엇입니까?
• 여기서 신념과 규칙이 당신에게 어떤 영향을 줍니까?
• 변화를 위한 더 큰 그림, 쟁점이 되는 중요한 역사, 위협, 기회 및 힘은 무엇입니까?
• 당신의 신념과 직업 활동에 영향을 주는 환경 내 대다수 집단의 신

념은 무엇입니까?

- 당신의 신념과 직업 활동에 영향을 주는 환경 내 소수집단의 신념은 무엇입니까?
- 당신이 일하는 환경과 얼마나 잘 맞는다고 느낍니까? 또는 당신은 여기서 얼마나 행복합니까?

코치/멘토 및 피코치자/멘티는 문화적인 측면에 기민해지기 위해서 변화와 학습의 기회를 인식할 수 있어야 하고 방향 전환을 적절하게 할 수 있어야 한다. 다음 질문은 이에 필요한 추진력을 촉진시켜 줄 수 있다(우리 자신의 관점에서 벗어나 적응 능력과 기민성의 측면에서).

- 자신의 상황에서 어떤 일이 일어나고 있는지를 얼마나 효과적으로 모니터링하고 있습니까?
- 자신의 상황에서 일어나고 있는 좋은 변화에 뒤떨어지지 않기 위해 어떤 감각을 활용하고 있습니까?
- 변화와 움직임을 따라가기 위해 사용하고 있는 지표는 무엇입니까?
- 환경에 적응하는 과정에 자신이 얼마나 잘 순응하고 있다고 느낍니까?
- 과거에 당신은 변화하는 상황에 얼마나 잘 적응할 수 있었습니까?
- 잘 안 되고 있는 것이 무엇입니까?
- 시기적절한 방식으로 변화에 적응한 예는 어떤 것입니까?
- 어느 곳에서 성공적으로 변화를 촉발시켰습니까?
- 재빨리 반응을 해야 할 때가 언제인지 어떻게 판단합니까?

환경적인 관점에서 적응력과 기민성은 다음과 같다.

- 변화에 느리게 반응하게끔 만드는 상황의 특징과 특성은 무엇입니까(신념, 정책, 체계, 의식 및 작업 방식 등)?
- 변화를 잘 수용하지 못하게끔 만드는 행동과 특징은 무엇입니까?
- 변화에 느리게 반응하는 비주류 집단 혹은 소수집단의 특징과 행동은 무엇입니까? 변화에 수용적입니까?
- 환경이 변화에 민감해지도록 만드는 집단의 속성 및 특성은 무엇입니까?
- 소수집단이나 비주류 집단이 변화를 수용할 수 있도록 만드는 특성은 무엇입니까?
- 시기적절한 방식으로 환경이 반응하는 것을 막는 것은 무엇입니까?
- 환경이 빠르게 반응할 수 있도록 해 주는 것이 무엇입니까?

## 집단 목적과 개인 목적을 연결짓기

부모와 가족 구성원은 자신들이 원하는 가족의 삶에 대한 비전을 떠올린 후 틀을 만들고, 이 비전을 지지하는 역할, 책임감 및 행동을 결정하게 된다. 예를 들면, 다음과 같다.

- 자신의 가족에 대해 어떤 그림을 그려 볼 수 있습니까?
- 다른 가족과 구별되는 특징은 무엇입니까 ?
- 가족이 지니는 가치는 무엇입니까 ?

- 가족보다 큰 사회집단에서는 누구와 관계를 맺고 있습니까?
- 가족에게 중요한 전통과 행동은 무엇입니까?
- 이런 전통과 행동은 얼마나 현실적입니까?
- 이를 성취하기 위한 도전은 어디에 있습니까?
- 이런 상황이 발생되도록 하려면 어떤 지식과 기술, 자원이 필요합니까?

삶에 대해 긴 안목을 가지고 있는 사람들에게 비전을 가지는 것은, 속세의 삶뿐만 아니라 영원한 삶을 구현할 수 있게 해 주는 것이다.

### 일시적인 상태를 견뎌 내는 것을 배우기

정신적 기민성에 대한 도전 중 하나는 우리 자신의 마음속에서 일어난다. 많은 사람들은 자신 내면의 일시적 상태와 싸우고 있다. 전형적으로 우리들 내면에는 권태감, 좌절, 두려움, 통제력 저하 등이 존재한다. 외부 세상에서 우리는 일시적인 불안정 상태, 불확실감과 혼란에 대처하기 위해 고군분투할 것이다. 또한 우리는 자신의 행동에 대한 보상이 제때 이루어지지 않을 때 포기하고 싶은 마음이 들 수 있다. 일시적인 상태를 확실하게 인식한다는 것은 자신이 새로운 변화의 발단에 있다는 것을 알고 있는 것이다. 예를 들면, 다음과 같다.

- 오랜 시간 일을 해야 보상이나 혜택을 받을 수 있었던 시간을 떠올릴 수 있습니까?
- 특별한 도전으로는 어떤 것이 있었습니까?

- 당신은 이를 어떻게 헤쳐 나갔습니까?
- 무엇이 당신을 계속 나아가게 만들었습니까?
- 보상이나 혜택은 어떤 식으로 나타났습니까?
- 이것이 지금의 불편감을 대비하는 데 어떤 도움을 주고 있습니까?
- 당신은 자신의 사고방식을 왜 그렇게 불만스러워 하십니까?
- 왜 그렇게 불편함을 느낍니까?
- 상황에 대하여 작지만 중요한 영향력이나 전환점을 어떻게 만들 수 있습니까?
- 더 큰 그림으로 볼 때 당신은 어디에 있습니까?

## 목표를 넘어서

우리는 장기적인 방향성을 설정하기 위해 목표와 목적으로부터 벗어나는 다른 대안들을 고려할 수 있다. 가설을 설정하고 기회를 포착하는 것은 학습자인 우리와 부합되는 것이며, 본질적으로 전체적인 맥락과 더욱 일치되는 면이 있다. 결과를 성공 아니면 실패로 한정 짓는 목표 설정과 달리, 가설은 우리들로 하여금 탐색적인 학습자가 될 수 있도록 이끌어 준다. 목표를 넘어서서 개인에게 주어지는 질문은 탐색 그 자체에 초점을 두고 있다.

- 이 순간에 당신이 즐기면서 학습하는 것은 무엇입니까?
- 학습한 것을 다른 영역으로 어떻게 전이할 수 있습니까?
- 당신에게 흥미를 불러일으키는 생각은 무엇입니까?
- 당신이 경험한 다양한 요소들 간에 예상치 못한 관련성을 지어 본

적이 있습니까?

• 당신을 흥분시키는 생각은 무엇입니까?

## 언어를 넘어서서 의미 추구로

우리가 업무를 수행하면서 사람들과 일을 할 때, 처음에는 업무상 용어나 비유를 사용하여 자신들을 설명하게 한 후, 다음에는 사적이고 개인적인 용어로 바꾸어 말하여 상대방을 편안하게 만들수 있다. 그들은 종종 그 사적이고 개인적인 언어로 자신을 더 잘 표현할 수 있다는 사실을 알게 된다. 예를 들면, 다음과 같다.

• 당신에게 어떤 요구 사항이 있습니까?
• 이와 관련하여 당신 자신은 어느 위치에 있습니까?
• 여기에서 이해관계자[stakeholder]는 누구입니까?

우리는 가족과 사회에서의 삶을 축구 팀에 비유해 볼 수 있으며, 구성원들에게 그 팀에 함께 있는 사람이 누구인지 물어볼 수 있다.

## 인생 단계들

우리는 사람들의 공통적인 요소에 초점을 두어 보편성과 만날 수 있게끔 도와 줄 수 있다. 예를 들면, 다음과 같다.

• 당신은 인생 단계 중 어느 단계에 있다고 느낍니까?

- 그것을 어떻게 설명할 것입니까?
- 이 인생 단계가 당신이 세상을 보는 방식에 어떤 영향을 줍니까?
- 이 인생 단계에서 당신이 학습하길 기대하는 것은 무엇입니까?

우리는 서로 다른 관점에서의 폭넓은 쟁점들을 탐색하기 위해서 삶의 역할(아동, 부모 및 성인뿐만 아니라 배우자/연인을 포함)들을 활용해 볼 수 있다.

당신은 부모로서 이 팀의 쟁점을 어떻게 볼 것인가?

## 창의성에 대한 예언과 영성

예언의 본질은 신념의 범위와 지름길 찾기cross-cuts tradition에 그 뿌리를 두고 있다. 예언을 사용하고, 사람들의 이야기 속에서 이들의 영성을 이해하는 것(비전과 운명을 이끌고 이를 성취하는 과정에서 영적인 증거와 신호sign들을 보는 것)은 우리가 궤도에 올라와 있다는 것을 분명하게 믿도록 우리 자신을 동기화할 수 있는 방식이다. 이를 통해 개인은 기존의 시간 계획표를 지워 버리고 더 큰 그림을 고려해 보며, 새로운 조망을 갖고 이전의 학습 내용을 현재 쟁점을 탐색하는 데 활용할 수 있다. 유용한 질문은 다음과 같다.

- 이 경험이 세상이 어떻게 돌아가는지에 대한 당신의 생각에 어떤 식으로 합해질까요?
- 지금 현재 당신에게 의미가 있는 경험 중에서 동일하게 나타나는 어떤 패턴이나 주제를 볼 수 있습니까?

• 이것을 당신 계획 중 어디에 맞출 수 있습니까?
• 이것이 당신을 어디로 데려갈까요?
• 이것을 하는 것이 당신에게 (관여 수준을 점검하기 위해서) 얼마나 의미가 있습니까?
• 이것을 하기 위해 얼마나 추진력 있게 나아가고 있다고 느낍니까?

위의 각 영역에 대하여 여러분들이 피코치자/멘티에 대한 개인적, 사회적 및 지식 측면에서, 다양한 문화적 요소들을 통합하는 데 초점을 둔 탐색 작업을 확대해 나가길 기대한다. 또한 코치/멘토들도 자신들의 최근 창의적인 생각과 중재 경험을 잊지 않도록 노력하길 바란다.

• 그 생각들이 상황을 어떻게 변화시켰습니까?
• 그 생각들이 피코치자/멘티와의 관계를 어떻게 변화시켰습니까?
• 자신에 대해 무엇을 학습했습니까?
• 더 큰 그림에 대해서 무엇을 학습했습니까?
• 그것이 세상을 어떻게 변화시켰습니까?

## 단원 요약

인지행동기법이 임원 코칭의 강력한 도구로 여겨지기는 하지만, 조직 내의 개별적인 피코치자/멘티의 맥락에 맞추기 위해서는 더욱 정교화될 필요가 있다. 인지행동기법이 이런 맥락에서 효과를 얻기 위해서는 코치/멘토가 대인 관계와 같은 다른 요인들에 주의를 기울일 필요가 있다

(Safran, 1990). 서로 다른 코칭 접근들 간에는 공통적인 요소들이 존재한다. 즉, 코치/멘토와 피코치자/멘티 간의 협력적인 관계가 바로 그것이다. 이러한 여정에서 참가자들은 의미 있는 해석을 찾아보고, 목적지, 마지막 경기 및 목표에 도달하기 위해서 자신들을 변화시키려고 시도한다.

이 장에서 우리는 인지행동기법과 게슈탈트 이론의 적용성을 강화하는 데 보편통합모형이 적합한지를 고려해 보았다. 탐색적인 질문을 사용하는 게슈탈트 치료에서 코치는 피코치자 자신의 자각을 확장시키는 데 초점을 둘 수 있다. 3단계 혹은 5단계의 코칭/멘토링 과정과 GROW를 실시하는 치료자를 위하여 탐색을 확장시키는 아이디어가 있다. 우리는 또한 기법과 도구를 기술하고 있다. 게슈탈트는 과거를 인정하기는 하지만, 현재에 초점을 둔다. 코치/멘토는 피코치자/멘티의 자세, 목소리, 제스처에 주의를 기울임으로써 정서적인 차단을 자각하고 이를 다룬다. 이 접근은 접촉 경계contact boundary를 제시하고 학습을 촉진시키는 주요 세 가지 기법인 억압, 표현 및 통합을 사용한다. 게슈탈트는 우리의 환경과 우리들 자신 간의 상호 연결 관계를 말하는데 이때 전체는 부분의 합 이상이 된다. 게슈탈트의 목적은 완전한 우리 자신을 수용하는 것이다.

게슈탈트는 능력배양모형뿐만 아니라 6장에 소개된 보편통합모형에도 잘 들어맞는다. 예를 들어, 게슈탈트 접근들은 위선이나 불성실한 모습을 보이지 않을 때 보상을 해 줌으로써 진정한 자기표현을 체계적으로 지지한다. 이들을 긍정심리학 용어로 표현하면 게슈탈트 코치/멘토의 특징적인 강점이라 할 수 있다.

보편통합모형의 관점에서 보면, 차이를 참고 견뎌 내는 것은 문화적으로 기민한 것이 아니며, 친숙한 맥락에서 동질적인 관계만 우세하다면 학습의 가능성은 최소화될 것이다. 우리들 자신의 경험의 범위 끝에는 경계를 넘어서는 학습의 기회boundary crossing가 존재하며, 이들 다양한 경계들이 동시에 교차될 때(복잡성 수준이 최고일 때), 우리는 문화적 기민성을 발휘할 수 있게 된다. 코치/멘토로서 우리는 피코치자/멘티가 자신의 이야기를 새로운 방식으로 말하고 새로운 생각과 새로운 자아를 탐색하도록 도와줄 수 있다. 보편통합모형에서는 코치/멘토가 피코치자/멘티와 함께 모형, 기법 및 통찰을 공유한다. 따라서 이 과정은 투명하고 서로의 관계에서 각자의 위치와 역할이 고정되어 있지 않다. 8장에서는 독자들이 이를 실습해 볼 수 있도록 다양한 연습 방법을 소개할 것이다.

Chapter 08

# 지속적인 성장, 학습 자원 및 실습

## 들어가기

7장에서부터 우리는 코칭/멘토링 훈련에서 중요하게 고려해야 할 보편통합모형의 측면들과, 이를 강화하고 지원해 줄 수 있는 자원과 연습들을 살펴보고 있다. 모든 프로그램들이 서로 차별화된 특성을 갖고 있기 때문에 여기서는 훈련 과정을 소개하려는 것이 아니다. 먼저, 보편통합모형에 적합한 교육 과정을 소개하고 그다음에 훈련을 선택하기 전에 필요한 코칭/멘토링의 '수용성' 접근에 대해 살펴볼 것이다. 그다음에는 3단계의 코칭/멘토링 접근이나 GROW 모델의 사용에 관계없이, 코치 및 멘토의 실무 능력을 강화시킬 수 있는 인지행동기법과 게슈탈트 실습 방법을 소개할 것이다. 마지막으로 이야기 접근을 소개할 것인데, 이 접근은 코치/멘토의 일반적인 실무에 대한 정보를 제공해 줄 수 있으며, 실험적 접근을 원하는 사람들에게는 이야기 사이코 드라마의 한 측면을 보여 줄 수 있다. 우리가 검토한 특정한 기술과 질문 영역들은 독자들을 실습에 쉽게 적용할 수 있게 만들어 줄 것이다. 마찬가지로, 7장에서 논의된 다른 기술들은 훈련에 참가하는 두 사람(코치/멘토 역할을 하는 사람과 피코치자/멘티 역할을 하는 사람) 간의 대화를 관찰하고 이에 대한 피드백을 제공하는 참여 관찰자, 이 세 사람의 작업에 쉽게 적용될 수 있다.

## 보편통합모형의 훈련과 지속적인 발전

보편통합모형의 훈련은 코칭/멘토링을 위한 훈련 준비 과정으로 도식화될 수 있다. 전반적으로 볼 때, 보편통합모형의 훈련 과정에 참여하는 모든 참가자들은 코칭/멘토링의 기본 훈련을 받아야 하고(최소한 하루에서 이틀 정도), 그와 같은 기본 훈련을 통해 피코치자/멘티는 훈련 과정에 대한 충분한 정보를 가지고 어떻게 방향을 조정해 나가야 하는지 알고 있어야 한다. 또한 과정은 투명해야 하며, 모든 역할을 담당하는 사람들이 자기 스스로를 코칭하고 다른 사람들을 코칭하는 데 필요한 정보와 기술을 익힐 수 있게 해야 한다. 코칭/멘토링은 도움을 주는 사람과 도움을 받는 사람의 역할이 서로 유동적으로 변화하는 파트너십이다. 때때로 개개인은 누군가에 의해 코치를 받을 수도 있고 또 다른 사람들을 코칭/멘토링할 수도 있다. 우리는 모든 참여자들이 함께 기본적인 훈련을 받고 함께 학습할 수 있다고 주장한다. 대체로 멘토로서 더 많은 것을 제공할 수 있다고 느끼는 사람들에게는 더 많은 훈련이 필요할 것이다. 하지만 전문성은 코칭/멘토링의 유형과 수준에 따라 달라질 것이다. 종종 훈련은 그 강도에 따라 초급, 중급, 고급으로 구분되기도 한다. 임원 코칭/멘토링은 복잡한 상황에서 조직이 어떻게 운영되는지, 그리고 경영의 본질이 무엇인지에 대해 더 많은 지식과 상위 수준의 기술을 요구할 것이다. 자문 코칭은 제공되는 정보에 코칭의 요소를 가미한 단기적인 중재라 할 수 있다. 예를 들면, 재취업을 위한 멘토링/코칭이 있다. 사회적 관계 혹은 지원 코칭/멘토링은 의미 있는 공감 반응을 요구할 것이고 더 많은 상담적인 요소를 갖고 있을 것이다. 따라서 훈련 프로그램들은 공통적인 핵심 요소들을 공유하기도 하지만 각각의 맥락에 따라 차이점들이 있다.

전문가로서 지속적인 성장과 슈퍼비전은 개인의 성장, 책임감, 공동 실습과 학습 공유를 보장해 주는 코칭/멘토링의 중요한 부분이다. 이는 훈련 과정과 그 효과의 보편적이고 공통적인 요소를 서로 이해하는 데 도움이 된다. 이는 또한 개인과 공동체가 서로 정보 소통을 통해 정책을 수립하고 우선순위를 조정하며 실습의 수준을 확인하는 데도 도움을 준다.

보편통합모형의 과정은 투명하며, 잠재적으로 훈련에 참여하는 어떤 사람들이라도 피코치자/멘티의 역할에서 코치/멘토의 역할에 이르기도록, 코치/멘티의 역할에서 슈퍼바이저 혹은 코디네이터의 역할에 이르도록 성장하게 해 준다. 코칭/멘토링에서는 위계적인 슈퍼비전에서 벗어나 지속적 전문성 개발continuous professional development: CPD을 하는 것에 강조점이 주어진다. 보편통합모형에서 우리는 코치/멘토가 개인적인 성장의 일부로서 지속적 전문성 개발을 촉진하고 슈퍼비전을 하며 역할을 확대 개발시키도록 훈련을 실시한다. 이런 역할을 하는 동료들과 함께 일하는 것은 이들의 역량을 증진시키고 학습을 확대시켜 준다. 외부 코치/멘토와 내부 코치/멘토를 고용하는 조직에서, 지속적 전문성 개발은 모든 사람들에게 함께 경험하고 검토하고 학습할 수 있는 기회를 제공해 준다.

보편통합모형 과정은 집단이든 개인이든 역할을 수행하는 모든 사람들의 학습을 통합할 수 있도록, 지속적 전문성 개발이 모두에게 개방되어야 한다고 제안한다. 이러한 훈련 회기들은 코칭과 멘토링에서 학습 경험을 중요시할 수 있으며, 한 단계 혹은 한 맥락에서 다른 단계나 맥락으로 전환되는 과정에서 생기는 문제들을 다루는 데 도움이 된다. 과정에서 명확하게 밝혀지지 않은 점이 있는 경우에는 참가자들이 함께 학습하고 통찰을 공유할 수 있다. 참가자들은 지속적 전문성 개발을 촉진시키기 위해서 사이버 채팅방을 활용할 수도 있고 이메일로 학습 동아리를 활용할 수도 있으며, 코치/멘토 혹은 피코치자/멘티를 위한 워크숍이나 혹은 둘 모두를 위한 합동 워크숍을 활용할 수도 있다. 개인의 태도와 경험에 따라 각각의 방법 효과는 달라질 수 있다. 우리는 1년에 2번 정도 이들 중의 한 가지에 참여하길 제안한다. 이외에도 담당 사례 건수, 복잡성, 전문적인 조직의 요구에 따라 참가자들이 개인에게 적절한 지속적 전문성 개발을 이루기를 권한다. 때때로 이런 조건들은 위계적인 슈퍼비전을 필요로 하기도 한다. 코치/멘토는 또한 일대일 수준에서 지속적 전문성 개발을 요구할 수 있다. 우리의 경험에 비추어 보면, 이런 유형의 지속적 전문성 개발 접근을 적용하는 일부 조직들은 필요하다면 일대일 회기와 함께 서로 다른 조합의 '행동 학습action learning' 유형의 지속적 전문성 개발 집단을 운영해 오고 있다. 지속적 전문성 개발은 모든 견지에서 중요하지만, 특히 포함, 선택, 융통성에서 명성을 가지고 있다.

지속적 전문성 개발은 또한 훈련 과정을 학습한다는 점에서 개인의 학습을 공유하는 일종의 포럼 기능을 한다. 개별 코치 및 멘토는 자신만의 학습 욕구를 하나의 전체적인 평가 체계 내에서 활용할 수 있도록 비교문화 코칭/멘토링 및 사회지능 도구(http://www.morphgroup.net/csi/)들을 정리/완성할 수 있다. 피코치자/멘티와 이들의 코치 그리고 훈련 동료 혹은 더 넓게 학습 커뮤니티는 이 목록을 자신들의 학습을 재검토하는 토론에서 길잡이로 사용할 수 있다. 이들은 주요 학습 영역과 여러 회기에 걸친 학습 영역의 흐름 및 각 훈련 단계의 결과를 확인할 수 있으며, 학습 영역이 코치/멘토와 피코치자/멘티 간에 얼마나 일치하는지 여부를 분명하게 알 수 있다. 요약하면, 이런 틀은 학습 파트너들이 개별적으로나 혹은 더 넓은 학습 커뮤니티를 통해 자신들의 성장 여정을 탐색할 수 있게 해 준다. 학습은 회기 이후, 회기 간 그리고 탐색 단계의 변화가 일어나는 시점에서 많이 나타난다.

## 여행 일지

나의 학습이 아래의 어떤 장에서 일어나고 있는가?

- 개인: 자기자각
  - 자신에 대한 믿음
  - 확신감
  - 동기와 열정
  - 자기관리

- 사회: 타인에 대한 자각
  - 타인에 대한 공감
  - 차이와 보편성의 평가

• 전문가: 코치/멘토로서 기술과 기법
  – 지도자로서 사용할 수 있는 기술과 기법
  – 새로운 상황에서 사용할 수 있는 기술, 지식 및 기법
  – 보편적인 학습자로서 사용할 수 있는 지식과 기술

• 문화: 시스템 운영 방식에 대한 지식
  – 새로운 지식과 사고를 친숙한 상황에 적용
  – 새로운 지식과 사고를 새로운 상황에 적용

## 기저선 평가

조직은 1~4( 1=전혀, 2=거의, 3=때때로, 4=항상)에 이르는 평가 척도에 따라 위의 형식을 피코치자/멘티에 대한 기저선, 중간 그리고 최종 평가로서 사용할 수 있다. 만약 이 기록 작업이 지속적으로 이루어지면, 코치/멘토가 이끈 과정으로 얻어진 학습과 증진에 대한 증거를 확보할 수 있다. 피코치자/멘티가 이를 직접 완성하는 것이 가장 좋은 방법이지만 다른 사람이 이를 평가하게끔 할 수도 있다. 이는 채점 체계나 기준이 정해져 있는 검사가 아니므로 채점 체계 혹은 분류는 우리의 경험에 따라 조정된다(〈표 8-1〉).

## 수용성과 역할 유연성

코칭/멘토링 훈련이 필요한 사람들을 어떻게 선발할 것인가? 사람들이 더욱 폭넓은 역할을 수용할지의 여부를 어떻게 확인할 것인가?

〈표 8-1〉 보편통합모형 기저선의 평가

| 평가 척도 | 1 | 2 | 3 | 4 |
|---|---|---|---|---|
| **개인**: 자기자각 | | | | |
| 자신에 대한 믿음 | | | | |
| 확신감 | | | | |
| 동기와 열정 | | | | |
| 자기관리 | | | | |
| **사회**: 타인에 대한 자각 | | | | |
| 타인에 대한 공감: 타인의 관점에서 사물을 보는 것 | | | | |
| 차이와 보편성의 평가 | | | | |
| **전문가**: 코치/멘토로서 사용하는 기술과 기법 | | | | |
| 지도자로서 사용하는 기술과 기법 | | | | |
| 새로운 상황에서 사용하는 기술, 지식 및 기법 | | | | |
| 보편적인 학습자로서 사용하는 지식과 기술 | | | | |
| **문화**: 시스템 운영 방식에 대한 지식 | | | | |
| 새로운 지식과 사고를 친숙한 상황에 적용하는 것 | | | | |
| 새로운 지식과 사고를 새로운 상황에 적용하는 것 | | | | |
| **평가 점수의 총점** | | | | |
| 15~30점 사이: 의미 있는 성장이 부족함 | | | | |
| 31~40점 사이: 성장할 수 있는 강한 경향성이 있음 | | | | |
| 41~52점 사이: 의미 있는 성장을 보여 주고 있음 | | | | |

우리는 코칭/멘토링 훈련에 필요한 예비 조건으로서, 그리고 서로 다른 역할들에 대한 적합성(적성)을 확인하기 위하여 간단한 조사 목록을 만들어 보았다. 개인 코디네이터들은 잠재적인 참가자들이 과정에 얼마나 적합한지를 평가(참가자들과 과정 간의 매칭)하기 위해 검사를 사용하고자 하겠지만, 이 검사는 그런 목적으로 정교화된 도구가 아니다. 이 검사는 보편통합모형의 개인적, 사회적 그리고 문화적 차원에서 도출된 것

이다. 따라서 이 도구는 코칭/멘토링이 다룰 범위를 적절하게 평가하기 위해 함께 이야기를 나누는 출발점으로 활용될 수 있다. 개인은 시간을 따라 그리고 경험에 따라 변화될 것이다.

**Part I: 코칭/멘토링 과정에 대한 수용도**

다음 문항에 동의하는 정도에 따라 1~4점으로 평가해 본다(1=전혀 동의하지 않음, 2=동의하지 않음, 3=동의함, 4= 매우 동의함).

1. 나는 자신에 대해 더 많이 알고 싶다.
2. 나는 말하는 것이 대상을 명확하게 하는 데 도움이 된다는 것을 안다.
3. 나는 새로운 것을 학습하고 다르게 행동하고 싶다.
4. 나는 자신의 결정에 대해 책임을 지고 싶다.
5. 나는 생각을 말로 표현하고 새로운 방식의 사고를 하고 싶다.
6. 나는 내가 학습하는 방식에 대해 더 많이 이해하고 싶다.
7. 나는 나의 강점과 성공 요인에 대해 더 많이 알고 싶다.
8. 나는 내가 다른 사람들과 관계 맺는 방식과 그들이 나와 관계 맺는 방식을 이해하고 싶다.
9. 나는 내 주변에서 상황이 어떻게 돌아가는지에 대해 더 많이 이해하고 싶다.
10. 나는 다른 사람들의 관점을 이해하고 싶다.

총점을 전체 문항 수인 10으로 나눈다. 3~4점의 점수는 코칭/멘토링의 과정에 대한 수용도가 높다는 것을 의미한다.

### Part 2: 코치/멘토의 역할에 대한 수용도

다음 문항에 동의하는 정도에 따라 1~4점으로 평가해 본다(1=전혀 동의하지 않음, 2=동의하지 않음, 3=동의함, 4= 매우 동의함).

11. 나는 다른 사람의 말을 경청하는 것을 좋아한다.
12. 나는 경험을 공유하는 것을 좋아한다.
13. 나는 질문하는 것을 좋아한다.
14. 나는 침묵을 알아차린다.
15. 나는 다른 사람의 이야기에 흥미를 느낀다.
16. 나는 뭔가 돌려 주고 싶어 한다.
17. 나는 다른 사람의 성장을 촉진시켜 준 경험이 있다.
18. 사람들은 나를 영향력 있는 사람[sounding board]으로 활용한다
19. 나는 다양한 사람들이 다양한 맥락에서 행동하는 것을 이해하고 싶다.
20. 나는 다른 사람들이 나를 어떻게 보는지 인식하고 있다.

총점을 전체 문항 수인 10으로 나눈다. 3~4점의 점수는 코치/멘토의 역할에 대한 수용도가 높다는 것을 의미한다.

### Part 3: 코디네이터 역할에 대한 수용도

다음 문항에 동의하는 정도에 따라 1~4점으로 평가해 본다(1=전혀 동의하지 않음, 2=동의하지 않음, 3=동의함, 4= 매우 동의함).

21. 나는 코칭/멘토링을 장려하는 경험적 근거를 사용하길 좋아한다.
22. 나는 멘토와 멘티들을 지원할 수 있다.
23. 나는 프로젝트 관리를 할 수 있다.
24. 나는 다양한 배경의 사람들을 존중한다.
25. 나는 대부분의 사람들이 도움 받는 역할과 도움 주는 역할 사이를 오간다고 믿는다.
26. 나는 두 가지 접근으로 코칭/멘토링을 해 본 경험이 있다.
27. 나는 타인의 관점을 볼 수 있다.
28. 나는 다른 사람의 다양한 배경과 문화들의 작동 범위를 이해한다.
29. 나는 촉진facilitation 역할과 관련된 기술을 갖고 있다.
30. 나는 사람들 간의 통합을 이루어 낼 수 있다.

총점을 전체 문항 수인 10으로 나눈다. 3~4점의 점수는 코디네이터 역할에 대한 수용도가 높다는 것을 의미한다.

## 학습에서의 연습

코칭과 멘토링의 토대인 학습의 본질을 재차 강조하기 위해서 우리는 다음 연습들을 추천하고자 한다. 이 연습들은 7장에 기술한 능력배양심리학empowerment psychology의 모형 및 원리와 관련되어 있다. 연습들은 훈련 기간 동안 개별적으로 혹은 집단으로 시행될 수 있다. 만약 집단으로 이루어지는 경우라면, 코치는 각 집단에서 촉진자 혹은 대변인을 선발하여 전체 집단에게 동일한 요점과 피드백을 요약하게끔 할 수 있다.

### 부정적 학습의 출처를 확인하기

**연습** 1.1

당신이 자신의 변화를 위해 나아가던 중, 과거에 겪었던 부정적인 경험을 목록으로 작성해 본다.

만약 그런 경험을 회상하기가 어렵다면, 새로운 것을 학습하는 것이 어려웠을 때와 관련된 중요한 인물을 생각해 본다. 이 사람 혹은 이런 경험은 최근의 것일 수도 있고 오래전 과거일 수도 있다. 우리의 경험에 의하면 참가자들은 종종 학창시절의 선생님들을 떠올리곤 한다.

### 심리적 요인들을 확인하기

**연습** 1.2a

능력이 부족한 코치/멘토의 특성들을 목록으로 작성해 본다. 코칭 경험이 전혀 없는 경우라면, 훈련자 혹은 교사에 대해 생각해 본다.

**연습** 1.2b

유능한 코치/멘토의 특성을 목록으로 작성해 본다.

### 중재를 확인하기

연습 1.1에서 기록한 장애 요인/어려운 상황을 어떻게 극복했는지를 설명해 본다. 다음 질문들을 고려해 보는 것이 도움이 될 것이다.

- 이것을 경험한 후의 그다음 목표는 무엇이 될 것인가?
- 어떤 결과가 기대되는가?
- 당신의 중재는 어떤 종류의 책략으로 구성되어 있는가?
- 전략은 어떤 형식이나 양식을 취하고 있는가?
- 만약 당신이 코치라면 어떤 코칭 기법을 사용할 것인가?
- 어떤 자원이 필요한가?

## 게슈탈트 연습

게슈탈트 기법은 자각을 증진시키는 일련의 연습과 연속적 자각으로 실습될 수 있다. 게슈탈트 연습의 목적은 실습자가 현재, 즉 지금-여기에서 충분히 자각할 수 있도록 도와주는 것이다. 이는 지금 이 순간에 존재하기living in the moment다. 연습을 하는 동안 코치의 역할은 피코치자가 현재에서 떨어져 있다면 다시 현재로 돌아오게끔 하는 것이다. 피코치자/멘티는 코칭을 통해 현재 진행 중인 자신들의 경험에 지속적으로 주의를 기울이게 되고 자신이 자각한 것을 언제 표현하기 어려운지 떠올리게 된다.

이전 장에서 우리가 자아를 하나의 도구로 사용하는 것에 대해 이야기한 것을 기억할 수 있을 것이다. 다음 연습에서, 여러분은 여러분의 현재, 여러분의 자아를 사용하는 방식이 변화 과정에 본질적인 부분임을 알게 될 것이다. 이런 연습의 목적은 여러분이 연속성과 고행수도asceticism 생활을 보다 잘 자각할 수 있도록 도와주는 것이다. 즉, 연습을 통해 여러분은 생물학적인 차원을 넘어서서 여러분의 개인 특성personhood 및 실재와 직접 접촉하게 된다. 이렇게 자신의 특성 및 실재와 직접 만나게 되면, 명확도가 커지고 잡음에 비해 중요 메시지의 비율이 증가하게 된다.

게슈탈트 연습에는 세 가지 수준이 있다. 이는 참가자들의 자기 및 사회적 자각과 개입을 점진적으로 증가시켜 준다. 이들은 다음과 같다.

- 나/너I/You 연습
- 연속성의 인식
- 강자top dog와 약자under dog의 연습

## 수준 1: 나/너 연습

이 연습은 게슈탈트 심리학에서 중요하게 여기는 당신의 자각을 개발하는 데 도움이 된다.

### 연습 1.1: 존재

이 연습은 존재감에 초점을 둔다. 이 연습은 혼자 할 수도 있고 짝으로 혹은 집단으로 할 수도 있다. 짝으로 실시할 경우, 참가자들은 서로의 얼굴을 마주 보고 앉은 다음 눈을 감는다. 그리고 다음 지시문을 들려 준다.

- 편한 대로, 하고 싶은 대로 자세를 취하세요.
- 당신의 신체 감각, 자세 그리고 얼굴 표정에 주의를 기울이세요.
- 당신의 순간순간의 자각에 따라 자신의 자세를 잘 맞춰 조정해 보세요.

- 편안하게 준비가 되면, 눈을 뜨고 가만히 있으세요.
- 눈의 긴장을 푸세요.
- 신체를 편하게 이완하세요.
- 현재에 있다는 느낌 – '나는 느낀다^I sense^' 에 초점을 두세요.
- '나는 여기 존재한다^I am here^' 고 느끼세요.
- 이완하세요.
- 잠시 동안 '나는 느낀다^I sense^' 에 초점을 두세요.
- 당신의 호흡을 의식하세요.
- 자신에게 나지막하게 '나는 여기 존재한다' 라고 이야기하세요.
- 호흡에 맞추면서 속으로 '나는 여기 존재한다' 라고 말하세요.
- 예를 들어,
  - 숨을 들이시면서 '나는' 에 초점을 두세요.
  - 잠시 멈추고 '여기' 라는 말을 떠올리세요.
  - 숨을 내쉬면서 '있다' 라는 말에 초점을 두세요.
- 현재에 대한 감각을 충분히 얻거나 최대한 느낄 수 있다고 느낄 때까지 호흡 연습을 계속하세요.

### 연습 1.2: '너^You^' 에 대한 자각

이 연습은 타인의 존재를 자각하고 타인의 개인적 특성(개성)에 대한 감각과, 객관적 대상^it^에 대한 경험이 아닌 '너 혹은 당신' 에 대한 감각을 개발하는 데 도움을 준다. 짝을 지어 작업을 하면서 다음 지시문이 제시된다.

- 마주 보고 앉으세요. 그리고 눈을 감으세요.

- 원하는 대로 자세를 취하고 있으세요.
- 당신의 신체 감각, 자세 및 얼굴 표정에 주의를 기울이세요.
- 당신의 순간순간 자각에 맞추어 자세를 편안하게 취하세요.
- 편안하다고 느끼고 준비가 되면 눈을 뜨고 가만히 계세요.
- 당신 앞에 앉아 있는 사람에게 초점을 두세요. 대화를 나누지는 마세요.
- 이 사람을 진실로 존재하는 한 사람으로 바라본다는 사실을 의식하세요.

**연습 1.3: 나-너**

이는 연습 1.1과 1.2의 확장으로서 다음과 같은 과정을 포함한다.

- 연습 1.1을 하세요.
- 연습 1.2를 하세요.
- 이제 '나'와 '너'에 초점을 두고 동시에 '나와 너'를 둘러싼 무한대의 감각을 불러일으켜 보세요.
- 나즈막히 '나-너- 무한대'라고 말해 보세요.

**연습 1.4: 나-너-나**

파트너를 바꾸고 당신이 칭찬하고 좋아하는 사람의 세 가지 특질과 당신이 싫어하는 사람의 세 가지 특질을 적어 본다. 그런 다음 이렇게 말한다. 자신이 작성한 특질을 넣어서 '나는 …이다(하다)'라고 말해 본다.

서로 다른 이유로 각각의 사람들의 특질을 동일시하기가 어려울 것이다. 예를 들면, 너무 으스대는 것 같아서 '나는 용감해'라고 말하기가 어려울 수도 있고, 자신을 너무 비판하는 것 같아서 '나는 무례해'라고 말하기가 어려울 수도 있다. 부정적인 특질에 대해 말하는 것은 자신 또한 그런 특성의 일부를 가질 수 있다는 사실을 깨닫게 해 준다.

## 수준 2: 연속성의 인식

이 연습들은 실제적인 욕구에 대한 자각을 높여 줌으로써 실제로 행동을 실행하도록 할 수 있다. 마치 여러분이 앉아 있는 모습이 어떤지를 알아차리지 못하는 것처럼, 놓쳐 버릴 수 있는 것들에 주의를 기울이게끔 도와주는 연습이다. 집단으로 연습을 할 때는 특히 침묵이 흐르는 순간에 주의를 기울인다. 더 깊은 침묵은 더 깊은 소통을 이끌어 낼 수 있다.

### 연습 2.1: 지각

이 연습은 몇 분 정도 소요된다. 따라서 방해받지 않는 시간을 선택한다. 종이와 펜을 준비하고 다음 감각에 초점을 두려고 노력해 본다.

- 시각
- 소리
- 촉감
- 맛
- 냄새
- 신체 감각

이를 자각하게 될 때 각 항목figure을 메모한다. 그리고 그다음 것이 나타날 때까지 계속 유지한다. 메모할 사항은 다음과 같다.

- 벽지의 색깔
- 벽에 있는 그림들
- 다른 사람들의 목소리
- 넓적다리 뒤쪽 살갗에 느껴지는 옷의 압력
- 혀에 느껴지는 들쭉날쭉한 치아
- 입 안의 신맛
- 팔꿈치가 약간 불편함
- 다리를 움직이고 불편감을 해소하기

여러분은 정신을 어딘가에 몰입시키지 않고 비우는 것이 필요하며, 최대한 수용적인 자세를 취하는 것이 필요하다. 이 모든 것을 다 할 필요는 없다. 자신의 감각을 수용하는 정도와 공상이 다른 감각(예: 냄새)보다 상대적으로 특정 감각(예: 시각)을 자각하도록 이끈다는 것을 여러분은 알 수 있을 것이다.

여러분이 한 대상(전경)을 자각한 다음, 그것이 배경ground으로 사라지며, 또 다른 전경이 나타나는 것을 주목해 본다. 자신과 외부 간 경계에 대한 여러분의 자각이 점차적으로 증가될 것이다.

소음, 냄새 혹은 감각이 어떤 것인지, 왜 그렇게 지각하는지에 대해 생각하려고 해서는 안 된다. 단지 감각에 대한 자신의 의식 흐름만 자각한다. 여러분을 자신의 환경에 개방하고 수용하라.

### 연습 2.2: 순간에 살기

아무것도 기록하지 않고 연습 1을 반복하라. 당신이 잠시 동안 집중할 수 있는 곳이면 어디에서든 가능하다. 예를 들어, 욕실이나 그 밖에 조용히 앉아 있을 수 있는 곳이면 된다.

### 연습 2.3: 독백(자기보고)

이는 집단 연습과제다. 세 명씩 집단을 만든 다음, 각각의 개인은 10분 후에 서로의 역할을 바꾼다. 세 가지 역할은 다음과 같다.

- 리포터/배우
- 청취자/목격자
- 코치/슈퍼바이저

배우와 목격자는 코치를 사이에 두고 서로 마주 보고 앉는다. 한 집단에서 연습 2.3을 반복한다. 배우들은 자신이 외부적으로 내부적으로 자각하는 것을 돌아가면서 이야기한다.

### '배우'에 대한 지시문

기본적으로 세 가지 자각의 영역—지각, 감정 및 행동—이 있다. 이 연습에서 당신은 지각의 기저에 있는 상황에 대한 자신의 감정을 강조하고 자신의 감정을 거울에 비춰 보기 위해 행동을 활용한다. 즉, 당신이 지각하는 것을 느끼고, 느껴지는 감정을 행동으로 표현한다. 청취자에게 여러분이 지각한 바(무엇을 보고, 듣고, 냄새를 맡았는지 등)를 보고한다. 이

때 이런 지각에 대해 어떻게 느꼈는지를 강조한다. 예를 들면, 당신은 이렇게 말할 수 있다.

- 나는 내 자신의 호흡을 들을 수 있고 편안함을 느낀다.
- 말한 대로 나는 내 자신의 목소리를 들을 수 있고 나 자신을 의식하고 있음을 느낀다.
- 지금 나는 내 가슴이 뛰는 것을 의식하고 있다.
- 지금 나는 에어컨 소리를 의식하고 있다.
- 지금 나는 밖의 자동차 소리 때문에 방해를 받고 있다.

**'청취자'에 대한 지시문**

- 무엇이 들리는지 귀를 기울여 보세요.
- 신체 언어를 관찰하세요.
- 목격자로서 행동하세요.
- 어떤 단서도 제공하지 마세요.
- 화자에게 응답하지 마세요.
- 승인과 거부 표현을 하지 마세요. 예를 들어, 미소를 짓지도 어깨를 으쓱거리지도 마세요.
- 가만히 그대로 있으세요.
- 비판단적인 태도를 취하세요.
- 명상의 자세를 취하세요.
- 아무것도 하지 마세요.
- 그냥 있으세요.
- 얼굴의 긴장을 푸세요.

• 혀를 이완하세요.
• 리포터가 말하는 것을 이해하려고 애쓰지 마세요. 애쓰지 않으면 이해가 더 잘 된다는 것을 알게 될 것입니다.
• 내부와 외부 모두에 주의를 기울이려 노력하세요.
• 당신의 지각—무엇을 보는지, 무엇이 들리는지, 화자의 목소리와 말—에 초점을 맞추세요.
• 순간순간 당신이 어떻게 느끼는지에 초점을 맞추세요.

### '코치'에 대한 지시문

코치는 게슈탈트 코치로서 행동한다. 역할은 배우와 목격자가 규칙을 준수하는지를 확인하는 것이다. 다음과 같이 규칙의 위반을 지적한다.

• 말하는 것은 경험을 표현하는 것이 아니라는 것을 지적한다(예: 이야기하기).
• 목격자의 자세(예: 편안하게 이완되어 있지 않아 보임)를 지적한다.
• 연습에서 하지 말아야 하는 것에 대해 주의를 준다(예: 끄덕이기, 미소 짓기 등).

## 수준 3: 강자/약자 연습

이 연습은 빈 의자 기법 혹은 세 개의 의자라 불리기도 하는데, 최소한 20~30분 정도 소요되며, 4단계로 구성되어 있다.

1. 강자로서 자아 비판하기: 정서에 대한 단어, 목소리 그리고 몸짓이

거침없이 흘러나오게 한다.

2. 약자 역할로 전환하기: 배우에게 성격이나 태도 면에서 약자 역할을 하도록 요청한다.
3. 강자 역할로 전환하기
4. 서로 동의하는 방향으로 작업하기

짝으로 작업을 하면서 한 사람은 (한 의자에 앉아 있으면서) 코치로서의 역할을 하고, 다른 한 사람은 (다른 의자에 앉아 있고 세 번째 의자는 비워 둔 채로) 피코치자로서의 역할을 한다([그림 8-1]). 만약 참가자가 3명 이상이라면 나머지 사람들은 관찰자의 역할을 할 수 있다.

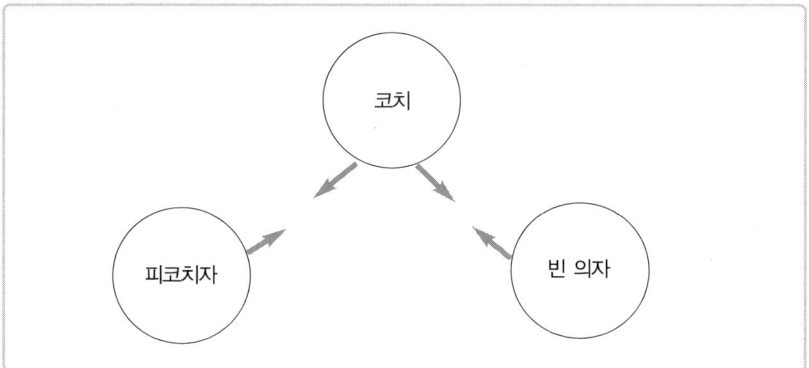


[그림 8-1] 세 의자 기법 연습

- 코치:
  - 피코치자에게 자신의 걱정거리, 반대 의견, 의심을 추상적이고 일반적인 표현 방식이 아닌 직접적인 방식으로 표현하도록 요청한다.

– ‘지금 그것을 어떻게 경험하나요?’ 혹은 ‘이에 대해 어떻게 느끼는지 직접 말해 보세요?’라는 질문으로 시작한다.

– 피코치자에게 미해결 상황을 행동으로 표현해 보게 한다. 예를 들어, 방에 다른 사람들이 있다고 상상하거나 배우들을 활용하여 행동으로 연기해 보도록 요청한다. 피코치자는 이를 통해 현재 시점에서 심리적 차단 요인들을 경험하고 완성하는 데 도움을 얻을 수 있다.

행동으로 표현한 이후에 어떤 일이 일어나고 있는지를 평가하는 것이 코치의 중요한 역할이다. 예를 들어, 피코치자 B가 P라는 다른 사람과의 관계를 설명하고는 B가 P에 대해 어떻게 느꼈는지를 설명한다고 해 보자. 이때 코치는 피코치자 B에게 빈 의자로 가서 P가 되어 보도록 한다. B는 ‘내가 P에 대해서 어떻게 느꼈는지’와 같이, P의 성격과 삶을 첫 번째 사람에게 설명을 한다. 그런 다음 B는 다시 자신의 의자로 돌아와서 P에 대한 자신의 감정을 기술한다. 이를 통해 코치는 피코치자가 자신의 행동과 태도를 어떻게 변화시켰는지를 찾아내야 한다. 예를 들어, 코치는 B에게 “당신이 P가 되어 앉아 있는 모습은 거의 사람들을 무시하는 듯하네요.”라고 말을 할 수 있다. 이런 종류의 피드백을 받고 피코치자는 자신이 스스로를 어떻게 묘사하고 타인을 어떻게 표현하는지 알 수 있게 된다. 이런 연습은 다른 사람들이 왜 특정한 방식으로 행동하는지를 자각하게 해 주고 관계를 다르게 이해하는 데 도움을 준다.

여러분은 피코치자가 P가 되었을 때 목소리 톤의 변화를 감지할 수 있고, 피코치자가 자신이 아닌 P가 되었을 때 환경을 얼마나 더 잘 지각하는지를 주의해서 볼 수 있다.

## 이야기 접근의 연습

이야기 접근에서 코치/멘토의 전형적인 역할은, 피코치자/멘티가 생각해야 할 개념과 이야기를 연결지을 수 있도록 일련의 질문을 하는 것인데, 이를 통해 피코치자/멘티는 자신의 경험을 차례대로 열거하면서 이야기를 할 수 있다. 이야기가 만들어지는 과정은 다음과 같이 구성되어 있다.

- 다시 저술하기 대화: 기술과 지식에 관한 풍부한 이야기 개발하기
- 다시 기억하기 대화: 기술과 지식에 관한 풍부한 이야기 개발하기
- 집단 연습: 외부 증인의 재진술
- 선언 의식(커뮤니티): 재진술한 것을 다시 진술하기

### 다시 저술하기 대화: 기술과 지식에 관한 풍부한 이야기 개발하기

다시 저술하기 대화의 목적은 피코치자/멘티 자신의 삶의 경험에 대한 이야기를 다시 저술함으로써, 기술과 지식을 다시 개발하는 것이다. 다시 저술하기 대화를 통해 참가자들은 자신의 삶을 행위의 관점으로 바라보면서, 가까운 미래로 한걸음 나아가는 발판을 마련하게 된다. 이야기를 하는 사람들이 행동 계획을 세우고 행동 계획에 적합한 상황 여건을 고려하며 계획의 결과에 대해 예측해 보도록 격려하는 질문이 제시된다. 이야기 코치는 다시 저술하기 질문을 진행하기 전에, 먼저 의식의 관점에서 이야기를 풍부하게 만들어 갈 수 있는 발판을 마련하는 것이 필

요하다. 이 연습을 통해 여러분은 이 질문 기술들 중 일부를 개발할 수 있을 것이다.

우선, 참가자들은 특성, 성격, 약점, 동기, 추동, 욕구, 자원, 강점, 특질 등과 같은 다양한 범주의 자아 정체성에 대해 이야기함으로써 의식의 관점과 관련된 질문에 대답할 것이다. 그러나 이런 결론은 피코치자들에게 부적절한 기초를 제공할 수도 있다. 즉, 이들은 뭔가에 가로막히게 된다. 이야기 코치들은 이야기하는 사람들의 삶에 힘을 불어넣어 주는 적절하고 보다 긍정적인 대안의 정체성을 안내해 주어야 한다. 따라서 화자의 신념, 관여, 의도, 목적, 가치, 비전, 희망 및 꿈 등을 발견하도록 노력해야 한다.

### 연습 1: 다시 저술하기 대화 기법으로 기술과 지식을 개발하기

코치/멘토는 다음 질문들을 단지 하나의 지침으로만 사용해야 한다. 이는 비공식적인 대화이지 공식적인 면접이 아니라는 점을 기억하고, 가능하면 자연스럽게 대화하고, 필요하다면 자신만의 질문을 개발하여 사용할 수도 있다. 답변에 특히 주의를 기울이고 상대방이 이끄는 대로 자연스럽게 따라간다.

1. 저에게 자발적으로 이야기를 해 주셔서 감사합니다. 최근에 획득한 기술이나 학습한 것에 대해 생각해 볼까요? 만약 당신이 행복하다면, 우리는 이에 대해 함께 더 탐색해 볼 겁니다.
2. 어떤 일이 있었는지 이야기해 주세요.
3. 제가 그 상황에 있었더라면 무엇을 봤을까요?
4. 학습하는 것이 쉽습니까? 어렵습니까?

5. 어려움을 극복했다고 느꼈던 중요한 순간이나 전환점이 있었습니까?
6. 이를 성취하면서 어떤 일이 일어나길 원했습니까?
7. 이 기술을 학습하려는 당신의 의도나 목적을 제가 이해할 수 있을까요? 이를 통해 당신이 중요하게 여기는 특별한 가치나 신념을 보여 주었습니까? 그렇다면 특별한 가치나 신념은 무엇입니까?
8. 당신에게 중요한 가치, 의도, 목적은 무엇입니까?
9. 당신이 지금 하고 있는 것과 관련하여, 이러한 의도와 목적을 갖는 것이 왜 중요합니까?
10. 이런 가치/신념에 대해 생각해 본다면, 당신의 삶에서 이런 가치 및 신념과 연결될 수 있는 희망과 꿈은 어떤 것입니까?
11. 이런 가치 및 신념들이 존재할 때, 지금 당신이 바라는 것은 무엇입니까?
12. 당신이 저에게 말한 이야기에 제목을 붙여 볼까요?

만약 시간 여유가 있다면 다음 질문들을 해 본다.

13. 최근에 우리가 지금 이야기하고 있는 주제에 해당되는 다른 일을 한 것이 있습니까?
14. 당신의 인생에서 이런 주제/의도/가치/희망/꿈이 있었던 때가 언제였습니까?
15. 당신의 과거 어떤 모습이 이런 주제/의도/가치/희망/꿈을 보여 주는 것입니까?
16. 당신에게 중요한 이런 주제/의도/가치/희망/꿈을 반영해 주는 이

전의 예가 있다면 이야기해 줄 수 있습니까?

17. 과거 사건에 비추어 본다면, 당신의 최근 경험은 어떤 것 같습니까?

마지막으로 다음과 같이 질문한다.

18. 이런 대화를 하는 게 어떻습니까?
19. 자신의 일과 관련해서는 어떤 생각을 하게 됩니까?
20. 당신이 무엇을 할 수 있을 것 같습니까?
21. 이런 주제/의도/가치/희망/꿈이 계속 될 수 있습니까? 만약 그렇다면, 그다음 단계는 무엇입니까? 그다음 단계가 당신의 주제/의도/가치/희망/꿈을 지지해 줄까요?

### 다시 기억하기 대화: 기술과 지식에 관한 풍부한 이야기 개발하기

다시 기억하기 대화는 하나의 질문으로서, 두 단계를 거치게 된다. 각 단계는 다시 두 과정으로 되어 있는데, 첫 번째 과정에서 코치는 화자에게 이렇게 해보도록 한다.

- 중요 인물이 한 개인의 삶에 어떤 기여를 했는지를 자세하게 열거해 보세요(중요 인물이 개인의 삶에 기여한 바).
- 이 중요 인물을 한 개인의 정체성 문제와 관련하여 의식해 보세요. 구체적으로 이 중요 인물과의 관계가 자신이 누구이며, 자신의 삶이 어떠한지, 즉 자신의 정체성 형성에 어떤 방식으로 도움을 주었는지

를 자세하게 이야기해 보세요(중요 인물의 눈을 통한 개인의 정체성).

다음 단계에서 코치는 화자를 이와 같이 이끈다.

- 화자가 이 인물의 삶에 기여한 것이 무엇인지를 자세하게 이야기해 보세요(그 인물의 삶에 개인이 기여한 바).
- 이 중요 인물을 이 사람의 정체성과 관련하여 의식해 보세요. 구체적으로 이 중요 인물과의 관계가 그들이 누구이며, 그들의 삶이 어떠했는지, 즉 중요 인물의 정체성 형성에 어떤 방식으로 도움을 주었는지를 자세하게 이야기해 보세요(중요 인물의 정체성에 기여한 바를 시사해 줌).

### 연습 2: 다시 기억하기 대화 기법으로 피코치자의 기술과 지식을 개발하기

대화할 주제를 선정한다. 피코치자가 자신의 이야기를 당신에게 이야기하는 것처럼, 자신의 일에 대해 곰곰이 생각하는 그 모습을 보고 놀라지 않을 한 사람을 떠올려 보도록 한다.

코치/멘토는 다음 질문들을 단지 하나의 지침으로 사용해야 한다. 이는 형식적인 면접이 아니라 비공식적인 대화이므로, 가능한 한 자연스럽게 말하고 필요하다면 자기만의 질문을 개발한다. 상대방의 답변에 특히 주의를 기울이며 상대방이 이끌도록 하고 이에 따른다. 의도/헌신/원칙/가치/신념/희망/꿈 등을 명확히 하라.

참가자들이 묘사하는 중요 인물과 정체성이 화자에게 중요하기만 하다면, 직접적으로 아는 사람일 필요는 없다(예를 들어, 영화배우, 작가, 만화 주인공 등도 상관이없다.)는 점을 기억해야 한다. 또한 이 인물들이 사람이 아니어도 상관이 없다. 예를 들면, 어렸을 적 기억을 떠올렸을 때, 아주 좋아했던 애완동물이나 아꼈던 장난감일 수도 있다.

1. 자발적으로 저에게 이야기해 주셔서 고맙습니다. 당신에게 중요한 한 가지에 대해 이야기해 주세요. 이것은 당신의 일과 삶을 이끌어 가는 방식, 당신의 의도 혹은 관여 방식의 일부일 수도 있습니다.
2. 이런 접근방식/의도/관여에 대한 당신의 일상적인 경험을 이해할 수 있도록 간략하게 이야기해 주세요.
3. 이런 작업 방식에 대한 어떤 신념/가치가 당신에게 중요합니까?
4. 당신에게 중요한 것에 대한 이야기를 했을 때, 이를 듣고 가장 놀라지 않을 누군가(이를 이해하고 인정해 줄 누군가)를 생각해 볼 수 있습니까(만약 피코치자가 누군가를 떠올리는 것이 어렵다면, 어렸을 때의 기억에 있는 사람일 수도 있음을 이야기해 준다. 예를 들면, 삼촌, 이모, 조부모, 교사 혹은 친구 등이다. 이 인물은 살아 있지 않을 수도 있고, 생각하기가 어렵다면 실제 알지 못하는 사람일 수도 있다. 이들은 좋아하는 책이나 영화 속의 주인공일 수도 있다. 또한 이들은 역사 속의 인물일 수도 있다. 아동기 때 자신과 함께했던 좋아하는 장난감이나 애완동물을 선택할 수도 있다. 이들 중 어떤 것이라도 다시 기억하기 대화에 적합하다.)?
5. 마치 이들을 나에게 소개하는 것처럼 이 사람에 대해 간략하게 이야기해 보세요. 예를 들면, 이들의 이름(X), 언제 어디서 만났는지 등에 대해서 말해 보세요.

6. X가 당신의 삶에 끼친 영향은 무엇이며, 당신의 삶이 이들에 의해 어떤 영향을 받았는지에 대해 이야기해 보세요.
7. X가 당신에게 자신과 함께 공유하고 일부가 되어 달라고 요청했던 것에 대해 어떻게 생각합니까?
8. X는 이에 대해 어떻게 했습니까?
9. 당신과 X가 함께 공유한 것으로 생각되는 예가 있습니까?
10. 다른 사람들은 지각하지 못했지만 X가 당신에 대해 이해하고 인정해 주었던 것은 무엇입니까?
11. 그들의 인정을 받을 만했던 당신의 행동은 무엇이었는지 되돌아가 생각해 보세요.
12. 당신은 그들의 인정에 반응을 했습니까?
13. 그것이 당신의 삶에 기여한 것을 인정했습니까?
14. 그것이 당신과 맞지 않았습니까? 아니면 그것이 당신에게 중요한 것과 일치했었습니까?
15. X가 그들 자신에게 중요한 것을 당신이 함께하길 원했다고 생각합니까?
16. 특히 당신이 그들의 관심이나 인정을 받기가 용이했다는 점이 X의 삶에 기여한 것이 무엇이라 생각합니까?
17. 당신이 X의 인생 목표나 인생관에 어떤 영향을 미쳤다고 생각합니까?
18. 그것이 그들의 목표를 강화시켜 주었습니까? 아니면 다른 쪽으로 주의를 돌리게 했습니까?
19. X가 만약 지금 여기서 이 대화를 듣고 있다면 어떻게 느낄지 상상해 볼 수 있습니까?

마지막으로 다음과 같이 질문한다.

20. 당신과 X에 대해 이런 대화를 하는 것이 어떻습니까?
21. X와의 관계를 기억해 냄으로써 당신의 일과 생활에서 무엇이 더 가능해지리라 생각합니까?
22. 이와 같은 다시 기억하기를 통해 당신 자신의 일과 생활에 대해 어떤 생각을 하게 됩니까?
23. 지금 당신이 무엇을 할 수 있을 것 같습니까?
24. 이 주제/의도/가치/희망/꿈이 계속 유지될 수 있습니까? 만약 그렇다면, 당신의 주제/의도/가치/희망/꿈을 지지하는 그다음 단계는 무엇입니까?

## 집단 연습: 외부 증인의 재진술

이 연습은 세 명 혹은 그 이상의 참가자가 한 집단을 이룰 때 시행될 수 있다. 연습 4.1과 4.2를 반복하되, 외부 증인 역할을 할 사람을 집단에서 한 명 혹은 그 이상을 선출한다. 화자가 자신의 이야기를 하고 난 뒤 다음의 주제로 외부 증인에게 질문을 한다.

- 하지 말아야 할 것:
  - 화자에 대한 의견을 표현하기
  - 화자의 자아 정체성에 대해 공표하기
  - 자신의 삶과 행동을 화자에게 예로 들기
  - 도덕적인 이야기 꺼내기

• 해야 할 것:

  – 귀 기울여 듣기

  – 당신이 들은 것이 무엇인지를 이야기해 주기

최초의 화자가 항상 중심에 있어야 한다는 것을 기억해야 한다. 만약 외부 증인이 자신의 역할을 잊어버리고 자신과 자신의 이야기를 하기 시작하면, 최초의 화자(T)에게 다시 초점을 맞추도록 한다. 예를 들면, '잠시 중단해도 될까요? 그것이 T의 삶과 관련이 있다고 생각합니까?' 혹은 'T가 그것에 대해 어떻게 느낄 거라 생각합니까?' 등이다.

### 표현을 확인하기

T의 이야기를 들을 때, T의 어떤 표현이 당신의 주의를 끌거나 당신의 상상력을 자극합니까? 어떤 것이 당신의 심금을 울렸습니까?

### 이미지를 기술하기

자신의 삶, 정체성 및 주변 세상에 대한 T의 표현이 당신의 마음속에 어떤 이미지를 불러일으켰습니까? 이런 표현들이 T의 신념, 관여, 목적, 가치, 희망 및 꿈에 대해 시사하는 바가 무엇입니까?

### 반응을 구체적으로 표현하기

당신의 일과 삶에 대해 그 이야기가 설명하는 것이 무엇입니까? 이런 표현들이 왜 당신의 주의를 끌었고 당신의 심금을 울렸습니까? 이런 표현에 의해 당신 자신의 삶의 경험에 대한 이미지가 떠오르는 것을 느낍니까? 당신 자신의 경험들 중에서 이런 표현과 일치되는 것은 어떤 것입니까?

### 전달을 승인하기

이 이야기를 목격하고 있었기 때문에 당신은 얼마나 감동을 받았습니까? 만약 당신이 이 대화의 청중으로 있지 않았다면, 어디서 이런 경험을 하게 되었을까요? 이런 표현을 목격했기 때문이 아니라면 어떤 방식으로 당신은 감동을 받습니까? 이 이야기에 당신의 방식대로 반응을 했기 때문에 당신의 모습은 어떻게 되었습니까?

## 선언 의식(커뮤니티): 재진술한 것을 다시 진술하기

이 연습은 규모가 더 큰 회의나 커뮤니티 모임에 적합하다. 선언 의식은 다음 단계로 이루어져 있다.

1. 먼저 참가자들은 큰 원으로 둘러앉는다. 선택된 주제를 소개하고 설명한다. 이것들은 개인적인 이야기나 커뮤니티 관심사와 관련된 것일 수 있다.
2. 주제에 대해 이야기한 참가자들은 큰 원에 있는 사람들로 하여금 소집단을 만들어 이 주제와 다른 참가자들의 이야기가 연결되는 대화를 하도록 한다. 한두 명의 팀 구성원들은 대화의 외부 증인으로서 각각의 소집단에 합류한다. 각 소집단의 참가자들은 이야기의 어떤 면을 외부 증인들이 보고해야 할지에 대해 협의한다.
3. 큰 원이 재소집된다. 이제 팀 구성원들은 원의 중심에 혹은 주위에 외부 증인과 함께 앉는다. 그다음에 각 집단의 외부 증인들은 소집

단 대화에서 들은 것과 경험한 바에 대해 다시 이야기를 한다(이는 집단당 30분 정도 소요될 수 있다.).

4. 이야기를 다시 이야기한 다음, 외부 증인들은 큰 원으로 다시 결합한다. 이때 화자는 자신이 들은 이야기를 곰곰이 생각해 본다.

## 이야기 사이코 드라마: 신체적 연습

7장에서 언급한 대로, 이야기 코치는 주로 피코치자의 이야기를 정교화하는 데 많이 의존하지만, 코치/멘토가 단지 언어적 의사소통에만 의존한다면 접근은 제한적일 수 있다. 이야기 사이코 드라마는 말로 표현되지 않은 이야기가 신체 표현으로 드러나게 해 줌으로써 강력한 대안을 제공해 준다.

이야기 사이코 드라마는 또한 자아 초월적 심리 차원transpersonal psychological dimension을 가지고 있다. 진정한 움직임을 통해 코치는 특정한 태도와 자세를 개발해 낼 수 있다. 아래 기술된 연습은 수행 코칭performance coaching 경험에 토대를 둔 것이며 그 개념은 의사연극 철학philosophy of paratheatre에서 나온 것이다(Alli, 1977). 이 접근은 마음과 신체 모두에 초점을 두기 때문에 피코치자/멘티에게 매우 귀중하다. 이 접근은 심리적으로 그리고 철학적으로 변화를 준비할 수 있는 새로운 방식을 제공해 준다.

집단으로뿐만 아니라 혼자서도 연습을 시행할 수 있다. 집단 연습이 코치/촉진자와 함께 이루어진다면, 코치/촉진자는 책임감을 가지고 건강과 안전성을 보장해 주어야 한다. 이를 위한 일련의 연습은 다음 절에 요약되어 있다.

1. 준비/개시
2. 신체적 워밍업 사이클
3. 호흡하기와 균형 잡기 연습
4. 몰입 운동flow movement
5. 행동화

의사연극paratheatre에서, 앨리(Alli, 2003)는 첫 세 단계를 각각 무형No-Form(공허한 상태와 친해지기), 접촉 지점Contact Point(개념에서 벗어나 적극적으로 직접 경험하고 직관적으로 느끼기), 그리고 분극화polarization(정서적 유연성과 강점을 향해 가기)로 명명했다.

첫 번째 단계는 비사교적asocial, 비수행적non-performance 환경에서 탐색된다. 의사연극이라는 개념에 따르면, 비사교적 태도는 에너지의 수직적 자원과 관련이 있는데, 이는 영적이고 자아 초월적인 특질을 가지고 있다. 여기서의 가정은 각 개인이 내적인 에너지와 숨겨진 계획을 가지고 있다는 것이다. 이런 에너지의 수직적 자원은 신체의 위에, 내부에 그리고 아래에 존재하고 내적인 충동의 흐름으로 감지될 수 있다. 비사교적 태도의 관점에서 보면, 이런 내적 힘들은 목격될 수 있고 경험될 수 있으며, 개인의 타고난 의도를 발견하는 데 이용될 수 있다. 예를 들면, 열을 만들어 내고 빛을 내고자 하는 개인의 의도는 물이라는 요소로 표현될 수 있다. 이 단계는 연습을 통해 우리의 사회적 조건 형성 과정과 우리의 존재(소위 원형archetype)를 지배하는 기저의 힘을 자각하는 데 더할 나위 없이 중요하다. 그것은 또한 에너지의 수직적 원천을 평가하고 진실한 모습이 되는 데 도움이 된다. 앨리(2003)는 이를 '(개인의) 수직적 통합을 구축하는 것' 으로 생각한다.

다음 단계는 신체적 워밍업 연습 과정으로, 전반적인 목적이 개인의 신체를 깊게 느끼는 것이다. 당신의 수행의 질은 개인적으로 연습에 얼마나 몰두하고 열심인지에 따라 달라진다.

호흡과 균형 잡기 연습은 서 있는 자세에서 내쉬는 호흡에 의식적으로 주의를 돌리게 해 줌으로써 '심리적으로 비어 있는 상태psychological emptiness'가 되도록 도와준다.

## 몰 입

몰입flow의 개념은 칙센트미하이(Csikzentmihalyi, 1991)의 몰입의 개념과 동일하다. 실제로 이는 최적의 경험optimal experience과 직접 만나게 해 주는 신체적 방법일 수 있다. 또한 '몰입 상태에 따르기go with the flow' 라는 말과 유사한 의미를 갖고 있다. 접근은 특정한 방향을 지향하지 않으며, 사회적인 의도를 갖고 있지도 않다. 여기서 당신은 당신의 움직임의 방향을 결정하는 최우선권을 당신의 신체에 부여하고, 에너지 자체가 방향을 이끌도록 허용해 준다. 이를 성취하기 위해서 이완이 필요하다. 이완은 당신의 신체적 에너지를 표현하기 위한 공간을 만들어 낸다. 당신은 당신의 의지에 따라 움직이기보다는 에너지에 의해 움직인다. 앨리는 이렇게 말한다. "조각가의 손에 있는 찰흙처럼, 우리는 모형 만들기가 시작되기 전에 만들어지기를 간절히 원해야 한다. 당신이 무엇인가를 만들기 전에 스스로가 만들어지는 것에 몰두해야 한다." 이 말은 게슈탈트 심리학과도 통한다.

## 행동화

코칭 연습의 전반적인 목적은 변화가 일어날 수 있게 하는 것이다. 게슈탈트 연습과 마찬가지로, 이 마지막 단계는 변화를 위한 계획뿐만 아니라 두려움을 행동으로 표현하도록 신체적인 예행 연습을 제공해 준다. 인지행동 코칭과 같이 변화를 수행하기 전에, 여러분은 장애 요인을 확인하고 이를 극복하기 위한 전략을 세울 필요가 있다. 신체적으로 행동화함으로써 여러분은 아래 두 목록을 만든다. 첫 번째는 쓰레기 목록dirt list으로서 정서적으로 부담스럽고 당황스럽고 어려운 경험과 적수들을 말한다. 사람들은 자신의 내적 곤혹스러움이나 심리적 장애물로 인해 무기력한 삶을 산다. 신체적인 드라마와 움직임으로 이들 경험을 행동으로 표현할 수 있는 방법을 연습한다. 쓰레기 목록을 행동으로 표현하는 것은 공간을 깨끗하게 만들고 정서적인 자아가 더욱 유연해지게끔 해 주며, 현실에 직면할 준비 과정에 필수적인 선행 요건이다. 이 연습을 통해 자아의 한 측면만이 아닌 '자아'의 더 많은 면모를 깨달을 수 있다.

위의 연습 후에 어떻게 되는가는 코치/촉진자가 제안하는 방향에 따라 달라진다. 피코치자들은 코치와 함께 변화를 위한 계획으로서 새로운 목록 만들기에 대해 토의하고 싶어 할 것이다(쓰레기 목록은 개인적인 자료로서 안전하게 보호된다.). 인지행동기법 등과 같은 다른 기법들은 맥락과 선호에 따라 서로 다른 방향을 지향할 수 있다. 팀 빌딩 연습과 같은 집단 상황이라면, 집단은 조직이나 사회적 맥락에 적합한 변화 계획을 공동으로 결정할 수 있다.

### 연습 1: 준비와 착수

준비 단계의 목적은 참가자들에게 공간 자각에 대한 비사회적 의지를 가르치는 것이다(만약 혼자 시행을 한다면, 혼자 착수를 한다.). 이 단계는 두 개의 하위 단계로 나뉘는데, 자신이 만들어 낸 상태에 대해 스스로의 책임감을 증가시키기 위한 것이다.

1. 책임감을 갖는다.
2. 자신만의 방식을 확인한다.

책임감 갖기 지시문: 다음과 같은 묵언의 서약을 한다.

- 각 개인은 자신의 안전과 자신이 창출해 낸 상태에 대한 책임감을 가진다.
- 자신의 안전에 대해 책임감을 가진다.
- 자신의 에너지 수준을 증가시킬 책임감을 가진다.

서약을 통해 여러분들은 두려움, 욕구 및 개인적인 제한점이 드러날 때 이에 주의를 기울일 책임이 있음을 확실하게 느끼게 된다. 만약 당신이 이를 간과한다면, 당신의 안전에 대해 다른 사람이 주의를 기울이고 보살펴 주기를 기대하고 이에 의존하게 된다. 당신은 '안전한 공간'을 갖고 있다는 확신을 가져야 한다. 이는 창의성의 토대를 마련해 준다. 아이는 안전감을 느낄 때 마음껏 놀 수 있다. 창의성은 신뢰의 토대 위에 꽃을 피울 수 있다. 역설적으로 안전감은 또한 모험을 할 수 있게 해 준다.

이제, 주의를 여러분 자신에서부터 의식적으로 벗어나 본다(그리고 집단 속에 있다면, 다른 사람들로부터 벗어나 본다. 예를 들면, 가구와 같은 대상으로). 당신의 주의를 하나의 '가치'로서 '공간' 그 자체로 돌려 본다. 이는 말 그대로 공간, 즉 장소(이는 회의실, 스튜디오 등)와 관계 맺는 것을 의미한다.

자신만의 방식을 발견해 보도록 한다. 당신이 준비가 되면, 실제 특정 장소의 공간에 있는 사람이나 대상이 아닌 공간 그 자체와 지속적으로 관계를 맺기 위한 방법으로 공간에서 움직여 본다. 신체적인 워밍업을 시작하기 전에 당신 자신의 공간을 발견할 필요가 있다. 이는 다음의 단계를 포함한다.

1. 장소 내의 공간을 통해 신체적으로 몸을 움직여 본다.
2. 당신의 개인적인 워밍업 공간으로 사용할 일부 작은 공간 영역을 정한다.

당신이 자신의 개인적인 공간을 발견했을 때, 그것을 '자신만의' 것으로 만들려는 노력을 의식적으로 해 본다. 당신의 영역 본능으로 이를 표시한다. 앨리(2003)가 말한 바와 같이, '동물들처럼, 성큼성큼 다가가 영역을 요구하라……. 자신만의 독특한 개인적인 방식으로 외부 경계와 중심을 표시하고 이 영역을 관장하라.'

**연습 2: 신체적인 워밍업 사이클**

신체적인 워밍업 사이클은 정지, 구부리기, 스트레칭, 움직이기의 단계로 구성되어 있다. 각 단계는 5~10분 지속된다. 시간적인 여건에 따라, 한 사이클에 약 20~40분씩 연속 과정을 반복한다.

1. 정지한 상태로 가만히 있는다: 신체적으로 정지된 상태가 되게끔 자세를 취한다.
2. 척추를 구부린다.
3. 스트레칭을 하고 동시에 깊은 호흡을 내쉰다: 몸을 깊이 느껴 본다. '감각이 없는[numb]' 부위를 확인하고 이 부위를 스트레칭해 보려고 노력한다. 신체적으로 편안함을 느끼는 범위 내에서 연습을 실시한다.
4. 움직인다: 몸에 땀이 날 정도로 충분히 열을 내기 위한 목적으로, 개인적인 영역 내에서 자유롭게 움직인다. 열이 날 때까지 계속 움직이고 움직임으로 자신의 경계를 확보하고 표시한다. 개인의 워밍업 영역 내에 있어야 한다. 이는 당신의 공간 내에 생체 에너지, 열 그리고 존재감을 축적하고 담는 데 도움이 된다.

**연습 3: 호흡하기와 균형 잡기 연습**

일어선 자세로 다음을 한다.

1. 자신의 호흡을 지켜본다. 자신이 내쉬는 숨을 강조한다.
2. 이완한다. 자신의 몸을 제어하거나 어떤 방향으로 향하게 하려고 노력하지 않는다. 척추를 지지하고 균형을 유지하는 데 필요한 대로 몸의 자세를 맞춘다. 몸이 수직 자세로 서서 편안하게 되게끔 한다.
3. 비어 있는 채로 있는다: 심리적으로 비어 있는 상태가 되게끔 노력한다. 속으로 말을 하거나 이런 저런 이미지를 떠올리며 주의가 산

만해지지 않도록 한다.

### 연습 4: 몰입 운동

이는 몰입과 함께 이루어지는 자유로운 움직임으로 구성되어 있다.

1. 이완 상태를 유지한다.
2. 신체 에너지를 자각한다. 그리고 그것을 따른다. 이에 저항하지 않는다. 이 에너지의 힘이 자신의 몸을 움직일 정도로 강하다고 느낄 때에는 그 방향대로 따라간다. 에너지를 제어하거나 어느 방향으로 향하게끔 하려는 희망을 가져서는 안 된다.
3. 몰입 상태에 따라간다.

### 연습 5: 행동으로 표현하기

이는 당신의 정서적 어려움의 일부를 행동으로 표출하는 것이다. 이는 다음 단계를 취한다.

1. 당신의 가장 개인적인 경험을 점검해 본다.
2. 쓰레기 목록을 만든다. 마음속으로 어려웠던 경험 목록을 만들어 본다. 특히 사회적으로 수용할 수 없거나, 자신의 정상적인 '좋은 품성'과 상반되는 적수로 생각하는 것들을 목록으로 만들어 본다.
3. 표현을 한다(행동으로 표현해 보기). 목록 중에 한 가지를 선택하여 이를 신체적으로 표현해 보고 행동으로 표출해 본다. 너무 심하게 자신을 다루어서는 안 된다. 웃음거리가 될까 봐 두려워해서는 안 된다. 행동으로 표현하는 것이 너무 두렵거나, 타인에게 자신이 좋

지 않게 비춰질까 봐 자신이 너무 의식이 되어 두렵다면(이는 특히 집단 상황에서 벌어질 수 있다.), 신체적인 형태로, 움직임으로 혹은 자세로 보여 줌으로써 이런 어색함을 표현한다.

4. 새로운 목록을 만든다. 단계 3을 반복한다. 하지만 이제는 '쓰레기 목록'에 있는 것과 직접적으로 반대가 되는 항목으로 목록을 만든다. 이 항목의 일부는 당신의 경험에 기초한 것일 수 있다. 만약 그렇지 않더라도, 단계 3에 있는 것과 반대라면 목록에 집어넣을 수 있다.
5. 변화를 이룬다. 단계 3을 반복한다. 하지만 이때는 단계 4의 새로운 목록에서 항목을 선택하여 신체적으로 이를 표현한다.

## 단원 요약

우리들이 소개한 연습을 보면, 강조점은 보편적이지만 기법은 상호 배타적일 수 있음을 보여 준다. 게슈탈트 멘토는 절대 '왜'라는 질문을 하지 않는 반면, 이야기 코치는 이야기의 모든 흐린 흔적에 대해 질문을 한다. 그러나 두 접근 모두 본질적으로 자아 초월적이라는 점을 깨닫는 것이 중요하다. 또한 게슈탈트 접근이 주로 지금-여기에 존재하는 순간순간을 주로 강조한다고 하더라도, 두 접근은 모두 현재에 존재하는 순간의 변화 혹은 변형을 수행한다. 어떤 기술의 발달에서와 마찬가지로, 그것이 게슈탈트 표현을 유능하게 하는 것이든, 이야기 접근에서 연계 발판을 만드는 질문이든, 연습하고 또 계속 연습을 함으로써 기술을 획득할 수 있다.

한편으로 이야기 사이코 드라마는 게슈탈트 심리학과 매우 관련이 많다. 이는 신체를 서로 반대편에 있는 양 진영을 함께 담고 섞어서, 모양을 변형하고 정제하는 하나의 도구—이런 경우 하나의 용기, 그릇—로 생각한다. 강자와 약자는 움직임이 나타나는 동안 계속 서로 함께 작용을 한다. 이 접근은 또한 연금술적인 특성을 지니고 있다. 앨리는 다음과 같이 말했다. "정신적인 시점에서 신체적인 시점으로의 중요한 이 전환은 가르칠 수 있는 것이 아니다. 당신 스스로 자신의 오감을 통해, 당신의 충동과 리듬을 통해 자신만의 방식을 발견해야 한다."

우리는 심리학의 원리를 토대로 하여, 개인들이 자신의 코칭/멘토링 접근을 자신의 경험과 학습자의 요구에 맞춰 적용할 수 있다고 생각한다. 기법은 다양하지만, 강조한 바와 같이 보편통합모형은 모든 접근에 일관되게 적용 가능한 면이 있다. 당신이 코칭/멘토링하는 대상이 임원이든 범법자이든 관계없이, 당신이 사용하는 기법이 게슈탈트이든 인지행동기법이든 이야기 치료이든 관계없이, 당신이 취해서 실행에 옮길 수 있는 중요한 것이 있다는 희망이 있다. 따라서 새로운 방식으로 사고하고 행동할 때다.

우리는 9장에서 사례 연구를 통해 위에 소개한 연습을 예로 설명하려고 한다.

Chapter 09

# 사례 연구

## 들어가기

이 장에서는 다양한 멘토링과 코칭 프로그램에 근거한 몇 개의 사례 연구를 제공한다. 각각의 사례에서, 우리는 경험을 통해 얻어진 성공과 도전들, 그리고 학습한 교훈들에 대한 복습을 제공하고, 가능하다면 이론들과 실제를 연결하고자 한다. 이 사례를 통하여 독자들이 성공적인 코칭과 멘토링이 무엇인가에 대한 깨달음을 얻을 수 있기를 희망한다.

다음의 사례는 국제적/다문화적 영역과 사회문화적 요소를 고려하여 주의 깊게 선정된 것들이다.

- 보건과 사회복지관리 코칭/멘토링 프로그램(사례 연구 1)
- E 코칭–장거리 코칭 파일럿 프로젝트(사례 연구 2)

• 다양한 지역사회에서의 이야기 코칭(사례 연구 3)
• 코칭/멘토링을 넘어서 코디네이팅으로(사례 연구 4)

사례 연구 1과 4는 우리가 개발한 보편통합모형의 코칭/멘토링 프로그램을 기초로 하고 있다. 개발의 맥락은 국가보건기구NHS와 영국의 사회복지기관 그리고 서부 아프리카, 유럽, 아시아의 경영체를 포함한 다국가적인 프로그램들이다.

사례 연구 2는 프랭크 브레서Frank Bresser의 MBA 연구(Bresser, 2006a, 2006b)로서 2005년에 수행되었던 대서양 협정 코칭 파일럿 프로젝트를 설명하고 있다. 이 사례는 영국코칭협회British association for Coaching와 텍사스주 휴스턴의 라이스Rice 대학교 등의 흥미로운 협동 작업을 근거로 한다. 또한 인터넷 기술과 전형적인 전화 시스템을 사용하는 전화 코칭의 장점과 어려움을 확인하여 준다. 이 사례는 수많은 설문조사와 질적 평가를 통하여 코디네이터와 코치, 피코치자에게서 받은 고무적인 피드백을 보여 주고 있다.

사례 연구 3은 오스트레일리아 애들레이드Adelaide에서 있었던 국제적인 이야기 치료International Narrative Therapy 워크숍과 회의, 그리고 영국 피터버러Peterborough에 있는 다양한 지역사회에서 사용되는 이야기 접근에 대한 기술과 지식을 어떻게 적용할지를 보여 준다. 또한 이 사례에서는 여행의 은유와 선언 의식definition ceremony을 이용한 이야기 접근의 다양한 조직을 함께 묶어 주는 힘이 나타나며, 코치와 멘토가 아이디어를 다양한 장소, 공간과 문화에 전달할 때 마주치는 도전과 어려움에 대해 이야기해 준다. 이것은 다양한 다중 파트너십과 관계자가 가지는 의견, 해석, 흥미, 가치와 사회/지역적인 요소(날씨와 같은)의 공통점과 차이점을 포함한다.

독자들은 예술, 드라마, 영화, 퍼포먼스, 노래, 픽션과 시를 포함한 다양한 실습이 코칭과 멘토링에서 어떻게 상호 교류적인 공통의 모습을 이끌어 내는가를 보는 것이 유용하다는 사실을 발견할 것이다. 우리는 깁(Gibb, 1988)의 6단계 성찰reflection 모델을 사용한 경험을 증거 자료로 제공함으로써, 이론적 지식이 실습에 연관되는 방법을 보여 줄 수 있을 것이라고 믿는다. 이것이 성찰 학습의 이론적 적용(3장)과 평가의 다양한 접근(9장의 핵심)의 연계를 형성한다.

사례 연구 4는 코칭, 멘토링 과정의 지속성을 형성해 주는 코디네이터의 역할을 강조한다. 우리는 주로 사용되는 코칭/멘토링의 과정을 살펴보고, 다양한 문화와 복잡한 상황에서 코디네이터의 역할 및 활동의 발로 등을 살펴본다. 또한 효율적인 코칭/멘토링을 위한 전략적 관점의 중요성과 다양한 문화 간 코칭/멘토링 상황에서의 전이와 역전이의 성격에 대하여 고려할 것이다. 우리의 경험상, 조직에서 코디네이터와 코칭/멘토링의 챔피어닝championing이 오랜 시간 코칭/멘토링을 지속시켜 줄 수 있는 주요 요인이다. 그러나 코디네이터 역할을 수행할 개인을 어떻게 선택하는지와, 그 역할이 어떻게 주요한 비즈니스 활동으로 나타나는지, 그리고 역할 수행을 위해 필요한 요구사항은 무엇인지 등이 충분히 개발되어 있지 않은 상황이다.

## 사례 연구 1: 보건과 사회복지관리 코칭/멘토링 프로그램

코칭/멘토링 프로그램은 한 지역에서 리더십 능력을 개발시키기 위하여 협의된 리더십 개발 전략의 한 부분이었다. 리더십 집단 내에서 가장 우선시되고 목표가 되는 두 가지 분류는 다음과 같다.

1. 상위 직급 수준들에서 저평가되는 흑인이나 소수민족의 지도자(흑인 및 소수민족BME 리더십 분류)
2. 야심찬 진보 프로그램의 효과적인 실습 전파를 가속화시키는 변화 촉진자로서 행동하는 지도자(변화 또는 변화를 위한 코칭 분류)

그 목적은 그들의 상황에 적합한 방식으로, 경영 집단으로부터 대표자를 선정하여 코칭과 멘토링을 훈련시키는 것이었다. 각 선발자는 5일간의 훈련을 받도록 선택되었으며, 12개월에 걸쳐 4일 동안 멘토링과 코칭에 참여할 것을 동의하였다. 그들에게는 코칭/멘토링 기법과 실습을 동반한 보편통합모형이 소개되었다.

변화 촉진자는 변화의 이론들과 접근 방식들을 배우고 그들의 상황에 적합한 기법을 연습했다. 그들은 한 환경으로부터 다른 환경으로 전환시킬 수 있는 유용한 실습의 비교문화적 함축성에 중점을 두었다. 여러 지역들의 주요 보건 및 사회 프로그램의 다양한 수행에서 확인된 것처럼, 실습의 전환 개념은 특별히 문제 소지가 많은 것으로 보여 왔다. 이것은 쉽게 사용할 수 있는 좋은 실습 지식이 있음에도 불구하고, 그 효과성이 지역적 사례에서만 인용되었던 것을 보면 알 수 있다.

흑인 및 소수민족BME 지도자는 자신의 진로 발달을 도와줄 다른 소수의 지도자와 함께 일하기 위해서, 자신의 기술을 적용할 수 있는 비교문화적인 맥락context을 찾고 있었다. 동시에 전국적인 프로그램에서 상급 관리자가 하급 위치의 흑인 및 소수민족 지도자들을 코칭/멘토링하도록 훈련받고 있었다. 이것은 코치와 멘토의 참여 풀pool을 넓혀 주었다. 바꾸어 말하면 분류 집단 내의 각 코칭/멘토링 대표자는 그들 자신의 코치/멘토로 제안된 것이다. 몇 개월 후에 코치와 멘토는 슈퍼바이저supervisor로 훈련될 기회를 얻었고, 따라서 그들의 역할을 슈퍼바이저로까지 확장할 수 있었다.

### 매칭(짝짓기)

훈련 이후에 각 개인은 그 과정에서 훈련받았던 피코치자/멘티와 짝지어졌다. 매칭 접근의 기준을 사용했음에도 불구하고, 코디네이터는 대부분의 과정에서, 참여하는 두 집단을 중개하는 역할이 필요함을 강조했다. 3개월 후에, 단지 멘토의 위치에서 멘토/코치의 역할만을 하도록 선정된 개인들이 가장 만족하지 못했던 것으로 나타났다. 이 단계에서 경험이 많은 코치와 멘티의 매칭이 가장 독립적일 수 있었으며, 문서화된 매칭 서비스에만 의존한 사람들은 첫 번째 회기가 끝난 후에도 코칭/멘토링의 매칭이 완성되지 않을 수 있었다.

## 보편통합모형 훈련의 핵심

두 분류 집단은 모두 5일간의 핵심 훈련을 받았다. 이 과정은 기본적인 코칭/멘토링 기술을 포함하고 있었으며, 상황 인식을 활성화할 수 있도록 훈련 기간을 확장하고 있었다. 그리하여 영역 간에서 효과적으로 움직일 수 있도록, 자신들의 환경과 특별한 사건들과 장벽에 대한 평가를 할 수 있었다. 변화 프로젝트는 연습의 전환이 지역적 경계, 직업적 경계, 정치적 경계, 기술적이고 구조적 경계 그리고 자신을 제한하는 신념의 경계를 넘어서는 것에 관련된다. 맥락에 초점을 두는 훈련은 주요 활동자를 포함한 조작적 환경에 대하여 깊은 이해를 이끌어 내는 것, 각 단계에서 성공적인 변화를 수행할 때 발생할 수 있는 위험을 인식하는 것, 그리고 각 변화 시기에서 의미를 개발하는 기법에 관한 것이다.

흑인 및 소수민족 리더십 분류에서 경계란 정치적, 구조적, 정책적, 의사소통과 지시적 경계들 그리고 자기제한적인 신념을 포함하는 것으로 간주되었다. 첨부되는 훈련의 강조점들은 개인적 순응acculturation, 이야기하기, 광범위한 지식 체계의 개발, 타인의 관점에 대한 이해 그리고 정치적 자각과 개인적 확신 등에 대한 개념을 통합하는 것이다.

## 과정을 지지하기

개인이 과정을 시작할 때, 그들 모두는 각각 계약서에 서명을 했고 모두 지속적 전문성 개발continuous professional development: CPD에 참여하는 것에 합의했다. 코디네이터는 코치/멘토와 피코치자/멘티가 섞여 있는 집단에서, 모든 피코치자와 멘티의 취향을 맞출 수 있도록 다양한 범위의 개발 기회를 제안했다. 많은 사람들이 다양한 시기에서 두 가지 역할을 수행했기 때문에, 그들의 이벤트 선택은 흥미로웠다. 모든 이벤트들은 지지받았고 12개월 동안 모든 사람들은 어떤 형태로든 슈퍼비전을 받았다. 가장 흥미로운 이벤트는 공식적인 지속적 전문성 개발과 비공식적인 기회들을 섞어서 흥미와 관심의 영역을 토의하게 한, 혼합된 역할 이벤트들이었다. 어떤 선발자들은 다른 사람들에게 정보를 주기 위하여 한 가지 역할에 대한 자신의 경험을 이용하였다.

다른 사람들은 다른 코치/멘토와 이야기를 나누었으며, 다른 코치와 멘토 역시 자신의 학습 파트너가 아닌 다른 사람들과 이야기를 나누기도 했다. 그리고 지식을 자신의 코칭/멘토링 관계에 적용하기도 했다. 대부분의 상급 코치/멘토는 지속적 전문성 개발 회기가 '매우 인상적이었고 자신의 리더십과 코칭 역할에 있어 아주 유용하다'고 설명했다.

상황에 따라 지속적 전문성 개발이 진행되면서, 다양한 형태가 등장했지만 아마 가장 성공적인 유형은 활동 학습을 기본으로 하는 것이었다. 이것은 아마도 활동 학습이 발달적인 방법으로써 이미 조직 내에 사용되어 왔기 때문인 것으로 보인다. 코칭/멘토링과 활동 학습은 원래 함께 동반되는 것으로 함께 사용하면 개인과 집단 학습의 차이를 줄여 주는 좋은 방법이 될 수 있다.

## 초기 학습

전형적으로 초기에 발생하는 성가신 문제점이 있었다. 어떤 참가자들은 빠른 문제 해결책을 원하며 과정에 참여했고, 과정에 적응하기 위한 정보가 제공되는 시점에서조차 빠른 해결책을 경험하곤 했다. 그들은 자신의 기대를 재검토하고, 목표를 다시 세우며, 기대하지 않은 방식의 학습에 대해 개방되도록 지도되었다. 많은 경우에 이러한 장벽은 초기에 경험되는 만족 개념을 지연시켰고, 자연히 새로운 학습에 대한 저항을 나타나게 했다. 코디네이터는 이러한 점들을 고려하여 과정이 진행될 수 있도록, 피코치자/멘티의 지식과 기술이 형성되는 것에 초점을 두고, 중간에 포기하거나 코치/멘토를 바꾸는 사람이 없는 것을 확인했다. 초기에 문제를 경험한 사람들은 이 과정을 훨씬 더 긍정적으로 묘사하는 경향이 있었으며, 그러한 문제점을 극복하여 갔다.

다른 형태의 학습, 유레카나 '아하' 깨달음의 순간이 이후의 코칭/멘토링 회기 이후에 나타났고, 따라서 효과가 나타나기 전까지 몇 주나 몇 개월이 걸리는 경우가 있었다. 우리는 흑인 및 소수민족 분류의 지도자들에게서, 코치/멘토를 선택했던 피코치자/멘티가 예상보다 빨리 코치/멘토 바꾸기를 원하거나 추가적인 코치/멘토를 원하는 것을 발견했다. 이것은 초기에 비슷한 특징을 가진 사람들끼리 매칭하는 것이, 많은 참가자들에게 중요하긴 하지만 그 가치가 제한적이라는 것을 보여 준다.

## 12개월 후에

여러 수준에서 놀랄 만한 발견들이 있었다. 조직적 수준에서 주요 변화 프로그램은 광대하게 재조직되었으며, 두 분류 집단을 위하여 형식적, 재정적 자금으로 운영되었던 코칭/멘토링 프로그램은 각각 기한 없이 연장되고 있었다. 그러나 코칭/멘토링의 챔피언champion이 있으면서 훈련, 다중 역할들, 슈퍼바이저 네트워크를 근거로 하는 비형식적인 하부조직에서는, 프로그램이 변화를 지지하는 확실한 발달적 과정이 되고 있었다. 몇

몇 영역에서는 그들의 주요 사업과 연합되고 리더십과 변화의 주류에 합치되어, 자금 제공 없이도 프로그램이 유지되고 있었다. 그러나 챔피언들이 없는 영역에서는 프로그램이 어이없이 빠르게 끝나 버렸다.

흑인 및 소수민족 분류는 이제 잘 확립되었다. 개별적으로 피코치자/멘티는 자신들의 직업 역할이 확장되었다고 보고했고, 첫 훈련 프로그램 참가자의 절반이 승진했다. 프로그램에서 받은 학습은 모든 형태의 문화를 융통성 있게 이해하는 것의 중요성을 강조했다. 모든 개인들은 과정의 다양한 부분에서 코치/멘토, 피코치자/멘티가 되거나 또는 두 역할 모두를 할 수 있었다. 그들 모두에게서 성별 지각, 인종 지각, 권력 지각에 대한 문제들, 진로 계승의 가치들은 다르게 경험되었다. 이것은 많은 경우에서 다양한 사회화 경험 맥락에 의해 자기결정화된 독특한 정체성의 결과였다. 그러나 보다 표준화된 영국식 교육이나 훈련 체계를 통해 나누어진 대부분의 경험들은 공통적인 이해를 가져왔다. 국가보건기구[NHS]나 사회복지기관을 위해 일하는 것처럼, 서비스 사용자의 집단사회와 주요 문화를 이해하는 것은 강력한 유대감을 발달시킨다.

불확실한 출발점에서 공통적 가치들과 방법들을 찾으려는 개인과 성공적인 짝들 사이의 장거리 연합도 있었다. 흑인 및 소수민족 분류의 코치/멘토(상급 관리자이지만 흑인 및 소수민족 배경을 가지지 않은)는 아주 큰 이익을 얻은 것처럼 보였다. 그들은 '피코치자/멘티와 함께하는 것이 도전적이며, 탐구적이고, 흥미로웠다.' 고 진술했다. 의심할 여지없이 흑인 및 소수민족 피코치자/멘티는 그들 자신의 학습 욕구에 맞추어 과정을 이끌어 갈 수 있게 도와주는 훈련을 경험함으로써 효과가 향상되었다.

리더십의 역량을 평가하는 온라인 평가 센터에서, 흑인 및 소수민족 지도자들은 일관되게 그들의 급여규모 기대치보다 높은 점수를 받았으며, 또한 다른 구성원들보다 높은 변화 지향성을 보여 주었다. 이 집단은 또한 우리가 이야기했던 360도 피드백 도구에서 가장 높은 코치/멘토 수행 피드백을 받았다. 아마도 일반적인 리더십 효과를 향상시키는 방법과 코칭/멘토링 훈련 사이에는 관련성이 있는 것으로 보이는데, 왜냐하면 코칭/멘토링 그 자체가 리더십의 한 스타일이기 때문이다. 이 개념은 클러터벅과 메긴슨(Clutterbuck & Megginson, 2005)이 제안한 코칭 문화 개념과도 일치한다.

보편적으로 흑인 및 소수민족 분류와 변화 프로젝트 분류 모두에서, 코치/멘토의 수행 피드백 점수가 다른 코치/멘토링 훈련을 받은 사람들보다 높았다. 이러한 확실한 결과들은 훈련 기간이나 보편통합모형에 대한 의존도를 조금 낮출 수 있을 것이다. 그러나 불충분한 샘플 크기 때문에 보다 깊은 분석은 불가능하다. 흑인 및 소수민족 지도자들은 보다 광범위한 역할에 참여하며, 변화의 영역에서 더욱 포괄적인 코치/멘토가 되었다. 그들은 또한 그들의 조직들에서 어떻게 가장 다양한 인재 풀[talent pool]을 구성할 것인지를 결정하는 코칭/멘토링의 상급 관리자들이 되었다. 그들은 혼합된 코치/멘토의 분류 집단으로부터 다른 사람들을 지속적으로 슈퍼비전했다. 간접적이건 비간접적이건 코칭/멘토링의 참여는 소위 말하는 아웃사이더들을 조직의 핵심 및 권력 기저층과 가까워지도록 만들었다. 또한 그들은 조직이 가치 있게 여기는 변화와 진보의 주제에 맞게 일할 수 있었으며, 그 결과 그들의 공헌에 대한 가치를 더 인정받을 수 있었다. 흑인 및 소수민족 코치/멘토와 변화 프로젝트 동료들은 서로의 지식들을 교환했고 광범위한 영역에서 변화를 가져왔다.

## 2년 후에

최초에 참여했던 챔피언들이 있는 곳에서는, 2년 후에도 코칭/멘토링이 여전히 번성하고 있었으며, 환자 보호와 확장된 서비스의 리더십 능력에 대하여 확실한 향상을 보여 주고 있었다. 몇몇 챔피언들은(이 책 감사의 글에서 이미 이름을 밝힌), 무엇인가 다른 방식으로 일하는 것에 대한 진정한 추동과 열정을 가진 흑인 및 소수민족 리더십 집단, 그리고 정해진 목적, 목표, 위계적 구조, 지정된 예산을 극복하기 위한 공동 위원회에서 활동하고 있었다. 그러나 대부분의 보건과 사회 보호 지역에서, 일반적인 코칭/멘토링은 특별히 배정된 자금이 없었기 때문에 협동이 이루어지지 않고 드물게 진행되고 있었다. 흑인 및 소수민족 코칭/멘토링 프로그램은 지역을 넘어 확장되었으며, 지속적인 발전을 위해 예산이 할당되어 국가적으로 적용되고 있었다.

## 자금에 있어서의 난제

이 사례 연구에서 알 수 있는 한 가지는, 코칭/멘토링 계획의 중요성과 시간 제한적인 자금 상황을 넘어서도 프로그램이 지속될 수 있는지에 관한 확신성이다. 외부, 내부 펀딩funding과 실체적 자원들이 코칭/멘토링 담당 부서들과 함께 파트너십으로 운영될 수 있다. 처음부터 그들은 펀딩의 일시적인 속성에 대해 강조할 수 있다. 그들은 주요 서비스와 영업 배급의 일부분으로써 코칭/멘토링의 주류인 조직에 초점을 둘 수 있으며, 그 외에도 다음과 같은 역할을 수행할 수 있다.

- 그들이 비공식적이고 전략적인 챔피언들의 확인하에 코칭/멘토링의 강력한 계획을 세우는 것을 도울 수 있다.
- 그들이 지지하는 주요 사업과 서비스 영역에 대한 전략적인 협상을 발달시킬 수 있다.
- 주요 향상 영역에서 맥락화된 프로그램의 설계에 대해 유연성을 가지도록 격려할 수 있다.
- 코칭/멘토링이 조직적으로 능력과 역량을 재생산할 수 있도록, 역할들 사이에서의 유동성을 증진시킬 수 있다.
- 조직이 5장에서 논의되었던 학습조직 모델로 확장될 수 있게 하기 위하여, 코칭 문화(Clutterbuck & Megginson, 2005)로의 발전을 장려하기 위해 기존의 조직 학습적 실습을 슈퍼비전할 수 있다.

이러한 자금 제공자와 예산 부서 그리고 담당 부서들 간의 전략적인 협조는, 담당 부서가 펀딩이 사용되는 것을 확인하는 조건으로써, 코칭/멘토링 과정이 잘 유지되는 것에 집중하도록 도와준다. 10장에서 볼 수 있듯이 여전히 모든 관계자들은 코칭/멘토링의 결과를 평가하고자 하는 욕구가 있다.

## 사례 연구 2: E-코칭(장거리 코칭 파일럿 프로젝트)

우리는 이제 장거리 코칭 파일럿 프로젝트를 살펴볼 것이다(Bresser, 2006a, 2006b). 모의 프로젝트는 영국의 코칭협회Association of Coaching 멤버들에 의해, 이메일과 전화를 통하여 라이스 대학교의 리더십 학생들에게 면대면 코칭 회기를 제공하는 것으로 설정되었다. 프로젝트는 네 가지 설문조사를 통한, 사전 그리고 사후 평가에 의해 점검되고 평가되었다.

## E-코칭의 목표들과 목적들

주최자들의 조직적 목적을 만족시키는 것과는 별개로, 이 프로젝트는 코치/피코치자의 목표를 맞추어 주는 것을 목적으로 했다. 그렇게 함으로써 코치를 받은 학생들은 다음과 같은 것을 얻었다.

- 라이스 대학교에서의 자신들의 학습 경험을 증가시키고/증진시킬 수 있었다.
- 개인적 발전과 리더십 이슈들에서 자신의 잠재성을 최대한으로 이용할 수 있었다.
- 자신들의 발전/리더십 기술들을 촉진시킬 수 있도록, 적극적이고 책임감 있는 자기관리 역할을 발전시킬 수 있었다.
- 국제적인 차원의 코칭 프로그램에 의해서 고무될 수 있었다.
- 자신들의 한계 영역을 넓히고 자신들의 문화와 개인적 성격 특성들에 대해서 섬세해질 수 있었다.

국제적인 코칭 팀의 일부분으로서 프로그램에 참여했던 코치들은 다음과 같은 이득을 얻을 수 있었다.

- 다양한 문화의 온라인 코칭을 통하여 새로운 것을 배우고 경험할 수

있었다.

- 우수한 잠재력을 가진 사람들과 함께 일하는 도전과 기쁨을 가질 수 있었다.

조직적 관점에서, 코칭 프로그램을 통하여 라이스 대학교는 다음과 같은 이득을 얻었다.

- 코칭을 통해 학생들의 학습을 최대화할 수 있으므로 전반적인 조직 수행을 향상시킬 수 있었다.
- 개인의 잠재성을 극대화하는 현대적 도구인 코칭과 이를 대학교 상황에서 사용하는 것에 대해 보다 친숙해질 수 있었다.

코칭협회는 다음과 같은 이득을 얻을 수 있었다.

- 코칭 연구 분야에서 새로운 관점을 얻을 수 있었다.
- 코칭에 대한 대중적 지식과 코칭의 인기를 증가시킬 수 있었다.
- 명망이 높은 국제적 코칭 파일럿 프로젝트에 그들의 구성원이 선두주자 중 일부가 될 수 있도록 지원할 수 있었다.

코디네이터는 다음과 같은 목적을 가진 코칭 연구를 수행할 수 있었다.

- 외부 코치들의 효능성을 분석한다.
- 코칭에 미치는 문화의 효과를 평가한다.
- 조직의 전반적인 수행을 증가시키기 위하여 조직의 가능성을 분석

한다.
- 성공적인 코칭 조직을 설정하기 위하여 필요한 선행 조건을 분석한다.
- 전화와 온라인 코칭의 효과와 효율성을 평가한다.
- 성공적으로 코칭을 수행할 수 있도록 개념을 개발시킨다.

파일럿 프로젝트는 연구 프로젝트였으므로 무료로 진행하기로 합의되었다. 단지 코칭 회기들을 위한 전화 요금만이 라이스 대학교에서 지불되었다. 라이스 대학교와 학생들은 파일럿 프로젝트와 발견된 사실들이 연구에 쓰일 수 있다는 점과 대중에게 발표될 수 있다는 점에 동의했다. 코치를 받은 학생들은 비밀유지와 익명성이 보장되었다.

## 코칭의 범위

코칭 목록의 범위는 학생의 개인적 발달/리더십 문제와 관련되어 미리 정의되었다. 리더십 수업의 학습 결과를 향상시키는 것이 목적이었다. 자신의 코치에게 이메일과 전화를 통하여 먼저 접촉을 시도하고 코칭 회기를 정하는 것은 학생들에게 달려 있었다. 각 학생에게 12주간에 걸쳐 최대 12시간의 코칭 예산이 주어졌다. 이러한 시간적 체제에서 코칭 회기의 규칙, 기간, 날짜와 시간을 정하는 것은 코치와 피코치자에게 달려 있었다. 코치와 피코치자는 또한 인터넷 접근을 선호하는 사람들은 무료 인터넷 전화 소프트웨어를 사용할 수 있다는 정보를 받았다.

원래 이것은 여덟 명의 학생들에게 제안될 계획이었다. 그러나 요구 때문에, 실제로는 19명의 코치와 피코치자가 짝지어졌다. 피코치자는 어떠한 불만이라도 그들 프로그램의 미국 학생 코디네이터와 영국 코디네이터를 통하여, 코칭협회 임원진에게 전달할 수 있다는 정보를 제공받았다. 언제나 피코치자가 코칭 과정과 평가 모두를 주관하고 있었다. 브레서Bresser가 말했듯이, "피코치자는 언제나 코칭 과정의 '왕' 이다."

## 선 택

이 프로그램에 참여하도록 선정된 코치들은 코칭협회의 구성원들이었다. 프로그램의 시작 때, 코디네이터는 모든 가능한 후보자들에게 코칭협회의 이메일을 통하여 과제 파일을 보냈다. 확정되기 전에, 학생들이 자신이 선호하는 코치들을 선택할 수 있도록 선정된 코치들의 목록(그들의 경력을 포함한)이 학생 코디네이터인 수전 리버먼Susan Lieberman에게 보내졌다.

## 이메일 평가를 통해서 얻은 결과들

장기 코칭 파일럿 프로젝트의 평가 결과는 아주 고무적이었다. 질문지에 대답한 모든 피코치자(84%의 응답률)가 파일럿 프로젝트가 계속되기를 원하며 다음과 같이 보고했다.

- 코칭 프로그램이 리더십 수업에 가치를 더해 주었다.
- 코칭은 우리가 할 수 있는 다른 어떤 경험과도 달랐다.

대다수의 피코치자들이 코칭이 리더십 수업에 큰 도움이 되었으며, 자신에 대한 자각과 생각을 증가시켜 주었다고 대답했다(40% 이상의 학생들). 코칭은 다음과 같은 점에서 다른 경험과 차별화되었다.

- 코칭은 완전히 개인적이며 집중된 경험이었다.
- 코칭은 건설적인 생각을 할 수 있는 독립적이며 객관적인 상황을 제공했다.
- 코칭은 '상자 밖으로 나와서' 더 넓은 시야로 볼 수 있는 흥미로운 방법을 제공했다.
- 코치들은 많은 전문성, 경험 그리고 공유할 지식을 가진 훈련된 전문가들이었다.

피코치자들은 특별히 다음과 같은 이유로 코칭을 좋아했다.

- 코칭은 개인에 따라 맞추어진 특별한 과정이었다.
- 코치들이 매우 훌륭했다.
- 다양한 관점들을 볼 수 있었다.

특히 다른 문화나 지역적으로 먼 곳에서 온 외부 코치들이 가장 높게 평가되었다. 그들은 이것이 전체 코칭 과정에서 볼 때, 새로운 관점을 알 수 있고 더 많은 비밀을 보장할 수 있으므로 아주 유익하다고 말했다. 이것은 실제적으로 피코치자에게 더 안전하다는 느낌을 가져다주었다.

파일럿 프로젝트에 참여한 코치들도 다음과 같은 경험이 유익하다고 보고했다.

- 국제적이고 다문화적인 코칭을 경험하는 것
- 우수한 잠재력을 가진 사람들을 코칭하는 것
- 다양한 관점

많은 수의 피코치자들이 면대면 코칭을 선호했다. 대부분이 전화 카드를 사용하는 것이 인터넷 전화를 사용하는 것보다 더 어렵다는 것을 발견했다(80% 대 20%). 피드백에 의하면 온라인 코칭 프로그램은 다음과 같은 주요 영역에서 향상될 수 있었다.

- 학기 동안 코칭 회기들을 운영하는 것
- 시차가 다른 지역들을 관리하는 스케줄 짜는 것을 돕는 것
- 프로젝트의 초기에 보다 많은 안내를 제공하는 것

전반적으로 (모르겠다고 응답한 24%를 제외한) 모든 응답자들이 코칭 프로그램을 '매우 좋다'나 '좋다'로 평가했다. 피코치자 대부분(66%)이 지속적인 코칭 프로그램을 가지는 것이, 공부할 장소로서 학교에 대해 가지는 매력을 증진시킬 것이라고 믿었다.

### 장기적인 효과들: 1년 후

장거리 코칭 파일럿 프로젝트가 끝나고 1년 후, 프로젝트의 코치는 네트워크를 형성하여 여전히 이메일 등의 인터넷을 통하여 접촉하고 있었다. 우리는 프로젝트가 피코치자와 라이스 대학교에 미친 영향과 효과를 측정했다. 여전히 몇몇 피코치자로부터 긍정적인 피드백을 받는다는

것은 유쾌한 발견이었다. 예로, 코치 중의 한 명이 다음을 보고했다.

> 1년 동안 라이스 대학교에는 코칭의 형태가 남아 있으며, 라이스 대학교는 학생들의 상호 코칭 가능성을 찾고 있다. 나의 피코치자는 미래 자신의 직업을 위해 준비한다는 측면에서 자신을 위한 코칭 훈련을 받는 것에 매우 고무되었다. 그는 나에게 동료 학생들이 이러한 기회가 아니면 재정적으로 불가능했던 경험을 할 수 있었던 것에 대해 매우 감사해 한다고 이야기했다. 그는 젊은 나이에 이러한 경험을 가진 것이 그들에게 얼마나 유익한지를 강조했다. 그는 사람들과 일하는 다른 방식에 대해 열린 시각을 갖게 되었고, 자신의 지식을 발전시키고 나누는 것을 지속할 것이다. 1년이 지났지만 코칭의 영향이 여전히 느껴졌으며, 그 젊은 학생들은 우리가 그들에게 준 이 선물을 자신들의 리더십 활동에 유용하게 활용하고 있었다.

## 사례 연구 3: 다양한 지역사회에서의 이야기 코칭

8장에서 설명했듯이, 이야기 코칭은 원래 선언 의식 은유법definitional ceremony metaphor을 발달시킨 문화인류학자 마이어호프(Myerhoff, 1982, 1986)에서 비롯된 마이클 화이트Michael White의 치료적 적용에서 유래되었다. 은유metaphor는 영국에서 코칭과 멘토링 프로그램의 일부로서 집단 네트워크를 발전시키기 위해 응용되었다.

우리는 이야기 접근을 채택하기로 했는데, 왜냐하면 다른 나라로 이민 와서 일하는 피코치자에게 이 접근이 가장 도움이 된다는 사실을 발견했기 때문이다. 생활하던 지역과 문화가 바뀌어 고생하는 피코치자가 가지는 가장 전형적인 문제에는, 그들이 자신들의 힘, 가치, 신념을 너무나 당연한 것으로 생각하는 것이 포함된다.

이번 사례에서 접근의 목표는 그들 자신의 인생 경험을 이야기로 다시 구성하게 하면서, 피코치자의 기술과 지식을 발전시키는 것이었다.

## 비 전

비전이란 다음을 성취하는 것이었다.

> 다양한 지역사회로부터 온 영감을 주고, 기술이 뛰어나며, 유능한 지도자들이 함께 서로에게 능력을 부여한다. 그리하여 각각은 더 영감을 주고, 더 능숙하며, 더 능력이 많아지는 네트워크가 된다. 그래서 그 지역사회는 더 지속할 수 있으며 보다 활기차게 된다(Law, Aga, & Hill, 2006).

목표는 다음과 같다.

> 지역사회 네트워크 안에서 모든 구성원들에게 능력을 부여하여, 결국 다양한 지역사회에 능력을 부여할 수 있는 지역사회 네트워크를 창조하는 것이었다.

그 회의의 궁극적인 목적은 참가자가 다음과 같이 되는 것이었다.

- 네트워크와 지역사회들 내에서 지역사회 네트워크의 성격과 자신의 역할을 이해하는 것이었다.
- 다음 단계로 진보하기 위한 기반을 형성하게 하는 것이었다.
- 접근의 관점에서 지역사회 네트워크의 챔피언이 되기로 서명하는 자원자들의 목록을 창조하게 하는 것이었다.
- 사회적 계약을 발전시키는 것에 대해 고려하게 하는 것이었다.

우리가 취한 첫 번째 단계는 지도자가 될 수 있도록 네트워크 구성원들의 기술을 발전시키는 것이었다. 그래서 그들은 다음과 같이 되었다.

- 지도자를 이끌 수 있었다.
- 훈련생을 훈련시킬 수 있었다.
- 코치를 코칭할 수 있었다.
- 멘토를 멘토링할 수 있었다.

우리는 이것이 도미노 효과를 만들어 내기를 희망했다. 지역사회 네트워크 발달의 처음 회기 동안, 참가자는 촉진 기술을 사용하도록 코치되었다. 두 번째 회기에는 참가자에게 그들의 실습을 지지해 주는 코칭, 멘토링 그리고 심리학에 대한 개념을 소개했다. 이 개념에는 주요 정의, 광범위한 범위의 코칭과 멘토링 기술이 포함되었다.

### 회의: 선언 의식

다양한 지역에서 오는 참가자들을 확보하기 위하여 회의는 일요일에 개최되었다. 피터버러의 다양한 지역에서 40명이 넘는 사람들이 참석했다. 회의는 긍정적 심상positive image 프로젝트의 성공적 완성을 축하했다.

다양한 지역사회에서 이야기 코칭을 적용하는 것은 특히 도전적이다. 스노위 아가Snowy Aga는 다양한 지역사회의 특성을 다음과 같이 묘사했다.

> 그것은 다양한 드럼을 가지고 각기 다른 리듬을 치는 100명의 드러머가 연주하는 소리와 같다. 그것은 각기 자신의 부족 언어로 이야기하는 100개의 부족들이 만들어 내는 불협화음과도 같다. 그것은 같은 목적을 가지고 소리치는 100개의 외침과도 같다.

## 캠프파이어

선언 의식을 촉진하기 위해, 오스트레일리아의 애들레이드의 국제 이야기 치료 축제 회의에서 사용된 이야기가 인용되었다. 그 이야기는 다음과 같다.

캐로스Karos와 캠브로Kambro의 캠프파이어에서 드라마, 춤, 이야기, 마임, 독창적인 글과 인생 이야기는 희망과 꿈의 복잡한 패턴으로 함께 섞였다.

> 캠프파이어 둘레에서,
> 그들은 노래하며 춤을 췄다.
> 그것은 모든 것으로부터의 자유다.
> 어린이들은 자유롭게 말할 수 있기 때문에

좋은 순간들과
인생의 모든 좋은 것들에 관해서
그들은 알 수 있게 되었다…….

그 후에 화자는 막대기를 한 개 들고, 집단에 전달하며 그들에게 그것을 부러뜨리라고 요청했다. 한 남자가 막대기를 쉽게 두 조각으로 부러뜨렸다. 그 후에 화자는 한 다발의 막대기를 보여 주며 집단에게 그것을 부러뜨리라고 요청했다. 막대기 다발이 계속 전달되었으며, 몇몇은 자신들의 손으로 부러뜨리려고, 다른 몇몇은 다리 위에 놓고 부러뜨리려고 시도했다. 집단의 모든 구성원들이 한 명씩 시도했고 실패했다. 화자는 그 막대기 다발이 은유라고 지적했다. 그 은유의 요점은 다음과 같다.

혼자라면 우리는 약하다.
뭉치면 우리는 강하다.
사회적으로 협동하는 것이 우리의 힘이다.

그 이야기를 다시 말하기 위해 외부 증인으로 행동하면서, 촉진자는 이 이야기가 그에게 몇 세기 전 중국에서 있었던 유사한 이야기를 생각나게 하는 특별한 여운을 남겼다고 고백했다. 회의에서, 젓가락이 옆으로 전달되면서 관중들은 그것을 부러뜨리라는 요청을 받았었다. 첫 번째 참가자가 아주 쉽게 그 젓가락을 부러뜨렸다. 그다음에 한 다발의 젓가락이 주어졌고, 어느 누구도 그것을 부러뜨릴 수가 없었다. 그 이야기의 요점은 변하지 않았다.

이후의 촉진적 워크숍은 이야기 접근을 사용하면서 자신의 기술과 지식을 재개발시키는 것이었다. 이것은 참가자의 인생 경험 이야기를 재

구성하는 법칙을 바탕으로 한다(앞의 장에서 묘사했던 것처럼).

각 집단은 자발적인 화자와 자발적인 면접자를 선정하도록 요청받았다. 화자는 최근에 그가 얻은 기술이나 지식을 기억하여 그것에 관해 면접자에게 이야기하도록 요구받았다. 그 외에 다른 집단원들은 외부 증인들처럼 행동했다. 각 외부 증인 집단은 이후에 충분한 회기를 거쳐, 적어도 한 번은 자원자가 되도록 요구받았다.

실습의 주제는 참가자들이 다음을 수행하는 것에 초점을 두었다.

- 지역사회 네트워크를 위한 적절한 기술과 지식의 목록
- 사회적 계약에 적절한 가치의 목록
- 다음 단계를 진행시키기 위한 활동의 목록
- 위의 활동을 진행시키고 지역사회 네트워크의 챔피언이 되기로 서명할 자원자의 목록

충분한 회기를 거친 관중들은 다양한 이야기들이 계속 되풀이되는 것에 대해 증명하고 경배하면서 더 큰 외부 증인 집단이 되었으며, 지역사회처럼 행동했다. 결과는 계몽적이며 강력했다.

## 라인 댄싱 이야기

피드백 회기에서, 집단 1의 이야기 담당자(외부 증인)는 어느 누군가가 라인 댄싱을 배운 경험을 다시 이야기했다. 그 집단의 다른 외부 증인은 그 이야기를 듣는 것이 그녀가 화자의 라인 댄싱 수업에 함께 참여한 것처럼 느끼게 만들었다며, 자신이 경험했던 마음의 동요를 설명했다.

그녀 자신의 이야기가 되풀이되는 것을 듣는 것이, 그녀 자신의 가치, 희망 그리고 꿈의 측면에서 어떤 마음의 동요를 가지게 했었는지에 대한 질문을 받았을 때, 화자는 그녀 자신의 가치들과 다른 언어들처럼 새로운 기술들을 학습하는 것에 대한 생각의 재확신을 보고했다. 다른 집단에서 온 한 참가자는 음식과 음악 그리고 춤 간의 관계를 지적했다. 음식과 음악, 춤은 보편적인 가치로서 다양한 문화를 막론하고 사람들을 개입시키고 대화하게 하는 강력한 힘을 가지고 있다.

## 가장 나이 어린 지도자

집단 2에서는 여덟 살짜리 어린 소녀도 화자가 될 수 있다는 확신을 보여 주어서 고무적이었다. 그녀는 영어로 말하는 것을 배운 자신의 경험을 이야기했다. 그녀는 처음에 그녀와 그녀의 가족이 영국에 도착했을 때, 그녀가 단 한 마디의 영어도 말할 수 없었다고 이야기했다. 2년이 지나 그녀가 영국의 관중들 앞에서 이야기하는 것을 듣는 것은 참으로 고무적인 일이었다. 흥미롭게도, 일단 그녀가 시작하자 그녀의 어린 남동생도 자신의 경험에 대해 이야기하며 합류했다. 남동생이 느꼈던 마음의 동요가 대중 앞에서 이야기할 수 있는 용기로 전환된 것이다.

## 미래 집단의 이야기

집단 3의 외부 증인은 화자가 16년 동안 영국에 살아왔다고 소개했다. 화자도 역시 자신이 영어 말하기를 배운 경험에 대하여 영국 사람들한테 이야기했다. 그의 미래 희망과 소망 중의 한 가지는 다른 문화에서 온 사람들이 영어 배우는 것을 돕는 집단을 만드는 것이었다. 이것이 다양한 문화를 통합하며, '인간답게 되는 진리'를 발견하는 수단이 될 수 있다고 그는 말했다.

## 요크셔 푸딩의 부풀기와 꺼짐

집단 4의 이야기 담당자는 그들 집단의 이야기에 '요크셔 푸딩의 부풀기와 꺼짐'이라는 제목을 붙였다(요크셔 푸딩은 밀가루와 우유를 저어서 만드는 푸딩이다. 이 음식은 전통적으로 영국에서 일요일 점심에 구운 쇠고기와 함께 곁들여지는 흔한 음식이다.). 이야기는 한 여성이 젊은 아내와 엄마로서 어떻게 요크셔 푸딩 만드는 법을 배웠는지에 대한 설명이었다. 처음에 푸딩 만들기는 성공하지 못했다. 원래 요크셔 푸딩이 부풀어 올라야 하는데 오히려 꺼져 버렸기 때문에, 그녀는 이것을 자신의 역할(어머니와 아내?)을 수행하는 것에 대한 실패로 해석했다. 마지막에 그녀는 요크셔 푸딩이 납작하든 그렇지 않든 그녀가 최선을 다했다면 그렇게 중요한 문제가 아니라는 사실을 배웠다〔이것은 칙센트미하이(1991)의 긍정적 경험-흐름 개념과 일치한다.〕.

이 이야기는 요리처럼 간단한 것이라도 자신의 가치, 역할, 정체성을 재검토하게 한다는 것을 보여 주었다. 그녀의 이야기가 외부 증인에 의해 되풀이되는 것을 들을 때, 화자는 그 이야기가 그녀 자신과 정체성 그리고 그녀의 가치를 확인시켜 주는 것을 느꼈다. 그것은 그녀에게 자부심을 가지게 했다. 그녀는 이후 밖으로 나가서 이야기를 나누고, 보다 많은 사람들의 이야기를 듣기 위해 더 앞선 행동을 취했다(우리는 나중에 실제 그 이야기는 여성주의자의 관점에서 나온 것이라는 피드백을 받았다. 이것은 이야기 줄거리의 숨겨진 맥락에 빛을 비춰 주었다. 여성주의자의 입장에서, 원래 화자는 사회 속의 성sex 불평등을 표현하려고 한 것이라고 볼 수 있다. 다른 힘을 가진 대상들의 관계는 사회의 보다 광범위한 문화적 기대의 표현으로서 직장뿐만 아니라 집에서도 영향을 미치게 된다.).

## 환멸의 이야기

모든 이야기들이 긍정적인 것은 아니었다. 회의의 구성원들은 다양한 지역사회에서 모였기 때문에, 그들 중의 몇 명은 차별과 사회적 소외로 고통받아 왔다. 집단 5의 화자는 원래 자신의 가족이 카리브 출신인 사람의 이야기를 설명했다. 그녀는 영국 본토에서 태어난 이민 4세대의 아이였다. 그녀는 그녀의 이야기를 '오랜 기간 동안 평등과 환멸의 감정에 적응하기 위한 투쟁'이라고 인용했다. 그녀는 그녀가 알코올 중독과 금단 증상으로 고통받는 사람들을 돕기 위하여—알코올 중독 센터를 세우거나 자원봉사자 집단을 모으는 일 등과 같이—그녀가 가졌던 기술들과 생각들을 묘사했다. 그러나 그녀는 지난 22년 동안 자신이 주변에만 남아 있었고, 거의 어떤 도움도 받지 못했으며, 주류가 될 수 없었다고 느꼈다. 그녀는 집단 3에서 다른 사람들이 문화적 장벽을 깰 수 있게 돕는 집단을 만들고 싶다는 희망과 소망에 관한 이야기를 들었을 때, 자신의 지난 투쟁이 떠올랐다고 이야기했다. 그녀는 그들이 자신이 느꼈던 환멸의 경험을 되풀이하지 않기를 원했다. 토론은 정부와 지역 권력자들이 무엇을 해야 하는가에 관한 정치적인 논쟁으로 발전되었다. 이것은 부정적 이야기의 흐름을 보여 주는 아주 좋은 예로서, 촉진자에 의해서 주요 주제로 다시 초점화되어야 함을 알려 준다.

### 스케이트와 아이스하키 이야기

외부 증인은 화자가 스케이트 타는 법을 배웠던 방법과, 그 결과로 등을 다쳤었던 이야기를 재진술했다. 그러나 그녀는 포기하지 않았다. 스케이트 대신에 그녀는 새로운 기술을 배웠고 아이스하키에서 새로운 취미를 발견했다. 그 이야기가 재진술되는 것은 화자에게 자부심과 자존감을 가져다주었다. 그것을 통하여 그녀는 안전한 지역에서 벗어나 새로운 행동을 취하는 용기라는 자신의 가치를 확인할 수 있었다.

### 의식의 관점과 행동의 관점

요약해 보면, 참가자 자신의 이야기들이 재진술되는 것을 듣는 것에 대한 동조는, 다음과 같은 감정/가치(의식의 관점)와 행동(행동의 관점)을 생성했다.

#### 의식의 관점

- 자부심
- 존경
- 재확신
- 자신과 새로운 기술에 대한 깨달음
- 자기성취감
- 과거 희생의 깨달음
- 자기자각
- 자기실현

- 도덕적 고려사항들
- 행복한 기억들
- 신뢰감
- 책임감
- 용기
- 동기
- 참여

**행동의 관점**

- 대화하기
- 타인들에게 개입하기
- 장벽들을 깨기
- 결정 내리기
- 보다 강력하게 개입하기
- 적대감을 극복하기
- 편견들을 극복하기
- 이론을 행동으로 옮기기
- 긍정적인 행동을 취하기

**행동 계획**

회의에서 집단은 다수의 명확한 행동을 생성하였다.

1. 지역사회 네트워크에 참여한다.
2. 지역사회 네트워크의 한 부분이 된다.

3. 개입한다. 단지 말하는 것이 아니라 행동한다.
4. 모든 수준에서 나누고 참여한다.
5. 다른 사람, 특히 소수집단의 참여 기회를 만들고 장려한다.
6. 자신들의 조직에 캠프파이어와 이야기 접근을 실천하는 것에 대해 논의하고 한 걸음 전진한다.
7. 접촉 세부사항들과 흥미들이 공유되는 것을 확인한다.
8. '무엇이 우리를 파티에 오게 했는가?'를 질문한다.
9. 네트워킹 기회에 개입한다.
10. 소외된 영역에서도 지역사회 네트워크가 재생되도록 돕는다.

## 추후 피드백

회의 보고서는 뉴스레터의 형식—*The Cutting Edge*—으로 발간되어, 모든 참여자들과 관계자 그리고 전자 저널의 형태로 보다 많은 지역사회들에 보내졌다(Law et al., 2006). 어떤 피드백은 고무적이었다.

> 그 워크숍이 어떻게 당신의 지식을 나눔으로써 지역사회의 보다 큰 발전을 이끌어 낼 수 있는 방법들을 만들어 냈는지를 읽으면서 나는 매우 감명받았다.
>
> 나에게 인상 깊은 것은 당신이 이야기 접근 훈련에서 얻은 지식을 그들이 사용할 수 있게 함으로써, 다양한 사람들과 프로젝트가 함께 확장된 것이다. 그 이야기는 나에게 많은 다양한 사람들을—다양한 연령과 문화, 사고, 지역사회를 창조하는 자원—많은 소음과 움직임, 웃음 그리고 혼돈의 방식으로 함께 끌어당기는 이미지를 주었다. 어떤 지역사회

발달에서건 모든 세대를 포함하는 것이 나에게 매우 중요하기 때문에, 나에게 떠오른 한 가지는 어린이들과 노인들의 목소리가 들리는 방식이었다(나는 이것을 재진술과 사진에서 얻었다.). 당신의 '이야기'가 나에게 어떻게 노인과 젊은 사람들의 목소리를, 내가 함께 일하는 성인 여성들—종종 학대에 의해 매우 고립되어 있는—의 생활에 포함시킬 수 있는지에 대한 생각을 가져다주었다.

## 결 과

캐로스와 캠브로의 캠프파이어 주위에서 이야기를 나누는 것이 지역사회에 상상을 가져다주는 것을 보는 것은 유쾌한 일이었다. 이야기 회기에 참여했던 한 참여자는 "피터버러에서는 어떤 곳에서 캠프파이어가 열리나요?"라고 물었다. 다른 많은 사람들도 자신의 지역사회에서 캠프파이어를 만드는 것에 고무되었다. 결과의 한 모습으로 새로운 지역사회 네트워크가 설정되었다.

## 직면한 어려움

어려움들은 다음과 같다.

• 처음 이야기를 말한 최초의 저자들에 관한 타당성, 신뢰성, 대표성이다. 이야기 실습자가 재진술 시, 민족주의자의 역할을 수행하여 다른 지역사회로부터 온 개인과 집단의 이야기를 보고하고 퍼뜨릴 때, 우리는 저런 사람에게 명예를 주고 존경하는 것이 합당한지에

대한 윤리적인 딜레마를 느꼈다. 이야기 중 어떤 것은 상당히 개인적이며 정치적으로 민감한 주제였다. 다음과 같은 질문이 제기되었다. 재진술된 이야기들은 화자들의 의도를 공정하게 대표했는가? 재진술된 이야기들은 정확한가, 그래서 원래 이야기했던 사람의 의도를 믿을 수 있게 대표했는가?

- 관계자들의 승인: 비밀보장을 유지하기 위해, 화자의 이름과 정체성은 익명으로 유지된다. 그렇기 때문에, 이야기의 자료를 제공한 것에 대한 경의를 표하기 위해 개인을 밝히는 것이 어려워졌다.
- 그 이야기를 퍼뜨려야 하는 코치, 상담자 그리고 연구자로서의 우리의 책임감이다. 한편으로 학문 연구자처럼, 우리는 동료들과 함께 지식과 기술을 나눌 수 있도록 그 이야기들을 출판해야 할 직업적인 의무감을 느꼈다. 그러나 한편, 그 이야기와 지식을 제공해 준 개인들에 관한 민감성과 명예에 관해 균형을 잡아야만 했다.
- 이야기의 저작권: 어떤 이야기들은 아주 특이하고 개인적이었지만, 일단 회의에서 그 이야기가 나오고 재진술되면서 대중적으로 출판되어, 지역사회 사이에서 기술과 지식이 나누어졌다. 몇 명은 그것이 지식에 포함되어 전달된 것 때문에, 자신들의 이야기가 이런 식으로 알려진 것에 대해 매우 기뻐했으나, 몇 명은 자신들의 이야기가 대중과 나누기에 너무 사적인 것이라고 느꼈다. 이것은 소유권과 저작권의 문제를 가져온다. 그 이야기를 쓰고 보고한 사람이 저작권을 갖는가, 아니면 화자가 자신의 이야기에 대한 권리를 가져야 하는 것인가? 누가 그 이야기와 지식을 퍼뜨리는 것에 대한 책임과 통제 권한을 갖는가, 그리고 누가 이익을 갖는가?
- 규칙과 규범: 조직의 규칙과 규범 때문에, 자연환경에서 불을 지피

는 것은 매우 관리하기 어려운 것이다. 결국 우리는 은유적인 방법을 사용해야만 했다. 진짜 불을 지피는 대신에 촛불을 켜고 큰 천막을 세웠다.

- 날씨: 영국에서 실외 캠프파이어를 하고 이야기를 말하는 것은 매우 도전적인 일이었다. 심지어 추후 모임이 1년 중 가장 더운 여름에 있었음에도 불구하고, 폭풍우 때문에 마지막 순간에 취소되어야만 했다.

## 사례 연구 4: 코칭/멘토링을 넘어서 코디네이팅으로

마지막 사례 연구에서는, 실제에서 보편통합모형의 접근을 이끌며 지지해 가는 코디네이터의 역할을 강조하고자 한다. 우리는 코디네이터를 선택하는 방법, 광범위한 프로그램에 걸쳐 활동해야 하는 그들의 역량과 자질 그리고 역할에 대해 고려할 것이다. 이 프로젝트는 아직 발달이 덜 이루어진 서부 아프리카, 유럽 그리고 아시아의 기업을 포함하는 다국가적인 프로그램과 관련된다.

### 배 경

프로그램은 세계적인 시장에서 보다 효과적인 교역을 원하는 기업의 네트워크와 관련된다. 모두가 인터넷에 접속할 수 있다. 그들의 공통적인 비전은, 자신들의 기업 크기와 생산성 한계에 근거하여 볼 때 들어가기 어려운 시장에 진출할 수 있게 해 주는 새로운 협력체를 구성하는 것이다. 이러한 네트워크를 가져다줄 도구는 유니언 멤버십과 세계 각국

통상 위원회chambers of commerce world-wide의 멤버십이다. 참여한 조직의 수는 이미 수백 개에 달하고 있다. 프로젝트는 아직도 공동 체제 안에서 전략적인 계획과 개발을 지속하는 단계다. 최근 코칭/멘토링에 대한 투입은, 공동 기업 목표의 성취를 생각하는 전체 시스템에 대한 통합적인 접근이라는 점에서 전략적이다. 따라서 코칭/멘토링의 이익은 장기적으로 볼 때, 리더십과 협력 개발의 일부분으로 실현될 수 있다.

이러한 노력을 위한 코칭/멘토링의 특성은 파트너 조직의 능력, 수완 그리고 기술에 따라 다양하고 탄력적이 될 것이다. 또한 코칭/멘토링의 핵심적이고 보편적인 방법인 웹을 사용하여 등록된 코디네이터에게 접근할 수 있게 해 주는 체제와 인프라 조직의 발달이 중요하다. 진행 과정에서 체제 발달은 코칭/멘토링의 단계적 훈련을 위한 데이터베이스의 개발, 컴퓨터로 매칭하기, 훈련 자료 그리고 슈퍼비전 체계를 연결한다. 특히 진행되는 코칭/멘토링의 영향을 점검하고, 함께 일하는 새로운 방법을 찾는 공동 실습 개발의 체제로서, 비교문화 코칭/멘토링 및 사회지능 도구와 보편통합모형 체제가 보편적으로 채택되어 왔다. 프로젝트의 진행은 복잡한 맥락 속에서 투자자, 관계자, 동료, 컴퓨터 프로그래머, 프로젝트 지도자의 요구와 우선권에 따라야 되므로 매우 돌발적이다. 사업의 특성과 범위로 볼 때, 프로젝트가 취약하고 공격받기 쉽다는 것을 알 수 있다.

## 코칭/멘토링 코디네이터의 모집과 선택

영국의 많은 기업 계획과는 달리, 코칭/멘토링 코디네이터들에 대한 특별한 국제적인 프로그램이 설정되어 있지는 않다. 코칭/멘토링에 대한 기업 사례가 제시되었다. 그 결과, 코칭/멘토링은 네트워크의 전략적인 목표의 달성을 돕는 통합 발달적인 과정으로서 채택되었다. 성장의 초점이 위계적인 발달이 아니라, 함께 일하며 실습을 공유하는 새로운 협력에 관한 것이므로, 발달 과정은 빠르고, 비공식적이며, 유연하고, 접근할 수 있어야 한다. 이러한 이유로, 코칭/멘토링 코디네이터의 기능은 국가와 지역을 막론하고, 네트워크의 지역 프로젝트 매니저들을 위한 주요 사업 관리 역할로 흡수되었다. 리더십 분야에서 네트워크의 파트너들에 대한 개인과 역할 명세사항의 개발이라는 점에서, 다음과 같은 필요조건의 목록이 생성되었다.

- 정서지능
- 다양한 매체에서 증명되는 개인 내의 기술(공학적 기술은 이미 역량 필요조건이었다.)
- 네트워킹 기술
- 코칭/멘토링에 대한 수용성과 다른 사람들을 개발시킨 업적
- 비교문화 이해
- 영향력과 협상 기술
- 촉진 기술

코칭/멘토링에 대한 수용성의 측정은 온라인 도구에 의해 실시되었다. 정보를 인식할 수 있도록 훈련이 시작되기 전에 제공되었다. 코칭/멘토링에서 코디네이터의 역할로서 다음 과제와 과정 수행을 하도록 요구되었다.

- 코칭/멘토링의 수익자를 밝힌다.
- 개인들이 파트너를 찾는 곳에서 특별한 경험의 영역을 밝힌다.
- 데이터베이스와 촉진을 사용하여 참가자들을 매칭한다.
- 계약을 위한 서식을 제공한다.
- 적절한 영역의 매체를 사용하여 자각 훈련을 제안한다.
- 온라인 슈퍼비전, 포럼과 워크숍/미팅을 통해 지속적 전문성 개발에 대한 기회를 제공한다.
- 그들 지역에 대한 온라인 코칭/멘토링 체제를 관리하고, 보다 큰 네트워크에서 자신들의 지식을 나눈다.

## 훈련 계획

계획은 2007년 중반부터, 코디네이터에게 E-코칭과 멘토링 프로그램을 사용할 수 있는 네트워크 훈련 프로그램을 실시하는 것이다. 훈련은 일반적인 코칭/멘토링 기술, 특별한 E-코칭과 멘토링 기술 그리고 코디네이터 역할을 개발하는 것이다.

그러나 그 사이, 사용할 수 있는 보편적인 체제가 잡히기 전에, 항상 앞서가며 도움을 필요로 하는 대행사agencies가 생긴다. 이들이 주역이며, 이들의 경험은 그다음의 과정을 형성할 것이다.

## 열성적인 주역들

이미 코칭/멘토링의 가능성을 열정적으로 채택하여 신봉하고 있는 코디네이터가 있다. 그들은 이미 경험을 해 왔다. 그들은 그들이 장려하는 관계에서 확고한 코칭/멘토링 실습을 투입하기 위해 열심히 일하고 있다. 이런 확고한 요소는 다음을 포함한다.

- 코칭과 멘토링 원칙들을 사용하여 학습을 넓히고 실습을 공유할 수 있는 집단과 하위 네트워크를 설정한다.
- 흥미, 신뢰감, 개입성을 가진 코치/멘토를 점찍어서, 그들이 짝짓기의 중개인으로써 위임 명령된 코디네이터의 역할을 수행할 수 있게 준비시킨다. 코칭/멘토링에 대해 분산된 리더십 역량을 설정함으로써, 그들은 미래의 코디네이터 역할에 대한 연속적인 계획에 투자하고 있다.
- 참가자들이 지역적 요구들에 대한 자원과 조직 안내 그리고 적용에 개입하게 한다.
- 코칭/멘토링을 경험했던 사람들이 코치/멘토가 될 수 있게 격려한다.

## 비교문화적인 슈퍼비전 이슈들

주역들이 코칭/멘토링 과정을 자신들의 필요에 따라 받아들이는 동안, 다양한 문화와 상황들에서 슈퍼비전과 지속적 전문성 개발은 그 자체의 도전들을 가져온다. 그들은 다른 광범위한 프로젝트처럼, 신뢰와 상호 존중을 바탕으로 한 새로운 협력을 건설해야 한다는 도전에 당면하게 된다. 온라인 슈퍼비전에서 경험되었던 한 가지 이슈는 심리학의 정신분석에서 유래된 코칭/멘토링 관계와 코치/멘토/슈퍼바이저 역할 사이에서의 전이와 역전이의 탐색에 관한 것이다. 전이는 (종종 피코치자/멘티에게) 부모처럼 어린 시절의 주요 대상과의 사이에서 일어났던 역사적이고 어린아이 같은 형태나 관계가 현재 코치/멘토의 관계에서 나타나는 것이다. 코칭/멘토링 관계에서 역전이는 피코치자/멘티가 코치/멘토의 실제나 환상적인 경험으로부터 누군가에 관한 기억을 끄집어낼 때, 코치/멘토에게 나타나는 행동이나 감정을 말한다.

다양한 문화권에 걸쳐, 전이와 역전이는 부모님들, 선생님들과의 개인적 관계의 경험을 넘어서, 집합적인 집단의 한 부분으로 그리고 다른 집합적 집단들을 다루는 경험으로 확대된다. 이런 소수의 코치/멘토 그리고 슈퍼바이저의 관계는 서부의 식민주의적 유산이 처음에 어떻게 그들이 서로에게 반응하게 하는지를 명백하게 보여 준다. 어떤 사람들은 유럽 동료들과 함께 실습하는 것을 꺼린다.

다른 사람들은 개인, 기업 그리고 국가적 역량과 특성의 수준에서 ,아시아와 아프리카 동료들을 과소평가했다. 비록 이러한 축소 관계의 맥락에서는 그것이 적절하지 않더라도, 세계의 몇몇 지역에서 계속되었던 서양의 착취와 불공평의 역사적 경험은 이러한 억제와 고정의 관념을 설명해 준다. 대부분의 경우에서 개인들은 다양한 문화권에 걸쳐 모든 면에 막대한 투입을 하며 열심히 일해 왔다.

신뢰를 형성하는 것이 필수적이다. 이것은 생각보다 오랜 시간이 걸린다. 다른 문화권에서 온 누군가의 코칭/멘토링을 받을 준비가 되었다는 것은, 이 과정에서 역할들과 위치들에 대한 새로운 학습과 유동성에 대해 개방적이라는 것을 보여 준다. 장벽들이 존재하는 고정된 체제 속에서 불공평을 경험해 온 사람에게, 이것은 무언가 다르다는 재확신을 제공해 준다.

## 단원 요약

이 장에서 우리는 면대면의 경험을 넘어선 코칭/멘토링을 이야기했다. 우리는 확고한 코칭/멘토링 체계들의 설립에 관한 정보를 제공해 주는 집합적이고 전략적인 주제들 몇 가지를 강조했다. 과정에서는 면대면 수준의 학습에 필요한 융통성과 비공식성을 구체화하는 것과, 지속성을 지지해 줄 인프라 구조를 확립하는 것이 필요하다. 아마도 면대면 수준의 경험에서, 코칭/멘토링은 예술의 형태로 실습될 것이다. 전략과 체제 발달의 수준에서, 그것은 보다 과학적이고 조직적이 되어야 한다. 코칭과 멘토링은 멈춰 있을 수 없다. 그것은 성장하고 확대되어 뿌리를 내릴 수 있어야 한다.

융Jung이 말했듯이 "당신이 무의식을 의식으로 만들 때까지, 그것은 당신의 인생을 끌고 갈 것이며, 당신은 그것을 운명이라고 부를 것이다." 우리는 독자들이 사례 연구를 읽고 나서 코칭/멘토링 과정이 무의식을 의식으로 변환시키는—인지행동기법CBT, 이야기 말하기 또는 자기성찰을 통한—과정이라고 인식하기를 희망한다. 이 사례에서 코치/멘토는 때로는 참가자들을 고무시키는 지도자로서, 또는 촉진자나 단순히 의자만을 차지하는 평범한 참가자들로서, 그리고 습득한 지식을 성찰하기 위한 사색가/작가로서 많은 역할을 수행했다. 이러한 다양한 개입들을 통하여 코치/멘토는 자신을 변화를 위한 수단으로 사용했다(게슈탈트 철학의 용어를 따르면). 우리는 코치/멘토가 비록 자신의 표현 형식, 언어적 용어, 스타일, 기법들이 다를지라도, 피코치자, 상황 및 문화에 맞춰 공통된 태도, 자세, 가치를 나누는 것을 관찰하고 경험하였다. 유능한 코치/

멘토는 이러한 핵심 공통 열정을 유지하면서도, 다양한 경험, 기법, 기술과 지식으로 무장되어, 다양한 적용들에서 코칭/멘토링을 생동감 있게 실행할 수 있는 것으로 보인다. 이것은 코칭/멘토링을 독창적으로 실습하는 것뿐만이 아니라 코칭/멘토링의 학습과 평가에 대한 체계적이고 과학적인 접근을 요구한다. 우리는 이것을 10장과 11장에서 살펴볼 것이다.

Chapter 10

# 평 가

## 들어가기

코칭 문헌들은 다양한 기법과 심리학적 접근에 대해 설명하는 경향이 있다. 코칭의 효과에 대한 경험적인 증거를 바탕으로 하는 평가의 필요성이 요구되었다. 우리는 이 장에서 코칭 프로그램의 효과성을 평가하기 위한 방법론으로써 효과 평가를 주장한다. 주요 질문은 '어떻게 그 이익을 보여 줄 것인가?' 다.

이 장은 우리가 코칭과 멘토링 프로그램들에서 개발시켜 온 이론, 도구, 기법의 상세한 평가를 제공한다. 이것은 경험적 증거를 바탕으로 한 평가를 강조한다. 그것은 평가의 전반적인 틀, 수행과정 그리고 산출물과 영향력의 결과를 제공한다.

첫 번째 부분에서 설명된 일반적 평가 방법론은, 코칭과 멘토링 프로그램에서 평가와 점검을 위한 계획을 발전시키고 있는 평가자와 관리자를 돕는 데에 사용될 수 있다. 이것은 평가 계획에서 반드시 포함되어야 할 핵심 요소들을 명백히 해 준다. 조직적인 관점에서, 평가 계획은 코칭과 멘토링 프로그램을 실행하기 전에 설정되어야 한다.

평가는 조직의 목적을 달성하기 위한 코칭과 멘토링 프로그램의 성공 가능성을 증가시키고 자원 배치와 책임감의 제공을 돕기 때문에 경영 과정으로서 중요한 부분을 차지한다.

## 평가 방법론

이 부분에서는 보편통합모형UIF(6장)에 근거한 코칭과 멘토링 프로그램의 결과뿐만 아니라, 사용되는 방법론에 대한 자세한 설명을 제공한다. 우리는 연구와 평가에서 20년간의 경험을 바탕으로 하여 효과적인 평가 방법론을 발전시켜 왔다. 효과적인 평가 방법론이 내무부의 '3천만 파운드의 안전한 도시 프로그램' (Ekblom, Law, & Sutton, 1996, http://www.homeoffice.gov.uk/rds/pdfs/hors164.pdf)의 대규모 평가였던 호로Ho Law의 작업으로부터 개발되었다. 이것은 현재 최선의 실습 기준으로 생각된다.

또한 우리가 발전시켜 온 평가 방법론은 영국무역산업부(2006) 그리고 재무부의 '그린북Green Book' 지침(HMSO, 1997)을 따르는 ROAMEF 모형과도 일치한다. ROAMEF 모형은 다음과 같은 요인으로 구성된다.

1. 논리적 근거Rationale

2. 목적Objectives

3. 평가Appraisal

4. 점검Monitoring

5. 최종평가Evaluation

6. 피드백Feedback

전체 틀은 학습 바퀴(3장) 모델과 합쳐져서 통합적인 ROAMEF 틀을 제공할 수 있다([그림 10-1]).

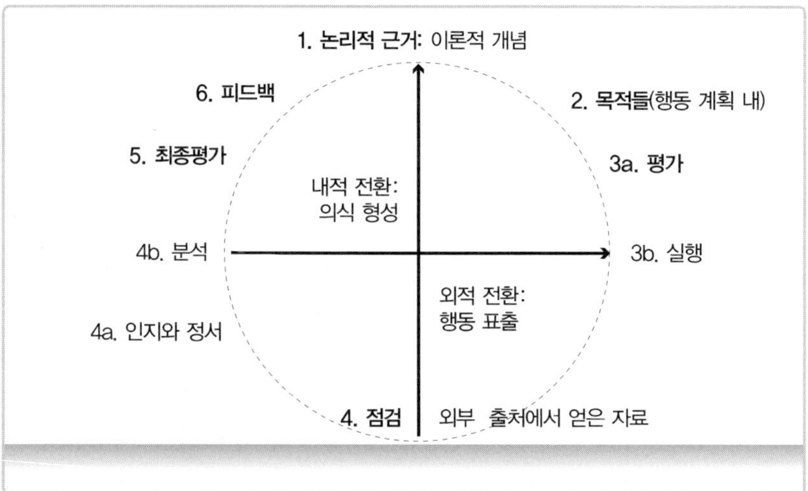


[그림 10-1] 통합된 ROAMEF 모형

## 1단계: 논리적 근거

첫 단계는 두 가지 전제조건이 만족되었는지를 확인하기 위하여 프로그램의 전반을 조사하는 것이다.

1. 욕구: 전체로서 조직의 욕구뿐만 아니라 개인으로서의 피코치자/멘티의 욕구를 말한다. 이것은 아마도 프로그램을 제안한 개인(코치/멘토 또는 피코치자/멘티 또는 프로젝트 관리자)에 의해서 가장 명백히 확인될 수 있다.
2. 이익: 제안된 어떠한 코칭/멘토링이라도 시작되면 프로그램 자체의 비용을 능가하는 이익을 가져올 것이다.

또한 전체 개요는 두 가지 부정적 관점들을 포함한 찬반양론 모두를 포함하여야 한다.

- 부정적인 결과: 코칭/멘토링 프로그램에서 생길 수 있는 모든 부정적인 결과의 목록을 작성한다. 다시 말하면, 프로그램을 진행함으로써 조직에 미칠 수 있는 악영향이 있는가? 예를 들면, 코칭 회기가 끝난 후 피코치자가 조직을 떠난다면 어떻게 될 것인가?
- 실행하지 않은 경우: 코칭/멘토링을 실행하지 않았다면 결과가 어떻게 달라졌을 것인가?

조직에서 코칭/멘토링 프로그램이 진행되는 동안, 이익은 이러한 두 가지 위험을 능가해야 한다. 위의 질문에 대답하기 위한 연구는 코칭과 멘토링 프로그램의 이론적 근거와 범위를 모두 제공할 것이다.

## 2단계: 목적

두 번째 단계는 제안된 코칭/멘토링 프로그램의 목적과 바람직한 결과를 명확하게 정하는 것이다. 목적에는 코칭/멘토링 프로그램이 성취하려는 것이 무엇인지 명확하게 진술되어야 한다. 프로그램을 소개하는 동안 결과, 산출물, 목표의 위계가 명확하게 드러날 것이다(5장 참조). 결과는 조직, 피코치자/멘티 또는 프로그램에 재정적 지원을 해 준 사람에게 주어지는 궁극적인 이익들일 것이다. 산출물은 실행 가능한 것들이다. 예를 들면, 코칭/멘토링 활동의 횟수가 명확하게 진술되고 측정될 수 있다.

목적은 원하는 결과라는 말로 표현될 수 있다. 그러나 어떤 결과는 양적인 것이 아닐 수도 있다. 예를 들면, 직업 만족감, 동기, 열정의 증가 등을 생각할 수 있다. 이러한 경우 개인은 산출물을 중간 단계로서 명시하여, 생산성의 증가라든가 결석의 감소 등과 같은 간접적인 결과와 연결할 수 있다. 즉, 산출물과 원하는 결과물이 어떻게 관련되는지를 증명하는 것이 중요하다.

가설적인 다양한 코칭/멘토링 프로그램에서 전반적인 목적은 다음과 같이 설명될 수 있다.

> 코칭/멘토링 프로그램을 소개함으로써 조직 내의 리더십과 평등 사이의 주요한 격차를 강조하는 것이다. 그래서 상급 전문 구성은 자신들의 전문적인 능력을 증명해 온 다양한 고용인들이 얼마나 많았는지를 반영한다.

설명된 산출물과 원하는 결과에 따라 설정된 목표는 다음을 포함할 것이다.

- 최적의 수행 수준
- 인력 자본
- 프로그램의 마지막에 제공될 코칭/멘토링 장소의 수(특정 날짜와 함께)
- 피코치자/멘티의 향상된 생산성
- 전문적 능력을 성취해 내는 종업원의 비율
- 중도 포기자 비율의 감소

### 3a단계: 사정

관리자의 관점에서, 영업 과정의 가장 중요한 부분은 코칭/멘토링의 제안에 대한 평가다. 제시된 목적을 만족시킬 수 있는 것으로, 코칭/멘토링 프로그램을 제외한 다른 많은 선택방안이 있을 것이다. 이것은 개인 관계자만이 아니라 조직의 욕구에 대한 적절한 해결방안 요소를 제공한다. 그 후에 제안된 선택방안이 간략하게 목록화되어 다루어질 수 있다. 코칭/멘토링 같은 대안적인 개입을 평가하기 위한 기저선으로서 언제나 최소한의 대안이 포함되어야 한다.

코칭과 멘토링 프로그램의 예산을 담당하는 행정관리자는 프로그램이 시작될 수 있는지에 대한 평가를 제공한다. 의사결정은 그 제안이 코치/멘티만이 아니라 조직에도 이익이 되는지에 관한 평가를 포함한다. 평가는 프로젝트 관리자나 프로그램을 위해 모집된 코치/멘토에 의해서 실행된다. 결정들과 추천사항에 대해서 모든 관계자와 충분히 의사소통을 한다.

평가의 핵심 기법은 코칭/멘토링 프로그램이 입증됨에 따라 그 비용과 이익을 분석하여 목적을 설정하고 대안을 창조하고 검토하면서, 사용 가능한 대안을 평가하는 것이다. 이러한 틀 안에서 아직 평가되지 않은 비용과 이익도 모두 평가할 수 있는 추가기법으로 비용-효과 분석cost-effectiveness analysis: CEA과 비용-이익 분석cost-benefit analysis: CBA이 추천된다.

코칭/멘토링 제안을 평가하는 과정은 반복된다. 즉, 최선의 대안이 선택되기 전에 여러 번 되풀이된다. 때때로 이것은 의사결정 과정에서 '그렇지 않았다면 무엇이……?' 라는 질문이 일어나는 경우 민감성 분석을 하도록 요청된다. 예로, '만약에 대안 A가 비용이 더 적게 들고, 또는 대안 B가 2년이 아니라 5년 후에 이익을 증가시킬 수 있다면 어떻게 할 것인가?' 그래서 비용-효과 분석과 비용-이익 분석 기법이 반복될 것이다. 언제나 ROAMEF 사이클이 연속적으로 뒤따라오지는 않는다. 평가자는 위험요인의 영향, 불확실성 그리고 타고난 선입견을 한 번 이상 재검토하도록 추천된다. 이것이 거짓 정확성을 예방하며, 변화하는 상황에도 불구하고 재정을 지켜 줄 수 있는 좋은 가치를 제공한다.

### 비용-이익 분석

평가 단계에서 코칭/멘토링 프로그램 평가자는 초래될 비용뿐만이 아니라 코칭/멘토링이 피코치자/멘티 그리고 조직에 가져올 이익을 측정할 필요가 있다. 전자는 아마도 생산성의 증가 등을 포함할 것이고, 반면 후자에는 프로그램에 참여하기 위해 소비된 스태프의 시간과 상담자에게 지불한 비용이 포함될 것이다. 전자는 또한 시장에서는 경제적 가치로 만족스럽게 평가할 수 없는 문항을 포함할 것이다. 예를 들면, 직업만족과 피고용인의 동기 증가 등이다.

#### 비용-효과 분석

비용-효과 분석은 동일하거나 비슷한 이익을 산출해 내는 대안적인 방법에 대한 비용을 비교한다. 예를 들어, 코칭/멘토링 대신에 공식적인 훈련을 사용하여 생산성과 수행의 증가를 가져올 수 있는가?

### 3b단계: 실행

우리는 학습 사이클을 완성하기 위하여 ROAMEF의 모형 안에서 평가에 뒤따르는 하위 단계 실행을 소개하여 왔다. 최선의 대안이 선택된 후에는 그것이 실행으로 바뀌어야 한다. 조달procurement이 일어나기 전에, 실행에는 모든 관계자들의 효과 평가와 자문이 포함되어야 한다.

### 4단계: 점검

다른 성공적인 프로젝트의 관리처럼, 코칭/멘토링 프로그램도 계획에 따라 진행된다는 것이 확인되어야 한다. 이것에는 보통 주요 관계자—프로그램 전문가, 상급 공급자, 사용자 대표—가 매달 참석하는 미팅이 포함된다. 우리는 코칭/멘토링 프로그램에서 피코치자/멘티에게 그들의 코칭/멘토링 경험을 설명하는 일지를 기록해 달라고 요청했다. 이것은 코치/멘토와 피코치자/멘티 모두에게 코칭/멘토링 회기 동안 당면하는 장벽이나 어려움을 확인시켜 줄 뿐만 아니라 그들의 발전을 점검할 수 있게 해 준다.

### 5단계: 최종평가

최종평가에서는 기대했던 것에 대한 코칭/멘토링 프로그램의 결과와 수확을 검사한다. 또한 학습된 교훈들이 의사결정 과정에 반영되는지를 확인한다. 최종평가를 통해 조직의 이익과 피코치자/멘티의 가장 뛰어난 성취를 미래의 코칭/멘토링 프로그램에 반영할 수 있도록 해야 한다.

코칭/멘토링 프로그램의 효과를 최종평가하기 위하여, 커크패트릭(Kirkpatrik, 1959)의 모형을 사용하는 것이 유용하다는 것을 발견할 수 있는데, 그 모형은 효과를 4단계로 측정한다.

1. 프로그램과 계획된 활동에 대한 반응
2. 학습
3. 행동 변화
4. 재투자와 같은 사업 결과

최종평가에 사용되는 기법들은 프로그램의 목적(결과와 산출물)과 연결되는 방법이라는 점에서 평가 기법과 유사하다. 그러나 코칭/멘토링의 학습 사이클 단계에서 최종평가의 명백한 시기 때문에(예: 코칭/멘토링 프로그램에서 실행 다음 단계), 미래의 견적서보다는 실제적 자료를 사용하여야 한다. 여기서의 목표는 목적이 충족되었는가를 확인하는 것만이 아니라, 분석에서 우연히 발견된 어떤 교훈이라도 기억하게 하는 것이다. 그 후에 이것을 모든 관계자와 의논하고 그래서 미래의 중재와 계획에 반영할 것이다.

최종평가는 전형적으로 다음 순서를 따른다.

1. 무엇을 평가할 것인지와 과거 결과를 평가하는 방법을 정한다.
2. 코칭과 멘토링 프로그램의 실행 결과로 얻어질 새로운 목표, 산출물과 원하는 결과를 설정한다.
3. 결과를 목표 결과, 그리고 코칭/멘토링 프로그램의 결과와 비교한다.
4. 결과와 제안사항을 제시한다.
5. 결과와 제안사항을 선포하고 사용한다.

최종평가의 주요 질문은 다음과 같다.

- 기대했던 비용과 이익이 실제 결과(실제 이익)와 어느 정도나 일치했는가?
- 피코치자/멘티, 목표 집단의 경험에서 볼 때, 만약 이 집단이 보다 엄격하게 제한(예를 들어, 오직 흑인 및 소수민족 노동자들이나 다양한 문화권에서 온 새로운 피고용인에게만 초점을 두는 식으로)되었다면 더 좋은 결과를 얻었을까?
- 실행 후에 밝혀진 코칭/멘토링 프로그램의 효과에 대한 새로운 정보가 있었는가?
- 조직의 목적을 만족시키는 것에 얼마나 효과적이었는가?
- 코칭/멘토링 프로그램의 달성에 대하여 평가된 위험이 정확했는가?

아니면 실제 위험보다 과소평가되거나 과장되었는가?

- 통제 집단: 비슷한 기술을 가졌으나 코칭에 참여하지 않은 사람과 비교했을 때, 코칭/멘토링 프로그램에 참여한 개인의 생산성이 어떠했는가?

국가보건기구NHS를 통한 사례 연구에서, 우리는 최초에 정의되었던 프로그램의 목표, 목적, 영역에 덧붙여 프로그램의 효과와 가치를 평가하기 위하여, 활동에 대한 누가적인 평가를 실행했다. 이것은 과정 평가와 효과 평가 모두를 포함한다.

최종평가는 다음의 주요 질문에 답하는 것을 목표로 한다.

1. 목적을 만족시키기 위해 코칭과 멘토링 프로그램이 달성한 것은 무엇인가?
2. 프로그램은 지역에 어떤 영향을 미쳤으며, 지역 건강 서비스의 전략적 목표를 달성하기 위하여 어떤 공헌을 했는가?

그러므로 최종평가의 주요 목표는, 광범위한 지역의 (그리고 어떤 지역에서는 지역 전략과 협동 계획으로 구분된) 건강 서비스 멘토링에서 사용된 코칭과 멘토링 프로그램의 직접적 및 간접적 효과를 평가하는 것이다.

효과 평가는 우리에게 프로젝트에 대한 투입input을 산출물 및 결과와 연결짓도록 한다. 이것은 돈의 가치를 확인하고, 프로젝트가 목표와 목적을 어느 정도나 만족시켰는지를 평가할 수 있는 효과적인 방법이다. 우리는 무엇이 효과적이었는지를 이해하여 얻어진 교훈이 미래의 발전에 사용될 수 있도록 과정 평가를 수행할 필요가 있다. 이것은 우리에게 프로젝트 실행 과정을 검사하고, 전체 프로젝트에 포함된 활동의 성공과 실패를 조사할 것을 요구한다.

효과 평가와 과정 평가는 상호 보완적이다. 이것들은 우리의 완벽한 최종평가 전략으로부터 얻어진 두 가지 접근이며, [그림 10-2]에 요약되어 있다.

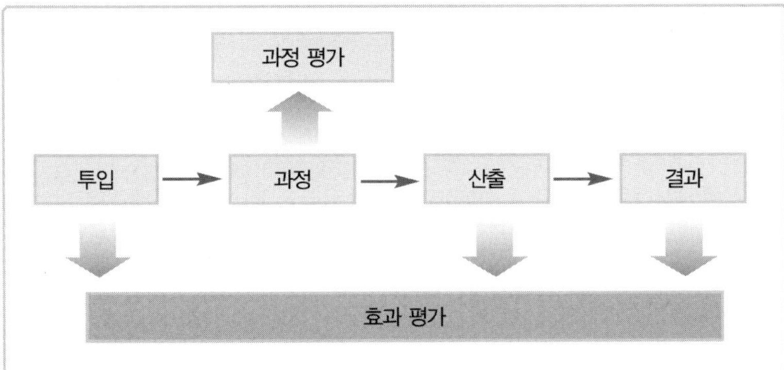


[그림 10-2] 최종평가 방법론

우리는 코칭과 멘토링 프로그램에서, 두 가지 평가 목표가 주어졌다는 것을 이해한다. 그것은 프로그램 목표와 목적 그리고 그 자체의 효과를 평가하는 것을 어느 정도나 만족시켰는가, 그리고 미래의 서비스가 향상될 수 있도록 학습 요점과 효과 요인을 확인하는 것이다. 그래서 우리는 완전한 평가 방법론을 추천한다(예: 효과 평가와 과정 평가 접근 모두가 사용되어야 한다.). 이 장의 나머지 부분에서, 우리는 위의 접근이 어떻게 코칭/멘토링 프로그램에 적용되는지를 자세히 살펴볼 것이다.

### 과정 평가

과정 평가는 좋은 실습 정보의 수집을 목표로 한다. 2004년에 우리의 코칭/멘토링 프로그램이 시작된 이후로, 우리는 좋은 코칭/멘토링의 실습에 관한 것을 가르쳐 주는 '성공 사례'를 찾음으로써 과정 평가를 수행할 수 있었다. 우리는 x 개수의 피코치자/멘티의 상세한 회고적 사례 연구를 사용했다. 우리는 또한 성공적이었던 코칭과 멘토링 활동의 평가를 수행할 수 있었다(예: 질이 향상된 코칭/멘토링). 우리는 각 활동과 효과에 대한 간단한 설명을 모았다. 그리고 피코치자/멘티에게 반구조화된 면접들을 실시하여 무엇이 효과가 있었는지를 결정했다(결과는 아래에 제시되었다.).

우리는 또한 우리의 코칭과 멘토링 프로그램에 참여했거나, 우리의 코칭/멘토링 자기점검 온라인 도구를 사용했던 전문 코치/멘토의 관점을 모두 이끌어 냈다. 그들은 그 도구가 그들의 활동에 덧붙여 주었던 가치와 그들이 그것을 통해 얻었던 이익들에 대한 피드백을 제공했다. 과정 평가를 통해 얻어진 자료는 주로 질적인 것이었다. 일반적으로 자료 분석은 면담 사본과 본문의 해석을 포함한다. 대체로 꽤 많은 주요 주제들이 양적 자료 분석으로부터 나온다.

### 효과 평가

효과 평가의 전반적인 초점은 전체 프로젝트의 효과에 있다. 실습에서 평가는, 우리에게 프로젝트의 목표와 목적을 명시할 것과 프로젝트의 산출물과 각 목표와 목적의 결과를 비교하여 어느 정도나 만족시켰는지를 평가하도록 요구한다.

코칭/멘토링 프로그램에는 다음과 같은 목적이 있다.

- 코칭과 멘토링을 지지하고 발전시킨다.
- 코칭과 멘토링의 질을 향상시킨다.
- 피코치자/멘티의 수행을 향상시킨다.
- 코칭/멘토링 네트워크를 확립한다.

이 목적들을 위하여, 우리는 측정을 위한 주요 수행 목표들을 밝혀 왔다.

## 측정 결과

효과 평가 방법론은 우리에게 투입input–산출output 측정들을 결과outcome 측정과 연결지을 것을 요구한다. 첫 단계는 코칭과 멘토링 프로그램의 목적을 목표와 연결하는 것이다. 각 목표와 목적을 위하여 우리는 주요 수행 지표를 명백히 제시한다. 이것은 [그림 10–3]에 요약되어 있다.

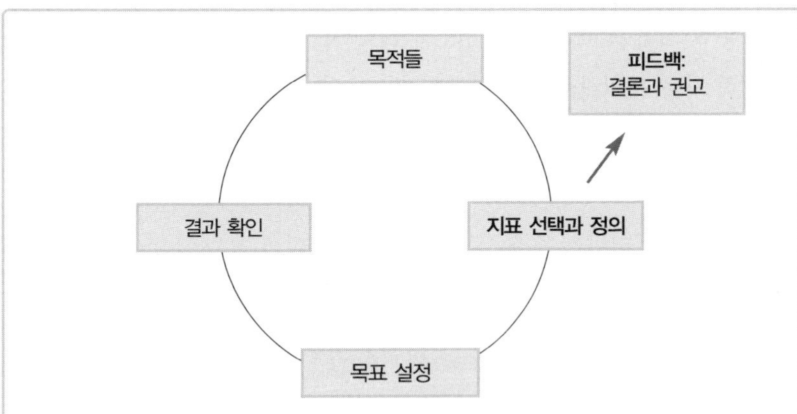


[그림 10–3] 효과 평가

### 투입(입력) 자료

효과 평가를 위해 우리는 다음과 같은 일련의 자료를 끌어냈다.

- 코칭/멘토링 데이터베이스로부터의 인구학적인 자료
- 참가자 목록으로부터의 과정 자료
- 보조적인 자료(예: 조사 보고서와 예행 활동 보고서)
- 면접, 토론, 자문으로부터 얻어진 질적인 자료

효과 평가의 특성은, 과정 평가에 공급된 질적인(기술적인) 자료와 함께 주로 양적인 자료를 사용한다는 점이다. 일련의 자료 크기가 충분했으므로 적절한 통계적 분석이 시행되었다.

## 보편통합모형의 평가

이 부분에서 우리는 9장에서 설명된 한 가지 사례에서 보편통합모형 평가가 수행된 방법을 증명한다. 이 사례 연구에서 코칭/멘토링 프로그램이 보건복지 상황에 소개되었다. 프로그램에서 참여자들은 12개월에 걸쳐 최대 4일까지 멘토링/코칭에 참여하도록 요구받았다. 그들에게 광범위한 코칭/멘토링 기법, 실제적 연습과 함께 보편통합모형이 소개되었다(8장 참조). 우리의 코치/피코치자/멘티 유동성의 주요 지도원칙에 따라(6장 참조), 우선 모든 참가자들은 조직 내에서 적절한 코치/멘토와 짝지어 피코치자/멘티가 되었다. 그 후 그들이 유능해진 후에 다른 사람들을 위한 코치/멘토가 되었다.

6장에서 설명했듯이, 우리의 보편통합모형은 참가자들이 자신들의 피코치자/멘티로부터 그들의 수행에 대한 피드백을 받도록 돕는 것을 목표로 한다. 그래서 비교문화 코칭/멘토링 및 사회지능(6장 참조)에 끼워 넣어진 코칭 유능감 자기평가Coaching Competence Self Review: CCSR 온라인 도구를 개발했다. 이것은 그들의 개인적 효과에 대한 평가를 제공하고, 자동적으로 슈퍼비전에 사용할 수 있도록 개인적인 발전 계획을 생성한다. 개인들은 온라인 도구를 사용하여 자신들의 코칭 척도를 평가하도록 요청받았다. 코칭 유능감 자기평가는 보편통합모형을 근거로 하여 개발되었다. 그것은 특별히 문화적 관점에서 멘토/코치의 정서지능이 발달하도록 돕는 것을 목표로 한다. 전체적으로 도구는 4가지 차원(개인적 차원, 사회적 차원, 문화적 차원, 그리고 전문적 차원), 18개 요인, 110개의 문항으로 구성되어 있다(6장 참조).

보편통합모형의 이익은, 우리가 확고한 방법으로 핵심 기술과 과정을 조직에 심어 넣었고, 그 결과 이러한 핵심 기술이 보편화되어 우리가 일하는 방식에 중요한 영향을 미칠 수 있었다는 것이다.

이익들을 현실화하기 위하여 우리는 슈퍼비전과 지속적 전문성 개발(6장 참조)이 어떻게 리더십 프로그램의 성공에 공헌했는지를 측정했다. 온라인 코칭 유능감 자기평가 도구는 슈퍼비전을 통한 피드백과 정보를 제공했는데, 이것들은 질적인 데이터를 산출했다. 이것이 우리에게 최고의 실습에서 얻어진 증거들을 수집하여 미래 실습에 대한 제안을 할 수 있게 했다.

코칭 유능감 자기평가 도구가 통계학적 분석을 받을 수 있게 하기 위하여, 우리는 정서지능EI, 작업 수행 증가의 증거, 향상에 대한 주요 수행 지표key performance indicator를 다음 용어에 따라 결정할 필요가 있었다.

• 질
• 양
• 개인적 효율성
• 조직의 전반적 효율성

6장에서 설명된 18개 요인과 함께 코칭 유능감 자기평가 도구의 통계적인 평가를 위하여, 선형 다중 회귀분석이 사용될 수 있다. 일반적인 방정식은 다음 형태를 따른다.

$$y = b_0 + b_1x_i + u_j$$

여기서,

$y$ = KPI(주요 수행 지표)

$b_0$ = 절편

$b_1$ = 정서지능[EI] 요인의 계수

$x_1$ = 코칭 유능감 자기평가의 요인($x_1, x_2, x_3, \ldots\ldots x_{21}$)

$u_j$ = 무선 변인

또한 보편통합모형의 3차원들을 통한 정서지능 점수들과 함께, 인구학적 변인과 민족성이 설명 변인 x로 사용될 수 있다. 따라서 코칭 유능감 자기평가 도구는 인구조사에 따른 사용자 범주를 가지고 있어야 한다. 우리는 변인 y로 사용하기 위하여 주요수행지표[KPI]가 무엇인지 결정할 필요가 있다. 이것은 코칭 유능성일 수도 있고, 월급 또는 360도 피드백 척도로 얻어진 점수일 수도 있다.

이미 언급했던 것처럼, 리더십 개발을 지지하기 위한 접근으로서, 멘토링과 코칭의 전략과 실행에 관한 전체 평가가 초점 집단과 온라인 코칭 유능감 자기평가 도구에서 질문지를 사용하여 실시되었고, 그 결과는 집필 시에 발표되었다(Law et al., 2006).

## 결 과

온라인 코칭 유능감 자기평가 도구에서 얻어진 데이터가, 전체 평가 점수에 대한 참가자 유능감 점수를 사용하여 통계적으로 분석되었다. 몇몇 자료가 분실되었기 때문에, 처음에는 49명이었던 응답자가 23명으로 줄어들었다(분실된 자료를 분석에서 삭제한 이후에 완성된 일련의 자료는 23명이었다.). 이 발견은 조사연구와 코칭/멘토링에서 보편통합모형을 사용하는 것을 지지했다. 결과는 다음처럼 요약된다.

- 모든 유능감 중에서, 성실과 연관된 개인적 유능감이 최고의 예언 지표였다($p < 0.04$).
- 유능감은 나이/인생 경험과 함께 증가했다. [그림 10-4]를 참조하라(ANOVA $F=9.7$; $p < 0.00015$).
- 성차는 없었다. [그림 10-5]를 참조하라($p=0.5$).
- 개인적 유능감, 사회적 유능감(이해, 능력배양, 의사소통, 갈등 해결, 리더십 촉진, 팀 코칭과 변화를 위한 코칭)과 문화적 유능감(다양한 존재와 행동에 대한 이해와 존중 그리고 옹호하기) 사이에 유의미한 상관이 있었다($r=0.7$).
- 피코치자/멘티의 조사연구처럼, 전체 유능감 점수에서 가장 높게 평

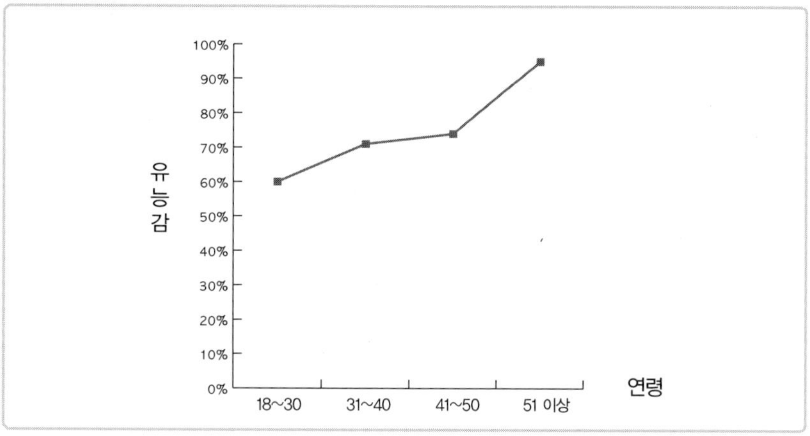


[그림 10-4] 연령에 따른 유능감의 증가

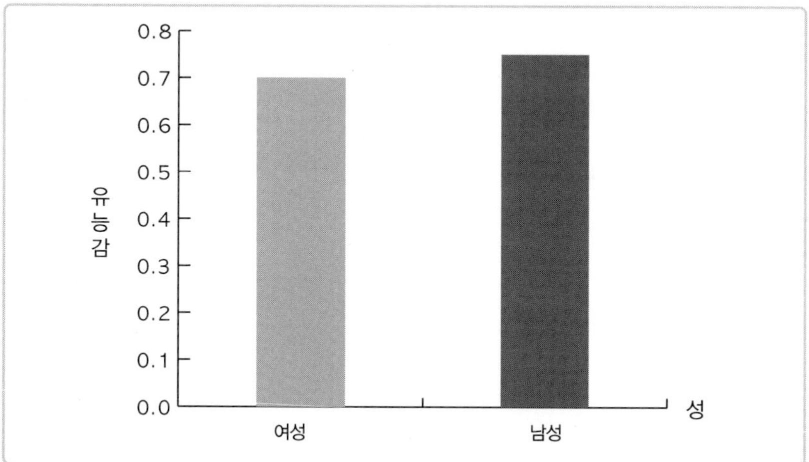


[그림 10-5] 코칭 유능감: 여성 참여자 대 남성 참여자

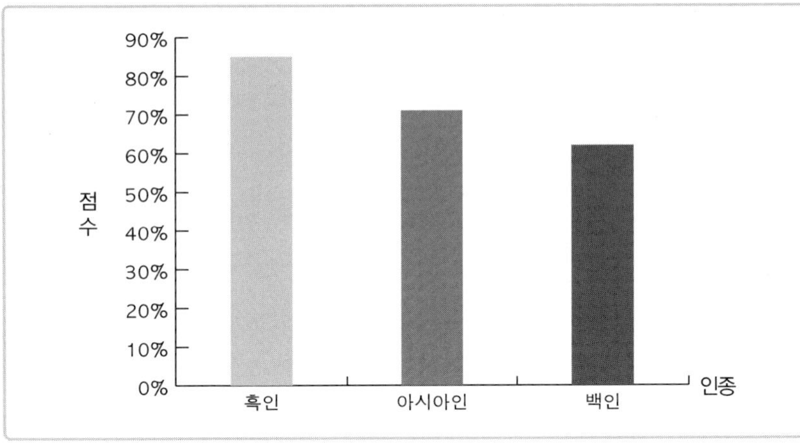


[그림 10-6] 코칭 유능감: 인종 집단에 따른 차이

가된 코치/멘토는 흑인 참가자들이었고, 그다음이 아시아인, 그리고 백인이었다. [그림 10-6]을 참조하라(ANOVA F=6.6; p=0.06).

## 조직에서 코칭/멘토링의 이익

코칭/멘토링의 실제적인 이익들이 널리 보도되었다. 동방멘토링포럼East Mentoring Forum을 위해 가비와 개럿-해리스(Garvey & Garrett-Harris, 2005)가 수행한 문헌 고찰은, 주요 이익들을 동기 상승, 지식과 기술 개발, 변화와 계승에 대한 관리, 관계로부터 얻어진 코치/멘토와 피코치자/멘티 모두의 업무 수행 이익 등으로 광범위하게 설명한다.

일반적으로, 문헌연구에서 피코치자/멘티의 동기 상승의 이점은 승진, 영업과 조직에서 향상된 개입, 직업 만족 향상과 수입의 증가라고 언급된다. 피코치자/멘티의 지식과 기술들의 발전은 향상된 능력과 기술, 빨라진 학습 속도, 의사결정의 향상, 업무와 조직 활동에 대한 이해의 증진(예: 정치, 정책, 긍정적인 위험 감수의 향상, 혁신에 대한 지지의 증가) 등으로 언급된다.

변화와 계승을 관리함으로써 피코치자/멘티는 확신과 행복을 얻는다. 이것은 변화를 돕기 위한 지도자들과 리더십 능력 그리고 행동의 발전을 위한 부분이다. 코치/멘토에 관한 조사연구들은 타인의 관점에 대한 이해와 지식의 증가, 향상된 의사소통, 소수민족 집단에 대한 진전, 자기인식의 향상, 직업 만족감과 충성, 원기회복과 새로운 기회에 대한 개방을 통하여 직업 수행이 향상되었음을 증명한다. 문헌조사 연구를 통해 확인된 업무 이익들은 스태프 이직률의 감소, 존속의 향상, 의사소통 흐름의 향상, 효과적 관리 기회, 조직적 학습의 향상, 지식 전수의 증가, 효과적이고 비용 효율적인 훈련을 포함한다.

보건과 사회복지관리 부문의 이익은, 2004년에 국가보건기구NHS의 리더십 센터와 보건부에서 수행한 조사연구에서 증명되었다. 그것은 멘토링이 의사doctor에게 미치는 영향, 확인되고 향상된 성찰 기술, 특별한 문제들을 다루는 것에 대한 지원, 그리고 코칭과 멘토링이 간호사가 미래의 지도자가 될 수 있도록 그들의 성장과 발전을 돕는다는 발견들을 포함한다. 간호사에게 확인된 이익들은 사고력의 향상, 위험의 감수, 자기존중감의 증가, 생활 지혜의 증대, 정치적 자각, 직업 풍부성과 수행 등을 포함한다. 문제를 다루고 해결하기 위한 전략을 개발하는 것은 의사에 의해 조직적 이익으로 정의되었다. 피코치자/멘티는 이전과는 다른 변화, 제대로 유의미한 변화들을 만드는 것, 확신 있는 의사결정, 자기가치감과 직업 만족의 증진에 대한 지원 등을 이익으로 언급했다. 멘토는 자신의 동기와 직업 만족이 증가되었음을 언급했고, 재능을 발전시키는 것에 대한 만족감이 증대되었으며, 다른 사람의 관점에 대한 자각의 증진으로 동료와 환자와의 관계가 개선되었고, 문제 해결 기술이 향상되었다고 보고하였다.

몇몇 접근에서 코치/멘토는 피코치자/멘티와 비슷하거나(종종 책임 행정가가 포함되었을 때) 그보다 더 많은 이익을 얻을 수 있다. 그러나 전반적으로 피코치자/멘티가 가장 많은 이익을 얻는다. 많은 연구에서 동기 상승을 비롯하여 업무와 조직수행의 증진 그리고 기술과 지식 발전을 주요 이익으로 언급하고 있다. 요약하면, 피코치자/멘티의 주요 이익은 수행 생산성의 향상, 경력 개발의 기회와 승진, 지식과 기술, 그리고 확신과 행복의 증대다. 코치들/멘토들에게 주요 이익은 수행 향상, 만족감, 충성, 자각의 증진 그리고 리더십 발전이다. 업무에서의 결과는 주로 스태프 유지, 향상된 동기와 관계 그리고 증진된 지식과 조직 학습이다.

그러나 멘토링/코칭은 진화하는 복잡한 아젠다를 다루는 학습조직을 만드는 것에 특별히 기여한다. 멘토/코치는 어떻게 개인이 개인적 수준에서 변화에 반응하며 그들의 전체 생활과 균형을 맞추는지에 주의를 기울이면서, 코칭/멘토링의 스펙트럼과 단기 목표를 충족시키고, 동시에 그들을 위한 장기 시나리오와 계획을 지속적으로 개정하는 것을 촉진하는 요구 사이를 움직여야 한다. 참여자들은 보다 안전한 환경에서 개인의 발전뿐만 아니라 조직의 이익에 대해 자신들의 학습을 생각하고, 성찰하고 복습할 시간을 가짐으로써 이익을 얻는다. 균형 잡힌 초점이 그들의 생각과 행동이 지속되게 하는 것에 유용하다. 환경에서 일어나는 어떤 변화라도 재검토하는 것이 중요하다.

2004년에 실시된 코칭/멘토링의 이익에 관한 국가보건기구의 조사에서, 82%의 참가자는 경험이 아주 좋거나 훌륭했다고 말했다. 멘티의 이익은 4가지 영역—동기와 작업에 대한 긍정적 관점, 학습과 기술의 습득, 경력 발달, 변화 관리와 혁신—으로 나누어진다. 동기 범주에서 피코치자/멘티는 가치 있고 긍정적인 공헌을 하는 감정에 대해 설명했다. 한 명은 "이런 어려운 시간에서조차, 나는 새로운 것을 배우고 있는 것을 느끼며, 내 주위의 사람들이 포기하고자 할 때도 나의 사기는 높았다."라고 언급했다. 다른 공동 코치는 이것을 '인생의 변화'로 묘사했고, 또 다른 공동 피코치자는 "그것은 나에게 내가 갈 수 있는 곳과 내가 희망하는 관리자가 되는 경로를 볼 수 있게 해 주었다."라고 언급했다. 학습과 기술들의 습득이라는 점에서, 많은 사람들이 주요 학습 영역으로 정치적 자각과 광범위한 조직이 일하는 방법의 증진을 이야기했다. 6명의 스태프는 승진으로 경력 발달을 입증했으며, 이것이 어느 정도는 멘토링/코칭의 경험 때문이라고 설명했다. 그러나 집단과 개인적 반응들에서, 보다 많은 사람들은 한 가지 역할의 추가나 다양한 역할들, 경계를 넘나드는 활동, 광범위한 네트워킹, 새로운 집단과 프로젝트 흐름에의 참여 그리고 전체를 신뢰하면서 보다 충실히 참여하는 것과 같은 증가된 '역할 활동'을 언급했다. 변화 관리에서, 참여자들은 그들이 "목표를 달성하기 위해 보다 기꺼이 계산된 위험을 감수할 수 있으며, 이러한 예측불허인 조직에서 훨씬 탄력적이라고 느낄 수 있다."라고 이야기했다.

코치/멘토의 이익이 비슷한 범주들에서 인용되었다. 대표 행정관들과 슈퍼바이저들은 동기 범주에서 '회사 밖에서의 진정한 관계를 통한 기쁨, 단기short term 이상의 토론, 재능의 양성'을 보고했다. 그들은 학습을 '그들이 몰랐던 조직 내의 다양한 관점과 장벽, 내가 다른 동료와 스태프를 대하는 방식을 전달하는 방법에 대한 기술 베이스의 재훈련, 다른 사람들이 흑인과 소수민족 이슈를 대하는 최고의 실습 실행을 보고 얻은 배움' 으로 정의했다. 어떤 멘토/코치는 '혁신의 선두에서 다른 사람들을 지지한다는 흥분이 그들이 장벽을 극복하는 것을 도왔다' 고 설명했다. 또한 슈퍼비전에 참석했던 사람들에 의해서도 코치/멘토의 이익이 증가되었다.

조직적 이익은 '그들의 역할과 영향을 보다 빨리 이해하기 위하여 재단이사회에서 새로운 수탁자와 함께 일하는 것' '믿을 수 있고 창조적인 지도자의 개발' '조직과 다른 관점들에 새로운 생명을 가져온 새로운 의사소통' 그리고 '실제적인 이슈의 해결과 개인 재능의 발굴에 필요한 돈의 가치' 로 인용되었다.

온라인 멘토링에 접근할 수 있는 새로운 방법을 찾는 피코치자/멘티의 수가 급격하게 증가하여 왔다. 코칭과 멘토링이 경계를 넘어서 일하고, 다문화 간 장벽을 부수고, 고립과 싸우고 혁신적인 실습과의 초기 연계를 만드는 것을 가능하게 하는 것에 효과적임이 확인되어 왔다. 이것은 조직의 고속 승진 프로그램들의 일부분을 형성하여 왔고, 국제적인 흑인 및 소수민족 프로그램들을 지지하여 왔다. 셰필드 할람 대학교(Sheffield Hallam University, 2003)는 온라인 멘토링을 사용하는 피코치자/멘티의 75%가 경험으로부터 많은 것을 얻었다고 보고했다.

## 단원 요약

이 장에서는 코칭과 멘토링 프로그램의 평가를 수행하는 것이 노동 집약적일 수 있음을 보여 주었다. 그러므로 프로그램 관리자, 코치/멘토, 피코치자/멘티와 모든 다른 관계자의 관계는, 가능하다면 어느 곳에서

든지 협동적으로 이루어져야 한다. 프로그램의 초기 단계에서 주요한 책임감이 정의될 필요가 있으며, 이로써 책임이 이해된다. 비록 평가가 방법 면에서 기술적으로 보일 수 있으나, 코치와 프로그램 관리자는 이것을 전문가의 활동으로 보아서는 안 된다. 그렇지 않으면 평가가 한편으로 치우칠 위험이 있다.

보편통합모형을 평가한 우리의 결과는 개인적 효능감, 사회적 효능감과 문화적 효능감 사이에 정적인 상관이 있음을 보여 주었다. 결과는 그들이 정서지능[EI]의 이론적 관점에 일치한다는 점에서 놀라운 것이 아니다. 사람들이 자기인식을 잘하게 되면, 그들은 사회적이고 문화적인 상황을 보다 유능하게 다루게 된다. 그러나 현재 정서지능 연구에서 논쟁이 되고 있는 개념, 측정과 평가라는 면에서 볼 때, 우리 연구의 시사점은 매우 심오할 수 있다. 이것은 마지막 장에서 논의될 것이다.

또한 우리 평가의 발견은 이전의 훈련과 실습에 의존했던 백인 상급관리자와 비교하여, 코칭/멘토링 프로그램을 통한 다양한 지도자들, 특히 흑인 및 소수민족 지도자들을 보다 강력하게 훈련하는 것에 기여할 수 있다. 따라서 우리는 코치/멘토의 자질이 입증되었다면, 흑인 및 소수민족 집단들과 함께 일하는 백인 스태프의 다양성 훈련의 부분으로서 다양한 코칭과 멘토링 프로그램을 추천한다. 백인 참여자들은 코칭과 멘토링에 흑인 및 소수민족 참여자들이 포함된 덕분에, 프로그램에 참여했던 사람들의 피드백으로부터 조직적 변화뿐만이 아니라 많은 것을 얻었다. 흑인 및 소수민족 참여자들은 활동가와 참여할 때와 적용을 위한 상황에서, 보다 높은 문화적 감상의 태도를 보이는 것 같다. 그리고 가장 유능한 풀[pool]을 만들기 위해서는 코치/멘토들의 활동흐름을 통합해야 한다는 접근을 지지해 준다. 또한 보다 광범위한 코칭과 멘토링 시작의 일부분으로서 흑인과 소수 집단 코치/멘토가 포함되는 것이 중요하다고 강조하는 보편통합모형의 접근을 지지해 준다.

한편, 미래 연구에서는 지속적으로 더 많은 사례를 사용하여 보편통합모형의 개인적 요소의 타당성이 밝혀져야 하며, 그래서 이것이 어떻게 코치/멘토의 효능성 발전을 도울 수 있는지에 관한 임상적 제안이 만들어질 수 있을 것이다. 코칭/멘토링 프로그램의 수행 평가를 위한 협조적인 접근을 확인하기 위하여, 조직들은 어떻게 평가가 의사결정 과정과 법인 지배 조직에 통합되는지를 고려하여야 한다. 코치와 프로그램 관리자는 다음을 유의하여야 한다.

- 코칭과 멘토링 프로그램의 부분으로서 공식적인 평가 과정을 설정하여야 한다.
- 내부와 외부의 코치와 멘토에 대한 접근을 공식화하여야 한다.
- 후원자들과 함께 평가 방법론에 대해 논의하여야 한다.
- 철저하고 시기적절한 평가를 시행하기 위하여 보상을 제공하여야 한다.
- 학습된 교훈을 사용할 수 있도록 보관 문서를 유지하여야 한다.

Chapter 11

# 결론, 토론 그리고 미래의 작업

## 들어가기

이 장에서는 요약을 제공하고, 코칭, 멘토링, 학습 과정에서의 다양한 이론과 실습을 함께 모아 앞으로 이루어야 할 연구와 발전에 대해 논의하고, 코칭과 멘토링을 통해 학습이 향상될 수 있도록 몇 가지 추천사항을 제공한다.

우리의 코칭/멘토링 실습과 10장에서의 평가 보고로부터, 다양성은 지금까지처럼 앞으로도 많은 조직의 최우선순위가 될 것이라는 사실이 명백해졌다. 이러한 견해를 가지고 우리는 다음 영역에 집중하여 논의할 것이다.

- 코치/멘토와 피코치자/멘티의 매칭

- 정서지능과 비교문화적 유능성
- 증거 기반 연구와 효과 평가
- 슈퍼비전
- 훈련
- 코칭과 멘토링의 기준
- 윤리와 수행의 규범
- 광범위한 법적 준거

## 코치/멘토와 피코치자/멘티의 매칭

다양성의 관점에서 볼 때, 매칭은 코칭/멘토링 과정에서 중요한 단계다. 코치/멘토와 피코치자/멘티를 바르게 짝지어 주는 것이 코칭 결과에 성공을 가져다준다. 이것은 조직 내에서 문화적 변화와 다양성의 지렛대 효과를 가져올 수 있는 효과적인 방법이다. 그러므로 조직은 조직적, 기술학적, 개인 내적 맥락들에서 정확한 매칭을 위하여, e-데이터 베이스 접근을 포함한 완벽한 매칭 체계의 발전에 초점을 두어 왔다.

한 가지 접근은 매칭 매트릭스를 통하여 체계적으로 일하는 것이다. 매칭 매트릭스는 6장과 7장(〈표 11-1〉 참조)에서 설명되었던 보편통합모형과 인지행동기법 모델을 근거로 하여 설정될 수 있다. 매트릭스를 매칭 과정에 적용하기 위하여 다음과 같은 단계를 따른다(각 행과 열을 통하여 적용).

1. 문화적 그리고 조직적인 관점을 고려하면서 각 관계자(코치/멘토, 피

코치자/멘티)의 목적을 설정한다. 그리고 팀/집단/지역사회의 전반적인 목적/우선순위를 설정한다.

2. 코칭이 진행되는 동안 모든 관계자들이 당면할 수 있는 이슈와 문제를 확인한다.
3. 이러한 장벽과 문제를 극복할 수 있는 가능한 전략을 확인한다.
4. 방식, 기법, 방향 면에서 다수의 코칭 옵션을 설정한다.
5. 사회문화적 요인들(나이, 신념 체계들/신념들/종교들, 문화/인종, 성과 사회적 장벽/장애)을 고려한다.
6. 특성, 창조성, 정서지능, 문화 및 직업적 효능감 등을 고려한다.
7. 자신의 상황에 맞게 위의 요소들에 대한 가치를 부여하고, 상대적인 평가로 행과 열을 짝짓는다.

험프리와 홀랜드(Humphrey & Holland, 2006)는 매칭 매트릭스를 통하여 "목적이 확인되지 않은 코치들을 제거할 수 있다."고 제안한다. 그러나 보편통합모형을 따르는 범문화적인 우리의 견해로 볼 때, 지역사회/

**〈표 11-1〉 보편통합모형과 인지행동기법에 근거한 매칭 매트릭스**

| 매칭 기준 | 피코치자/멘티 | 코치/멘토 | 재정지원자/소유자 | 팀/집단/지역사회 | 문화(조직을 포함한) |
|---|---|---|---|---|---|
| 목적 | | | | | |
| 문제/이슈 | | | | | |
| 전략 | | | | | |
| 대안 | | | | | |
| 사회인구학적 요인 | | | | | |
| X 요인 | | | | | |
| 매칭 결정 | | | | | |

조직의 문화가 가장 선행된다. 다시 말하면, 의사결정자는 집단/지역사회/조직의 목적이 명확히 제시된다면 개인의 코칭 목표가 애매하더라도 참아 내야 한다. 코칭 과정을 통하여 목표가 발전될 수 있다. 더욱이, 우리는 매칭 매트릭스의 모든 요인이 같은 가중치를 가진 것이 아니라는 사실을 깨달아야 한다. 예로, 효율적인 협동을 위해서는 개인적 방식이나 접근보다 공유된 가치/목표가 중요하다.

매칭 기준을 설정하는 것이 코칭/멘토링 과정에서 가장 첫 단계이며 가장 쉬운 단계일 것이다. 개인/조직의 요구사항에 따라 매칭 매트릭스를 설계하는 여러 가지 방법이 있다(Humphrey & Holland, 2006). 당신은 자신의 매트릭스를 만들 수 있고, 자신의 매칭 중매인이 될 수 있다. 우리는 성공적인 매칭이 선택의 기준뿐만 아니라 중매인을 선택하고 잘 훈련시키는 것에 영향을 받는다고 생각한다. 동양 문화권에서는 오래전부터 매칭 관계에서 중매인의 역할을 인식하여 왔다. 중매인은 종종 교육, 신분, 적합한 자질과 같은 배경을 근거로 하여 가능한 파트너를 짝지어 왔다. 그러나 코칭/멘토링 연구에서 코디네이터가 수행하는 매칭 중매인의 역할과 영향은 거의 조사되지 않았다. 우리의 문헌 조사에 의하면, 몇몇 연구는 특별한 관심을 가졌으나 중매인의 역할을 과소평가했다. 성공적인 매칭을 위해서는 매칭 선택기준뿐만이 아니라 중매인을 선택하고 잘 훈련시키는 것이 중요하다.

매칭 중매인/코디네이터의 역할에 대한 연구가 부족하다는 것을 염두에 두고, 우리는 매칭을 성공시키는 기준을 조사한다. 한 가지 알아낸 것은 피코치자가 자신과 다른 사람을 선택하도록 돕는 중매인의 중요성이었다. 오랫동안 비슷한 사람끼리 짝짓는 것이 더 좋은 결과를 가져온다는 가정이 지배적이었다. 실제로 개인 내적 매력 연구는 태도, 정치적 신념과 종교에서의 유사성이 서로에게 매력을 가져온다고 보고했다(Byrne & Nelson, 1965). 바이치와 그리핏(Veitch & Griffitt, 1976)도 긍정적 정서 반응이 호감을 증진시킨다고 확인했다. 그러나 우리는 코치/피코치자와 멘토/멘티를 비슷한 사람끼리 짝짓는 것에 대해 반대 입장을 제시한다. 우리는 MBTI^Myers-Briggs Type Indicator 검사에서, 코치와 피코치자의 성향이 다를 경우에 코칭 결과가 더 긍정적이라는 사실을 발견했다. 또한 우리는 코치/멘토와 그들의 피코치자/멘티의 지리학적 근접성, 전문적/문화적 유능성 같은 요인이 성공적인 결과들의 중요한 부분이 된다는 것을 발견했다(Ireland, Hussain, & Law, 2006). 우리의 결과는 매칭에서 우리가 표현하는 이상적인 자신과 실제 자신이 왜 다른지를 설명한다는 점에서 의미를 가진다(Buss & Barnes, 1986). 따라서 아마도 자신과 비슷한 성향을 가진 피코치자/멘티를 선택하는 경향을 가졌다면 실수를 하게 될 것이다. 결과적으로 볼 때, 초기에는 매력적으로 보이게 하는 특성들이 반드시 장기적인 만족을 보장하지 않을 수 있기 때문이다.

## 성공적인 매칭

사례 연구에서 얻은 교훈을 요약하면, 성공적인 매칭의 주요 조건은 다음을 포함한다.

- 양쪽 파트너의 지역적 위치나 지리상의 조건
- 매칭에 적절한 거리
- 멘토와 멘티가 서로에게 개입하는 정도
- 멘토가 멘티에게 가지는 초기 흥미와 지지의 정도

• 멘티와 적절하게 짝지을 수 있는 멘토의 다양한 민족적, 문화적 배경의 선택 가능성
• 멘토/코치의 문화적 유능성
• 매칭 과정에서의 적극적인 개입
• 적어도 두 가지 이상의 가능한 매칭 대안

위의 주요 요점은, 특히 경험이 적은 참여자에게 중매인/코디네이터의 역할이 중요했다는 사실을 알려 준다. 중매인/코디네이터는 학습을 향상시키기 위하여, 사람들에게 자신의 안전지대 밖으로 나와 자신과 덜 유사한 대안들을 선택하도록 할 수 있다. 중매인에 대한 신뢰가 증가하고, 공유된 목표와 가치 그리고 상호 개입이 명백해진다면, 파트너가 될 수 있는 사람들에 대한 정보를 얻으려는 요구는 줄어들 것이다. 멘토링에서 단지 서류양식만을 사용하는 준거 기반 매칭 방법은 매칭을 촉진하기 어려웠으며, 경험이 적은 참여자에게 좋은 방법이 아니었다.

## 온라인 멘토링 매칭의 역할

또 다른 함축은 온라인 멘토링 매칭의 역할이다. 이러한 체계의 유용한 요소는 다음과 같다.

• 유연성: 코칭과 멘토링 대화가 어느 곳에서 또는 언제라도 필요한 바로 그 시간에 일어날 수 있다.
• 온라인 탐색에서 얻어지는 풍부한 정보: 자기주도적인 자료 탐색을 통하여 과정에의 개입을 격려한다.

• 시간: 시간을 절약한다. 이것은 초기 서비스를 제공해야 하는 매칭 중매인에 대한 요구사항을 줄여 주고, 이후에 보다 중요한 단계에서 중매인의 개입 부담을 덜어 준다.

• 비용: 또한 위의 이점들은 매칭 과정에서 유의미한 비용 절감을 가져다준다.

비용 효율성을 확인하기 위해, 우리는 온라인 데이터베이스를 사용하는 시스템이 각자 따로 운영되기보다는 전체 시스템의 한 부분이 되어야 한다고 제안한다(예: 멘토/멘티가 자신의 자료를 투입하도록 하는 웹 기반의 프로그램). 이것은 효과적인 자기추동적 시스템이다. 참가자가 성숙해 갈수록, 매칭 프로그램은 그들의 변화하는 욕구들을 충족시켜 줄 수 있어야 한다. 코디네이터가 그들의 매칭(등록된 매칭의 유형과 수량)을 따라갈 수 있도록 해 주는 어떤 시스템이 필요하다. 그래야 코디네이터가 관계 결과물을 점검하고 슈퍼비전과 훈련 기회를 통하여 참가자에게 개입할 수 있다.

멘토링/코칭 매칭에서 중매인의 역할은 다음과 같다.

• 협상: 공유된 가치들이 현실화되고 확립될 수 있도록 목표 계획과 기대 설정에 연결시킨다.

• 중재와 확장: 부적절하게 매칭된 기대와 현실을 관리하고, 매칭의 학습 잠재력을 감소시키는 자기 한계에 도전한다.

• 촉진: 공유된 목표를 위해 함께 일할 수 있는 상호간의 개입을 형성하고, 충분한 정보를 공유할 수 있게 하며, 참여자들이 매칭을 확인하도록 관리하여 상호간의 이익을 극대화시킨다. 개인과 2인 한 쌍

의 수준에서, 매칭 시 일어날 수 있는 혼동들을 명확하게 하며, 정보를 상황적으로 설명하고, 장벽을 파악하여 해결한다.

- 통합: 공식적인 소개 편지/이메일/동의서가 보내지기 전에, 부서 간에 협의된 사항을 반영하며, 추진할 수 있는 틀을 세우고, 협동 작업을 위한 심리학적 계약을 설립한다.
- 회기 계약/동의까지 지속적인 지지: 이 단계 이후에, 코치/피코치자의 2인조는 슈퍼비전을 통해 협력적인 지지 조직이 된다. 이 시점에서 코디네이터는 빠져나갈 수 있다.

## 코디네이터에게 무엇을 기대하는가

우리의 경험에서 볼 때, 이 책에서 설명된 몇 공유적인 속성들과는 별개로, 코치/멘토는 코디네이터로서 다음 속성을 가져야 한다.

- 비교문화적인 정서지능
- 다양한 매체(컴퓨터 문헌)에 필요한 개인 내적 기술
- 네트워킹 기술
- 코칭 또는 멘토링에서의 신뢰성
- 리더십(사람, 자원, 프로젝트 관리, 전체 주요 목적에 대한 코칭/멘토링의 전략적 맥락화, 시스템 계획과 발전, 역량 계획에 대한 관리)
- 문화적 이해
- 영향력과 협상 기술(직접적, 간접적)
- 촉진 기술

여러분이 눈치챘듯이, 이미 이 기술의 많은 부분이 효과적인 코치/멘토에게 존재하고 있으며, 이것 때문에 그들이 코디네이터 역할을 자연스럽게 해 나갈 수 있다.

## 정서지능과 비교문화적 유능성

이 책을 통하여, 우리는 코치/멘토와 피코치자/멘티의 역할 유연성과 학습에 대해 언급하는, 코칭과 멘토링의 새로운 보편통합모형을 이야기하여 왔다. 보편통합모형에 대한 우리의 평가로부터, 멘토도 피코치자/멘티보다 더 많지는 않더라도 다른 코치와 멘토로부터 많은 것을 배운다는 사실을 확인했다. 또한 우리의 평가는 코칭, 멘토링, 학습은 측정처럼 서로 상호 관련되어 있음을 암시한다(예: 정서지능[EI]과 직업적, 문화적 유능성). 그러므로 우리의 보편통합모형과 사례 연구에서 밝혀진 것처럼, 그들은 조직적인 방법으로 함께 다루어야 한다(6장과 10장 참조). 예를 들어, 정서지능이 인지적 능력인지 또는 특질 같은 성격인지에 관한 논쟁(Meyer et al., 1990; Meyer & Salovey, 1993, 1997)은 그것의 측정과 평가에 중요한 시사점을 가져온다.

측정 면에서 볼 때, 학문적 논의는 두 가지 주요 문제점에 초점을 맞춰왔다.

- 정서지능이 우리의 사례 연구에서 보고된 코칭/멘토링 프로그램에서 실시된 것처럼 자기보고에 의해 측정되어야 하는가?
- 대신에 응답자들의 수행이 측정되어야 하는가?

몇몇 연구자들은 정서지능의 특질과 인지적 정서지능에 대해 엄격히 구별을 하고, 다음과 같은 조건적인 규칙을 제안한다(Petrides et al., 2004a, 2004b 참조).

- 만약에 개인이 정서지능을 특질 같은 성격으로 간주한다면, 자기보고에 의해 측정되어야 한다.
- 만약에 정서지능이 개념적으로 인지적 능력으로 간주된다면, 측정은 수행에 근거하여 실시되어야 한다.

우리는 개입을 위한 학습 도구의 한 가지로 정서지능을 사용할 때, 엄격한 양분 입장을 채택하는 것이 별로 도움이 되지 않는다고 느낀다. 그럼에도 불구하고, 위의 구별은 우리가 정서지능의 연구와 개발 그리고 코칭과 멘토링에서의 시사점들을 설계하고 평가할 때 지침이 될 수 있다. 예로, 현재 학문적 연구와 상업 시장에서 사용되고 있는 많은 정서지능 측정이 다음의 기준에 따라 평가될 수 있다.

1. 명백한 이론적 틀을 가지고 있는가?
2. 모든 관련된 차원과 필수 요인을 완벽하게 포함하고 있는가?
3. 정의된 반응, 내적 신뢰도, 요인 구조와 구인 타당도 같은 측정 문제를 강조하여 왔는가?
4. 측정과 이론적 개념이 적절하게 짝지어져 왔는가?

사례 연구에서 우리는 정서지능 평가를 위한 360도 자기보고식 피드백을 사용하여, 자기지각과 수행 기반 능력 간에는 상관이 있음을 알 수 있었다. 또한 개인적 능력, 사회적 능력 그리고 문화적 능력 간의 상관은 코칭이 절대로 문화적으로 중립일 수 없다는 관점을 지지한다. 그러나 우리는 결과로부터 결론을 이끌어 내는 것에 주의해야 하는데, 상관이 반드시 인과관계를 의미하는 것은 아니기 때문이다. 결과는 변화가 상황 맥락에 문화적으로 민감한 것이며, 따라서 성공을 확신하기 위해서는 피코치자/멘티와 상황 모두가 잘 이해되고, 개입되어야 한다는 것을 암시하는 것일 수 있다. 상황 맥락에 잘 맞춰지지 않는다면, 전문 기법만을 사용하더라도 최고의 실습이 설정되고 유지될 수는 없다. 참여한 활동가는 자신이 가치 있게 평가되는 것을 느낄 수 있어야 하기 때문이다.

다양한 문화적 배경을 가진 흑인 및 소수민족 참여자가 전반적인 코칭 능력 평가에서 특히 우수했다. 이것은 보편통합모형과 일치하는데, 개인과 상황에 적용되는 문화 간 작업의 중요성을 확인하여 준다. 연구자들이 너무나 오랫동안 어떤 사회적 집단에 대한 긍정적인 관심보다 부정적으로 대표되는 것에 초점을 두어 왔기 때문에 이것은 환영받을 만한 결과다. 그 사실에 대해 확신하기 때문에, 개인이 지속적으로 학습해 가며 우정을 넓혀 가는 것이 위안이 될 수 있다. 이것을 '알로필리아allophilia' 라고 부르며, 아마도 긍정적 행동과 보편화에 관련되겠지만, 무엇보다 이것은 언제나 다른 사회 집단에 대한 긍정적인 관심과 관련된다. 알로필리아를 육성한 사람만이 최적의 멘토링과 코칭 기회의 효과를 최대로 만들 수 있는 충분한 호기심을 가질 수 있을 것으로 보인다.

## 증거 기반 연구와 효과 평가

조직들은 그들이 코칭/멘토링으로부터 확보한 이익들을 끌어내는 것과 코치/멘토 수행의 기준을 설정하는 것에 지속적인 관심을 가지고 있다. 이러한 비교문화 코칭/멘토링 사회지능 도구가 코치/멘토의 발전과, 코치/멘토의 수행이 떨어지는 영역의 조직 계획을 관리하는 것에 매우 효과적이라는 사실이 밝혀져 왔기 때문이다. 비교문화 코칭/멘토링 사회지능 도구는 코치/멘토 과정을 보다 투명하게 만들며 또한 시종일관 피코치자/멘티가 이끌어 온 것을 확인시켜 준다. 이것은 한 단계 더 나아가, 조직이 코치/멘토의 자질과 피코치자/멘티 결과의 관련성을 확인하고 이용하게 도와준다. 효과 평가는 코치/멘토링 과정에서 부가적인 부분이 아니라 주요한 부분이다. 그것은 그 자체로 모든 참가자들이 개입할 수 있게 해 주며, 보다 폭넓은 아젠다와 시스템에 대한 지식을 증가시켜 주기 때문에 발전적이다. 효과 평가 과정은 관계자가 새로운 방식으로 다시 개입할 수 있는 기회를 새롭게 제공하며, 전진할 수 있는 새로운 접근 방법을 마련해 준다. 평가는 상담자, 사내 팀에 의하거나 또는 통합적 평가, 온라인 관리 시스템에 의하여 실행될 수 있다. 이때 프로그램에 참여한 부서가 여러 문화권과 지역에 분포해 있고, 참여 단체들이 인터넷 접속을 할 수 있다면, 스폰서가 핵심 기저선 평가와 관련 부서 간의 비교 설정을 원할 경우에 후자의 방법을 사용하는 것이 특히 효과적이다.

코칭/멘토링은 아직도 발전하는 사업이기 때문에, 증거에 기반한 연구와 효과 평가로 이익을 증명하고자 하는 요구가 이 분야의 스폰서, 활동가, 소비자에 의해 꾸준히 증가할 것이다. 코디네이터는 평가할 주요 목적에 대하여 전략가와 스폰서에게 영향을 미칠 수 있는 최대한의 기회를 만들고, 자료를 확고한 증거 자료로 통합할 수 있는 새로운 방법을 찾아야 할 필요가 있다. 견고성의 개념은 스폰서, 관계자와 코디네이터 모두가 같이 공유하는 초점이 될 필요가 있다. 증거를 기반으로 하는 것은 보다 광범위한 토론을 위한 시작점이며, 발전을 위한 방편이다. 당신은 계속 진행되어야 한다는 전략적 계획에 동의하기 위하여 기다릴 필요가 없다. 한편, 이것은 코칭/멘토링이 어떻게 개인과 조직이 그들의 수행을 향상하도록 도왔는가에 관한 사례 연구와 단순한 실례를 수집하는 것에 유용하다. 코칭/멘토링 프로그램의 평가는 개인/조직이 그들의 목표를 성취하도록 돕는 연속적인 학습 사이클의 한 부분이다.

## 슈퍼비전

우리의 보편통합모형 평가는 보편통합모형에서 강조된 슈퍼비전에 대한 접근을 확인시켜 줬다. 통합적인 전문적 코치/멘토는 상황과 활동가의 개인적, 사회적, 문화적 차원에 주의를 기울이는 것이 필요하다. 훈련의 이익을 강조한 관련 연구에서, 우리는 훈련과 슈퍼비전의 중요성을 코치/멘토의 향상된 자질과 관련지으면서 다시 한 번 확인했다. 인용된 이익의 증가는 코치/멘토의 자질과 직접적으로 비례했다.

훈련 + 슈퍼비전 → 품질 → 이익

그러므로 우리의 슈퍼비전 체제들은 성찰적 숙련을 통한 지속적인 직업적 발전과 자질의 향상에 초점을 두어 왔다.

슈퍼비전 = 훈련(비교문화 코칭/멘토링 사회지능 도구를 활용한 지속적 전문성 개발)

+ 자질(성찰적 숙련)

참가자들은 또래 코칭[peer coaching]을 통한 슈퍼비전에서 자신들의 성찰적 숙련을 보고하기 위하여 비교문화 코칭/멘토링 사회지능 보고서를 사용해 왔다.

## 훈 련

우리의 결과들은, 많은 코치/멘토에게 정서지능과 코치/멘토링 작업의 문화적 차원에 대한 확신이 별로 없으며, 준비가 부족하다고 느끼는 것을 보여 준다. 그러므로 멘토링과 코칭의 미래 훈련 프로그램들은 범문화적 정서지능의 발전에 더 많은 중점을 두는 것이 포함되어야 하며, 핵심 요소로서 문화적 감상을 통합하여야 한다.

이러한 요인은 보다 복잡한 세계, 특히 다양한 직업과 배경을 가진 사람들을 다루는 낯선 상황에서 일하는 사람에게 더욱 중요하다.

## 코칭과 멘토링의 기준

저술하는 동안, 기준, 능력 그리고 카이트마크[kite mark](예: 한국의 KS 마크)에 많은 변화와 발전이 일어났다. 코칭과 멘토링 직업의 표준화를 위한 요구사항은 가장 뜨거운 주제 중의 하나다. 데이비드 레인David Lane은 취리히Zurich에서 개최된 2005년 정기 회의에서, 유럽멘토링코칭협의회EMCC의 카이트마크 사업 계획 개요를 밝혔다. 이것은 다른 사람들과 자신들의 기준을 공유하기 위한 벤치마크를 제공하는 것이 목적이다. 유럽멘토링코칭협의회의 카이트마크 사업 계획 개요는 핵심 능력을 기초로 하고 있다. 이것은 조직이 과정, 절차와 산출물에 관한 품질을 감사할 수 있게 해 준다. 여전히 코칭/멘토링의 결과는 철저하게 평가될 필요가 있다.

사업을 전문화하는 것으로서 코칭/멘토링의 기준을 제정하는 것이 몇몇에게는 환영받을지 모르지만(특히 제정과 관련된 사람들에게), 많은 코치/멘토는 이것이 코칭과 멘토링의 창조성, 다양성 그리고 발전에 방해가 될 수 있음을 걱정한다. 상업적 기업으로서 많은 사람들이 코칭/멘토링 회사들과 조직들에 관심을 가지고 있다. 영국인력개발연구소CIPD와 국제코칭연맹ICF은 자신의 기준들, 면허 체제와 인가 체제를 발전시켜 왔다. 더욱이, 다른 기업적 기준처럼 충분한 수의 조직들이 그것을 위해 서명하고 코치/멘토가 개인적인 평가 과정을 거쳐야만 벤치마킹을 할 수 있다. 벤치마킹 자체가 기준이나 결과를 보장하는 것은 아니다. 예를 들어, 영국에서 코칭과 멘토링에 관한 국가적 직업기준의 초안을 작성할 때 관련 기관인 ENTO는 유럽멘토링코칭협의회의 카이트마크를 포함하지 않았다. 초기 단계에서 코칭/멘토링과 관련된 다양한 기관은 각자 대립되는 기준을 따랐다. 이것은 코치/멘토와 고객들 사이에 상당한 혼란을 가져왔다. 그러나 우리는 이것이 건강한 것이며, 규율이 생기는 초기 단계를 나타내는 것이라고 느낀다. 피코치자들은 단순히 기업의 다양성에 대한 정보나 그들의 요구들을 충족시켜 줄 코칭/멘토링 공급의 측정과 평가 방법에 대한 지침이 필요한 것일 수 있다. 20세기의 정보 기술혁명처럼, 결국 갈 길을 정하는 것은 고객들(이 경우, 피코치자들과 멘티들)이 될 것이다.

우리는 여러 가지로 표준화가 진행되어야 하는 이유를 제시한다. 첫째, 코칭과 멘토링은 작용하는 방법 면에서 유연성과 다양성을 제공하기 때문에 참여자들의 마음을 사로잡아 왔다. 반면에 그것은 다른 발달적 방법들보다 느슨하고 덜 구조화되었다는 명백한 과정적 특징들을 가진다. 이것이 수익 가능성이 높은 틈새시장이다. 그 혼합 속에 미시와 거시 수준 모두에서 상황 교차적으로 작용하며 다양한 학습자들의 욕구를 충족시켜 줄 여지가 있다. 표준화 운동은 조직들이 '과정, 절차, 산출 면에서의 품질'을 감사받을 수 있는 것으로 정의될 수 있다. 이것은 코치 적격성 수준을 넘어서 코칭/멘토링 시스템의 균일한 집합적 발전을 형성하기 위한 조사를 필요로 한다.

우리에게 표준화란 보편통합모형과 거시적, 미시적 수준들에서 실습의 창조성과 다양성을 촉진하는 원칙을 거스르는 것이다. 품질을 한 개의 과정이나 한 개의 이상적인 일련의 절차로 연결지을 수 없기 때문이다. 사실, 우리가 설정한 증거 기반을 사용하면, 우리가 이전에 설명했던 공식은 다음과 같다.

훈련 + 슈퍼비전 = 품질 = 이익들

(인가보다) 훈련을 강조하는 효과 평가의 투입 기반 모델(강압적인 순응보다), 지속적 전문성 개발의 개입과 유연성(자기평가와, 보편적인 자질과

능력에 관해 동료, 피코치자/멘티에 의해 얻어진) 그리고 피드백은 느슨하지만 다양한 상황과 집단에 걸쳐 전달 가능한 실습모형을 구체화시켜 준다. 나아가, 우리의 견해로 볼 때, 발전을 위해 엄격하고 규정된 과정과 절차를 정하는 것은 문화적, 상황적으로 한계가 있다. 지속적으로 유지되는 기준을 설정하려는 움직임은 다음의 질문에 대답할 수 있어야 한다.

- 이러한 체제가 문화적으로 제한되어 있음을 생각할 때, 어떤 문화와 개인들이 좋은 실습을 정하고 할당된 과정과 절차를 정의하는 데 우세할 것인가?
- 권력과 전문 지식이 어떻게 기준 설정자를 정하며, 개인들은 어떻게 그러한 집단의 일원으로 선정되는가?
- 국제적인 코칭/멘토링 프로그램들의 관점에서, 유럽 위주로 확립된 기준에 참여하는 것이 개입의 선구자가 되는 지름길인가?
- 구별되는 지역적 기준 설정을 위하여 얼마나 많은 기회가 있는가?
- 어떻게 기준들이 의무화되며, 누가 지불할 것인가?
- 작은 조직들과 지역사회 집단에 미치는 영향은 무엇인가?
- 표준화 접근이 어떻게 상호 학습, 상호 존중, 자기결정과 파트너십과 같은 미시적 학습 중심의 코칭/멘토링 기풍을 맞출 수 있을까?

기준과 표준화는 코칭/멘토링 적용들의 상황적 변화량 수준에 도전을 제시한다. 예로, 몇몇 상황에서 코치/멘토가 훈련받고 자격증을 받는 기회는 코치/멘토에게 프로그램에 관심을 가지게 하고 서비스에 신뢰를 가져온다. 다른 상황에서, 이것은 과정에서의 역할 유동성에 대한 장벽이 될 수 있으며, 보증할 수 없는 서비스에 대해 과다한 전문성을 부여하게 한다. 지금까지 코칭/멘토링은 여러 상황에 걸쳐 보편적이지만, 코칭/멘토링의 개입 수준과 개입자의 능력 수준은 피코치자/멘티의 특별한 요구들에 따라 다양하게 달라진다.

기준 설정으로 가는 경로는 오랜 시간을 거쳐, 복잡한 상황들에 뒤섞인 성공을 가져다주는 다른 규율들로 나타났다. 예측할 수 있듯이, 일반적으로 감사될 요구 사항과 그 요구 사항을 수행해 가는 기업을 감사할 전문가의 발달이 뒤따르게 된다. 그 평가와 감사의 대상이 될 기업은 아마도 첫째로 기준 설정을 제안했던 바로 그 기관들과 깊이 관련될 것이다. 우리는 번성하는 코칭/멘토링 공급시장의 창조성을 알고 있지만, 아주 가치 있는 지역사회 일을 하고 있으면서도 인가받을 형편이 안 되는 중요한 사회적 기업들이 존재할 수도 있다. 그러한 기관들은 감사 기능에 드는 비용을 충당하기 위해 가장 중요한 최전선의 서비스 배당자금을 감축해야 할 수도 있다.

아마도 (시장들, 보다 큰 명확성을 가져오려는 요구 사항, 이 영역에서의 균등화된 지위와 전문성, 코칭 참여자들의 경험을 향상시키려는 동기, 범문화적 학습에 대한 기회, 활기차고 경쟁적인 공급 분야의) 압력을 함께 전진시킬 수 있는 어떤 새로운 현실화 방법에 도달하려는 이 논쟁에 대한 중간 지점이 있을 것이다. 그러나 사람들과 상황들의 다양한 욕구에 대해 융통성 있으며, 코치/멘토의 자질 확인에 대한 경험적 증거를 근거로 하는 느슨한 투입 기반 구조는 이 논쟁의 한 부분을 형성하는 데 중요한 공헌을 한다.

## 윤리와 수행의 규범

영업 아젠다와는 별도로, 코칭/멘토링 실습에 대한 표준화를 설정하려는 동기는 기업들에게 전문화에 대한 아젠다를 강조한다. 이것은 전문성과 기준의 토론에서는 종종 무시되고 있지만, 중요한 논쟁점을 가져오는데, 그것은 코칭과 멘토링 수행의 윤리와 규범에 관한 것이다.

다음의 두 가지 질문이 우리가 윤리적인 체제의 발전을 고려하도록 돕는다.

1. 윤리적 사고는 어떠한 형식을 취해야 하는가?
2. 코칭과 멘토링의 실습에서 윤리적 원칙이 미치는 영향은 무엇인가?

일반적으로 윤리적 사고와 규율은 직업적 조직에서 자기규율적인 형태로 나타나게 된다. 예를 들어, 영국심리학회의 구성원들은 윤리적 기준들과 실습 규범에 참여할 것이 요구된다. 주요 목적은 다음 목적을 충족하면서 위험한 실습으로부터 피코치자/대중을 보호하는 것이다.

- 피코치자에게 이익을 준다.
- 안전을 확보해 준다.
- 피코치자를 보호한다.
- 한계를 관리한다.
- 갈등을 관리한다.

이러한 목적을 실습의 규범으로 옮기는 것은 코치/멘토에게 다음을 요구한다.

1. 손해를 끼치지 않는다.
2. 피코치자와 그들의 조직에게 최대한의 이익이 가도록 행동한다.
3. 비밀을 지킨다.
4. 문화적 차이를 존중한다.
5. 우리가 할 수 있는 모든 것에서 최고의 실습을 효과적으로 제공한다.
6. 자신들의 수행과 행복을 향상시킬 수 있도록 피코치자들에게 선택과 책임감에 관한 정보를 충분히 준다.
7. 코칭심리학자로서의 자신의 역할을 인식한다.

광범위한 직업들에 걸쳐 위의 목적들과 실습 규범들에는 많은 공통적인 모습들이 있다(Barnes & Mudin, 2001; Hill & Jones, 2003; BPS' S *Code of Conduct, Ethical Principles & Guidelines* 참조). 그러나 많은 양상이 코칭에서만 독특하며, 코칭심리학을 다른 많은 규율과 구별하게 한다. 예를 들어, 슈퍼바이저(예산 보유자)가 한 명의 코치에게 수행 향상을 목적으로 상급 관리자들(직업 보유자)의 팀을 코치하도록 요구했다(Law, 2003 참조). 이 사례에서, '피코치자'라는 용어는 상담과 심리치료에서 사용되는 방법에 따라 아주 달라진다. 이러한 코칭 과정으로부터 많은 질문들이 나온다.

- 누가 피코치자인가?
- 누구의 이익이 우선시되어야 하는가?

- 코치는 누구의 이익을 위해 일해야 하는가?
- 코치의 윤리적 의무는 무엇인가?
- 모든 관계자 사이에서 다양한 가치와 흥미를 관리해야 하는 코치의 책임은 무엇인가?
- 어떻게 차이를 관리해야 하는가?
- 권력이 남용될 가능성은 없는가?
- 비밀보장에서 일어날 수 있는 이슈들은 무엇인가?
- 대리 책임이 암시하는 것은 무엇인가?

일반적으로 이런 상황과 코칭심리학에서 다양한 경계, 관계와 갈등을 관리하는 것은 특별히 중요하다. 코칭은 상담과 심리치료와는 다르다. 이것은 우리에게 직업적 유능성의 부분으로서 다양한 태도, 지식, 기술과 윤리적 사고를 채택하도록 요구한다.

윤리적 원칙은 광범위한 영역의 실습에 중요한 영향을 미친다(Law, 2005c, 2006b). 이것은 다음을 포함한다.

- 코칭
- 슈퍼비전
- 훈련
- 교육

많은 코치들이 능력배양empoverment의 고무적인 여행에 피코치자와 참여하는 것을 좋아하지만, 윤리적인 딜레마에 직면할 때 불편함을 느끼는 경향이 있다. 피코치자의 이익을 극대화하고 그들을 위험한 실습으로부터 보호하기 위하여, 구성원들은 코칭심리학의 윤리적 기준과 실습 규범을 준수하는 것이 필요하다. 직업상 독특하며, 다른 규율과 구별되는 윤리학적 양상들이 많이 있다(예: 다중 경계들과 관계, 갈등의 관리). 따라서 우리는 직업적 유능성의 한 부분으로서 다양한 태도, 지식, 기술과 윤리적 사고를 채택해야 한다.

코치로서, 우리에게 다음이 기대된다.

- 윤리에 관해서 가능한 많이 배운다.
- 윤리에 대한 다른 사람들의 관점을 인정한다.
- 피코치자 관리와 윤리 문제에 유의한다.
- 윤리 문제에서 코칭과 상담 간의 중복되는 부분과 차이점을 이해한다.
- 상황이 잘못될 때 취해야 할 행동을 알고 있다.

윤리와 윤리적 원칙에 관한 많은 정의가 있지만, 많은 필수 요인을 담고 있고, 실제 조사를 위한 몇 가지 새로운 길을 열어 주기 때문에 우리는 다음의 정의가 유용하다고 생각한다.

> 윤리적 원칙들은 '사람들이 그들의 가치들을 구체화해 주고 그들의 도덕적 판단을 정당화해 주는 것으로 보기 때문에 관여하는 규칙'으로 정의된다(Rowson, 2001).

위의 정의는 아주 직접적이다. 이것은 다음의 인지 과정으로 변환될 수 있다([그림 11-1]).

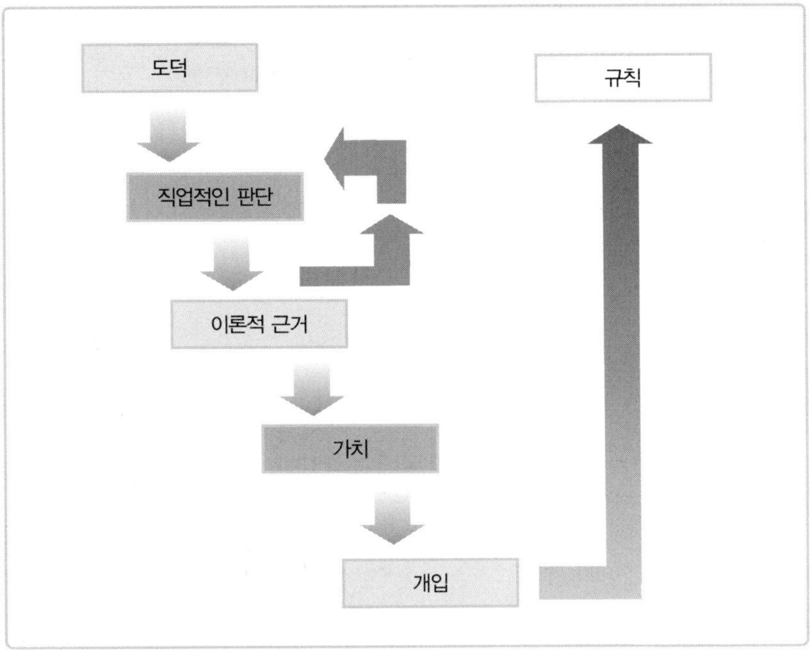


[그림 11-1] 윤리적 원칙을 형성하는 인지적 과정(Law, 2006)

도덕 → 직업적인 판단 → 이론적 근거 → 가치 → 개입 → 규칙

예를 들어, 가치를 고려하는 것은 우리 자신에 대해 다음과 같은 질문을 요구한다.

- 우리의 가치는 무엇인가?
- 윤리, 수행과 실습 규범의 관계는 무엇인가?

많은 직업(예: 상담심리학)에서 갈등 문제가 발생한다고 주장하는 한,

코치들은 종종 실습에서 권리와 의무 사이의 갈등이라는 '양심의 투쟁'이 필요할 것이다. 행정적 코칭에서 피코치자의 직속 상사, 코치, 피코치자 사이의 전형적인 삼각관계는 코치들이 경험할 수 있는 갈등의 확산, 복잡성과 강도를 증가시킨다([그림 11-2]).

예를 들면, 피코치자들의 수행을 공개하는 문제에서, 다음과 같은 윤리 문제들이 발생한다.

- 만약에 그것이 피코치자의 행복에 영향을 미칠 것이라면 내가 사실을 말해야만 하는가?

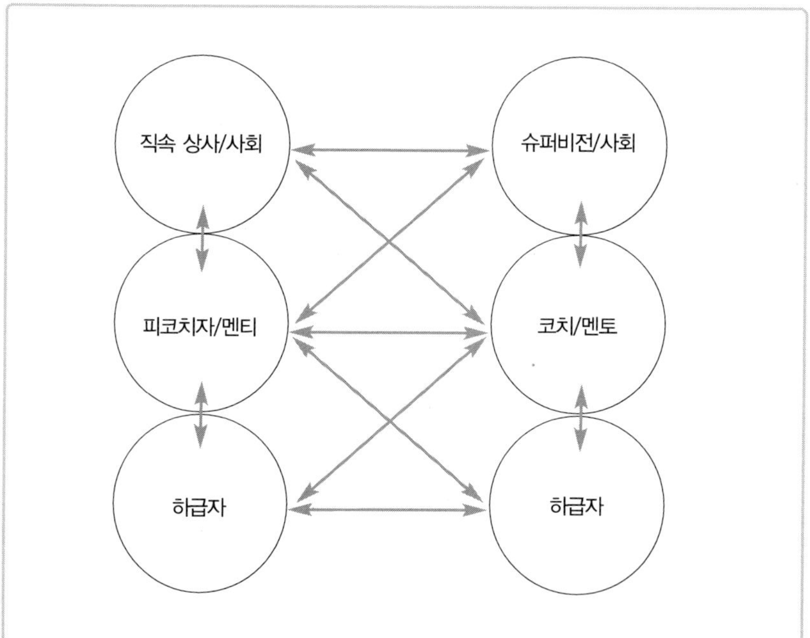


[그림 11-2] 피코치자의 직속 상사, 코치/멘토, 피코치자/멘티의 이중적 삼각관계(Law, 2006)

- 만약에 피코치자에게 손해가 되는 상황일지라도 피코치자/직속 상사/하급자들의 자율을 존중해야만 하는가?
- 그들의 직속 상사에게 말해야만 하는가?

세 가지 방향의 정보 흐름 관점에서, 다양한 관계자로부터 공개발표가 일어날 수 있으며, 이것은 피코치자들에게 치명적인 영향을 미칠 수 있다.

코치들은 다음의 질문들을 고려할 필요가 있다.

- 이 정보에 대해서 내가 무엇을 해야만 하는가?
- 내 피코치자의 직속 상사가 왜 나에게 그들에 관해 말하는 것일까?
- 피코치자가 왜 나에게 그들의 직속 상사에 관해 알리는 것일까?
- 피코치자/직속 상사가 이것을 지도자 또는 더 높은 상사에게 보고하도록 격려하여야 하는가?

만약 슈퍼바이저의 위치에 있는 코치라면 유사한 질문을 받게 될 것이다. 도덕 대 의견들의 영역에서 행동에 대한 결정을 해야 할 때, 직업적 판단은 매우 복잡할 수 있다. 갈등 해결은 우리가 자신과 문화, 진실과 사실 관점에서 우리의 의미를 정의하는 방법뿐만 아니라 우리가 채택한 윤리적 원리들에도 달려 있다.

만약 개인이 의무의 원리(일반적이고 특수한 의무들에 대한 의무론적인 관심)를 채택한다면, 그는 다음의 규칙을 지킬 것이다.

- 사실을 말한다.

- 비밀보장을 준수한다.
- 자율성을 존중한다.

만약에 우리가 코칭에서 효용성의 원리(목적론적인 관심)를 채택한다면, 우리는 규칙들을 공식화하여 그들이 최고의 결과를 얻도록 적용할 것이다(규칙 실리주의자). 이것은 다음과 같은 형태를 취할 것이다.

- 목표: 최고의 결과를 추구한다.
- 행동: 행동을 취하기 전에 모든 대안/결과를 고려한다(행동 실리주의자).
- 규칙: Y를 제외하고 X를 한다.

위의 규칙에서 최고의 결과를 얻기 위하여 예외들이 허용됨을 주의해야 한다. 예로, 피코치자에게 해가 되지 않는다면 사실을 말한다.

여기에서 위의 모든 이슈들을 강조하기에는 공간이 충분하지 않다(또한 이것은 이 책의 주요 주제가 아니다.). 이 영역의 복잡성을 밝히기 위해서 추후의 연구와 개발이 필요하며, 이것만을 주로 다룬 또 다른 책이 필요하다. 이 책에서 우리는 코칭과 멘토링의 윤리적 양상 발전에 독자들의 주의를 끌 수 있는 기회를 가졌다. 이 영역에 관심 있는 독자들은 영국심리학회에서 출간한 『윤리행동강령Code of Ethics and Conduct』(BPS, 2006)의 사본을 신청할 수 있을 것이다.

## 비교문화적 현상들을 통한 윤리

윤리와 윤리적 원칙은 다양한 이유들로 문화 간에 쉽게 전달되지 않는다. 첫째, 우리는 규칙들이 우리의 가치와 도덕심에 일치한다고 믿는 정도에 따라, 다음 규칙들에 대한 개입을 다르게 할 것이다. 우리가 규칙들을 시행하는 것 또한 우리의 가치와 연결된다. 그러한 신념과 가치는 시간 제한적이며, 주관적이고, 다양한 장소와 상황에 있는 사람들이 보편적으로 지킬 수 없는 것들이다.

영국에서의 노예매매는 18세기와 19세기의 영국과 유럽에서의 식민지화 결과와 합병을 다루기 위한 아주 적절한 방법으로 보였다. 또한 어떤 전문가들은 이에 대한 그들의 실행이 도덕적이고 윤리적이라고 평가했으나 후대의 평가는 전혀 달랐다. 오늘날 어떤 행동을 취하지 않는 것에 대해 코칭 센터들 간의 윤리적 원칙들을 요구하는 것은 다양한 코칭 센터들의 협동 효율성에 영향을 미쳐 왔다.

중국에서 부모들은 오직 한 명의 자녀만을 갖도록 권장되며, 이를 따르지 않는 사람들에게는 처벌이 있다. 그러나 프랑스와 다른 유럽 국가들에서 많은 자녀를 갖는 것은 다음 시대의 경제적 성장을 유지하는 데 도움이 되기 때문에 권장된다. 중국이 과인구화에 대해 걱정하는 것은 이것이 경제 성장을 위협할 수도 있기 때문이다. 따라서 문화에 따라 인구 수준을 관리하는 전략이 다르게 이용되기 때문에, 당신이 보는 문화에 따라 도덕적 개념도 다르게 된다.

도덕적 사색가에게 선과 악은 쉽게 구별된다. 그러나 선과 악은 다양한 요인들이 영향을 미치고, 한 가지 행동이 잠재적으로 해를 미치는 연쇄효과가 존재하는 복잡한 상황에서는 쉽게 구별되지 않을 수 있다. 오직 지역사회에 대한 지식, 상황에 대한 자각과 경험만이 이런 복잡한 상황에서 선과 악을 구별하게 도울 것이다.

이런 복잡한 상황에서는 각 상황에 있는 모든 활동가들의 역할 경험과 역사를 강조할 필요가 있다. 다문화 관계의 역사는, 윤리적 입장의 표현이 해석되는 방법을 알려 준다. 한 집단의 문화가 다른 문화에 의해 학대받거나 착취되고 신뢰도가 낮다면, 윤리적 원칙은 위선적인 것으로 보일 수 있다. 자신의 위치를 높이고 유리하게 이용하려는 기반으로 다른 문화의 윤리적 입장을 손상시키는 것은, 신뢰와 파트너십에 더 큰 손상을 가져올 수 있다.

윤리적 원칙과 행동의 관계는 불안하고 명확하지가 않다. 의도는 윤리적이지만 행동이 옳지 않아 많은 손해를 입게 되었다면, 이것은 도덕적인가 아니면 비도덕적인가? 개인이 습득하게 되면 도덕성의 발전, 성장과 적용을 도와주는 지식과 기술이 존재하는가?

광범위한 수준으로 막연하게 윤리적 원칙을 공유하는 것이 세부적인 수준의 현실화된 윤리적 원칙을 정하는 것보다 쉽다. 따라서 우리는 실행의 윤리적 원칙이 세세한 미시적 실행의 수행 규칙 수준으로 그들이 발생한 상황에서만으로 제한될 때, 최고가 될 수 있다고 제안한다. 그곳에서 가치, 체제, 교육 및 서비스와 작업 접근의 평등 문제가 차례로 하나씩 대응되며, 희망과 기대가 공유될 것이다.

우리가 운영하는 맥락 내에서 주요 문제는 다음을 포함한다.

- 수행 규범과 기준을 가지는 것이 우리를 윤리적으로 만드는가?
- 누구의 관점에서 우리가 윤리적인가?

- 그리고 얼마나 오래 이것이 지속될 것인가?
- 우리는 새로운 상황들의 요구 사항들과 그들이 제시하는 도덕적 도전들을 따라갈 수 있도록 유동적이며 지속적으로 변화하고 있는가?

이러한 질문에 대답하기 위하여, 우리는 과정의 산출물보다 윤리적 원칙들의 공식화 과정을 강조할 필요가 있다. 우리는 기본사항들로 돌아갈 필요가 있다. 우리의 과정은 피코치자/멘티가 이끌기 때문에, 우리는 그들의 가치, 그들의 성공 개념, 그들의 유용성 개념의 근원을 평가하여 택하고, 지역 특유의 맥락을 따라 우리가 일하는 방법을 채택해야 한다. 우리가 변화를 가져올 것이라고 가정하기보다는 상담받고 변화될 필요가 있다. 우리는 순수하고, 개방적이며, 겸허할 필요가 있다. 그러고 나서야 우리는 신뢰를 형성할 수 있다. 그리고 만약 우리가 운이 좋다면, 언젠가는 누군가 우리를 윤리적이라고 묘사할 것이다. 아마도 이것이 주요 요점일 것이다. '윤리적인 실천가'라는 용어는 누군가가 우리를 불러 주는 용어가 되어야 한다.

## 미래의 작업/연구

위의 논의로부터, 미래의 작업은 다음의 영역들에 가장 초점을 둘 것이다.

- 보편통합모형의 개량
- 중매인의 특성들뿐만 아니라 코치/피코치자와 멘토/멘티의 코칭/멘

토링 매칭 특성들에 관한 연구

- 코칭과 멘토링에서 윤리적 원칙의 개발
- 코치와 멘토의 슈퍼비전을 위한 윤리적 지침의 확인
- 자질을 관리하는 절차의 개발
- 코칭과 멘토링의 다양성 활성화
- 코칭과 멘토링 심리학의 훈련 개발
- 우리 직업의 핵심 능력과 지속적 발전의 부분으로서 윤리적 원칙들과 학습심리학 습득

## 단원 요약

우리의 윤리적 논의는 윤리적 딜레마를 해결하는 것이 복잡한 의사결정 과정이라는 것, 그리고 윤리적 원칙들을 이해하는 것이 우리에게 우리의 직업적 판단을 위한 이론적 근거뿐만이 아니라 의사결정에 도움을 제공한다는 것을 보여 준다. 윤리적 결정들을 내려야 할 때, 코치는 성급하게 행동해서는 안 되며 다음을 주의 깊게 고려하여야 한다.

- 피코치자들에게 최선을 다하여 봉사한다는 목적
- 특별한 상황에서 비밀보장의 제한보다 우선시될 수 있는 법적, 고용필요조건들에 대한 정보 준비성
- 이러한 한계점들을 코치들에게 명확하게 하기
- 계약서를 문서화하여 한계점들에 대한 언어적인 설명을 제공하는 방법을 고려하기

- 실습할 때 철저한 비밀을 보장하여 충분히 이야기할 수 있는 근거를 만들어 주기
- 믿음을 주기
- 비밀보장을 깨야 할 필요가 있을 때 코치와 의논하기
- 피코치자가 행동하는 것을 돕는 것이 코치가 행동하게 하는 것보다 훨씬 좋다는 것을 이해하기
- 인생과 코칭에 위험요인들이 있다는 것을 받아들이기
- 슈퍼바이저, 코칭 동료들, 관리자와 함께 사례를 의논하기
- 제삼자에게 폭로해야 할 특별한 의무나 법적 필요조건이 있을 경우, 피코치자들에게 회기 동안 그들이 당신에게 더 많은 것을 말하면 당신이 행동해야 할 의무가 있음을 미리 경고하기

이 책에서 주창한 보편통합모형은 우리에게 직접 경험을 기반으로 하는 학습에 개입할 것을 요구한다. 우리는 이러한 방식으로 일하고 사는 것이 도전적이며 성취적이라는 것을 믿는다.

우리는 사이먼 커티스Simon Curtis가 서문에 썼던 것을 음미하면서 이 책을 마치려고 한다. 당신이 코칭/멘토링 과정의 어느 곳에 있든(당신이 코치/멘토이건, 피코치자/멘티이건 또는 둘 다이건), 당신은 이 책을 읽음으로써 이제 우리가 과학적인 접근을 주창해 왔으면서도 코칭/멘토링에 예술적 마법이 있다고 믿는 것을 이해할 것이다. 행동으로의 코칭/멘토링의 영혼적/마술적 개입을 강조하기 위하여, 우리는 다양한 지역사회들에서 수행된 피터 버러의 코칭 회기 경험을 회상한다. 오라이어 마운틴 드리머Oriah Mountain Dreamer의 시 *My Invitation*(Houston, 1998에서 채택됨)에서 영감을 받아, 촉진자는 시를 질문으로 변환시켰다. 그는 이것을 종이에 적었고 이를 접어

서 종이비행기로 만들었다. 그는 이것을 참가자들에게 '비행기로 전달되는 메시지'로 던졌다. 한 참가자가 이를 집어들고 메시지를 펼치고 조용하게 그 질문들에 답했고 그것을 집단의 다른 사람에게 전달했고 이것이 반복되었다. 그 질문들은 다음 목록에 제시되었다. 독자들은 질문에 답함으로써 이 행사에 참여할 수 있을 것이다. 이것은 정서지능 검사가 아니다! 오해가 없길 바란다.

1. 당신은 심장의 갈망을 꿈꾸는가?
2. 당신은 사랑에 빠진 바보, 꿈에 빠진 바보, 현존하기 위해 모험을 원하는 바보처럼 보일 모험을 하는가?
3. 당신 자신의 핵심적 슬픔에 도달한 적이 있는가?
4. 인생의 배반들로 인해 개방된 경험이 있는가?
5. 그것을 숨기거나 사라지게 하거나 고치려고 하지 않고 고통(나의 것이나 당신 자신의 것) 속에 앉아 있을 수 있는가?
6. 나의 것이나 당신 자신의 것으로 기뻐할 수 있는가?
7. 야생적으로 그리고 환희로 손가락에서 발가락 끝까지 자신을 채우고, 우리에게 조심하라거나 현실적이 되라거나 또는 인간의 한계에 대해 기억하라고 경고하지 않으면서 춤을 출 수 있는가?
8. 당신은 자신에게 진실하기 위하여 다른 사람을 실망시킬 수 있는가?
9. 당신은 배반으로 비난받는 것을 참을 수 있으며 당신 자신의 영혼을 배반하지 않을 수 있는가?
10. 당신은 충실하며 따라서 신뢰할 수 있는가?
11. 만약 그것이 항상 아름답지 않더라도 당신은 아름다움을 찾을 수

있는가?

12. 당신은 신의 존재로부터 당신 인생의 출처를 찾을 수 있는가?
13. 당신은 (당신이나 나의) 실패와 함께 살 수 있는가? 그리고 호숫가에 서서 은색 달에게 '그래'라고 소리칠 수 있는가?
14. 당신은 지치고 뼛속까지 상처 입은 슬픔과 절망의 밤을 지새우고 일어나서도 아이들에게 필요한 것을 해 줄 수 있는가?
15. 당신은 나와 함께 불 속에 서서 겁내지 않을 수 있는가?
16. 모든 것이 떠나갈 때 내면에서부터 당신 자신을 지탱할 수 있는가?
17. 당신은 당신 혼자 있을 수 있는가?
18. 당신은 공허한 순간들에서도 당신의 동료를 진정으로 좋아하는가?

만약 당신이 위의 모든 질문들에 '예'라고 대답했다면, 축하한다! 결국 당신이 아는 것처럼, 개인 간/문화 간, 영적 지능의 차이는 양적인 차이에 불과한 것이다.

# 참고문헌


Alli, A. (1977). *Orientation – Principles, Techniques, and Philosophy of a Ritual Technology for Self-initiation*. http://www.paratheatrical.com.

Alli, A. (2003). *Towards an Archaeology of the Soul*. California: Vertical Pool Publishing.

Allport, G.W. (1954). *The Nature of Prejudice*. Reading, MA: Addison-Wesley.

Allport, G.W. (1961). *Pattern and Growth in Personality*. New York: Holt, Rinehart & Winston.

American Psychiatric Association. (1994). *Diagnostic and Statistical Manual of Mental Disorders DSM-IV-TR*. New York: American Psychiatric Publishing.

Anderson, A.G., Knowles, Z. & Gilbourne, D. (2004). Reflective practice for sport psychologists: concepts, models, practical implications on dissemination. *The Sport Psychologist, 18*: 188-203.

Anderson, R.C., Spiro, R.F. & Anderson, M.C. (1978). Schemata as scaffolding for the representation of information in connected discourse. *American Educational Research Journal, 15*: 433-440.

Argyris, C. (1977). Double loop learning in organisations. *Harvard Business Review, 55*(5): 115-125.

Argyris, C. (1999). *On Organisational Learning*, second edition. Oxford: Blackwell.

Argyris, C. & Schön, D.A. (1978). *Organisational Learning: A Theory of Action Perspective*. Reading MA: Addison-Wesley.

Arvedson, L. (1993). Coming to grip with learning organisations. *European Forum for Management, 1*: 5-10.

Ausbel, D.P. (1968). *Educational Psychology: A Cognitive View*. New York: Holt, Rinehart & Winston.

Ausbel, D.P. & Youssef, M. (1963). The role of discriminability in meaningful parallel learning. *Journal of Educational Psychology, 54*: 331-336.

Bandura, A. (1977). Self-efficacy: Toward a unifying theory of behavioural change. *Psychological Review, 84*: 195-215.

Bandura, A. (1982). Self-efficacy mechanism in human agency. *American Psychologist, 37*: 122-147.

Bandura, A. (1986). *Social Foundations of Thought and Action: A Social-Cognitive Theory.* Englewood Cliffs, NJ: Prentice-Hall.

Bandura, A. (1997). *Self-efficacy: The Exercise of Control.* New York: WH Freeman.

Bargh, J.A., McKenna, K.Y.A. & Fitzsimons, G.M. (2002). Can you see the real me? Activation and expressions of the 'true self' on the Internet. *Journal of Social Issues, 58*(1): 33-48.

Barnes, F.P. & Mudin, L., eds. (2001). *Values and Ethics in the Practice of Psychotherapy and Counselling.* Buckingham: Open University Press.

Bartlett, F.C. (1932). *Remembering: A Study in Experimental and Social Psychology.* Cambridge: Cambridge University Press.

Beck, A., Rush, A., Shaw, B. & Emery, G. (1979). *Cognitive Therapy of Depression.* New York: Guilford Press.

Belenky, M.F., Clinchy, B.M., Goldberger, M.R. & Tarule, J.M. (1986). *Woman's Ways of Knowing: The Development of Self, Voice and Mind.* New York: Basic Books.

Bell, J. & Hardiman, R. (1989). The third role – the naturalistic knowledge engineer. In D. Diaper, ed, *Knowledge Elicitation - Principles, Techniques and Applications.* Chichester: Ellis Horwood.

Bennet, M.J. (1991). *American Cultural Patterns: A Cross-cultural Perspective.* New York: Intercultural Press.

Bennett, D.T. (1997). Telementoring young women in science, engineering and computing. In S.S. Metz, ed, *Proceedings of the Women in Engineering Conference,* pp 271-276. Hoboken, NJ: Stevenson Institute of Technology.

Blackler, F., Crump, N. & McDonald, S. (1999). Organisational learning and organisational forgetting. In M. Easterby-Smith, J. Burgoyne & L. Araujo, eds, *Organisational Learning and Learning Organisation: Development in Theory and Practice.* London: Sage.

Boud, D. (1995). *Enhancing Learning through Self-assessment.* London: Kogan Page.

Boud, D., Keogh, R. & Walker, D. (1985). *Reflection: Turning Experience into Learning.* London: Kogan Page.

BPS (2006). *Code of Ethics and Conduct.* March. The British Psychological Society.

Brehm, S., Miller, R.S., Perlman, D. & Campbell, S.M. (2002). *Intimate Relations.* New York: McGraw-Hill Higher Education.

Bresser, F. (2006a). Best implementation of coaching in business. Part 1. *Coach the Coach, 20.* Fenman Limited.

Bresser, F. (2006b). Best implementation of coaching in business. Part 2. *Coach the Coach, 21.* Fenman Limited.

Brookfield, S.D. (1998). *Developing Critical Thinking: Challenging Adult to Explore Alternative*

*Ways of Thinking and Acting*. San Francisco, CA: Jossey-Bass.
Bruner, J.S. (1964). The course of cognitive growth. *American Psychologist, 19*: 1-15.
Buss, D.M. (2003). *The Evolution of Desire: Strategies of Human Mating*. New York: Basic Books.
Buss, D. & Barnes, M. (1986). Preferences in human mate selection. *Journal of Personality and Social Psychology, 50*: 559-570.
Byrne, D. & Nelson, D. (1965). Attraction and linear function of positive reinforcements. *Journal of Personality and Psychology. 1*: 659-663.
Cannon-Bowers, J.A. & Salas, E. (1993). Reflections on shared cognition. *Journal of Organisational Behaviour, 22*: 195-202.
Cangelosi, V. & Dill, W.R. (1965). Organisational learning: observations toward a theory. *Administrative Science Quarterly, 10*(2): 175-203.
Carroll, M. (2006). Key issues in coaching psychology supervision. *Coaching Psychologist, 2*(1) May: 4-8. The British Psychological Society.
Chambless, D.L. (1988). Empirically validated treatment. In G.P. Koocher, J.C. Norcross & S.S. Hill, eds, *Psychologists' Desk Reference*, pp 209-219. New York: Oxford University Press.
Chao, G.T., Walz, P.M. & Gardner, P.D. (1992). Formal and informal mentorships. A comparison of mentoring functions and constraints with non-mentored counterparts. *Personal Psychology, 45*: 619-636.
Chattopadhyay, P., Glick, W.H., Miller, C.C. & Huber, G.P. (1999). Determinants of executive beliefs: comparing functional conditioning and social influence. *Strategic Management Journal, 20*: 763-789.
CIPD (2006a). *Coaching at Work, 1*(2). Chartered Institute of Personnel and Development. London: Personnel Publication Ltd.
Clore, G.L. & Byrne, D. (1974). A reinforcement model of attraction. In T.L. Huson, ed, *Foundations of Interpersonal Attraction*. London: Academic Press.
Clutterbuck, D. (1998). *Learning Alliances: Tapping into Talent*. London: Institute of Personnel Development.
Clutterbuck, D. (2004). *Everyone Needs a Mentor*. Fourth edition. London: Chartered Institute of Personnel and Development.
Clutterbuck, D. & Megginson, D. (2005). Creating a Coaching Culture. London: CIPD.
Collins, A.M. & Quillian, M.R. (1969). Retrieval time from semantic memory. *Journal of Verbal Learning and Verbal Behaviour, 8*: 240-247.
Combrink, A., Maree, J. & Mabolo, M. (2006). Breaking the silence: stories as a tool for healing in marginalized communities. Presentation at the International Narrative Therapy Festival Conference. 1-3 March. Adelaide Australia: Dulwich Centre.
Cranton, P. (1996). *Professional Development as Tranformative Learning*. San Francisco, CA: Jossey-

Bass.

Csikszentmihalyi, M. (1991). *Flow - The Psychology of Optimal Experience.* New York: Harper Perennial.

Cyert, R.M. & March, J.G. (1963). *A Behavioral Theory of the Firm.* Englewood Cliffs, NJ: Prentice-Hall.

Daloz, L. (1999). *Mentor: Guiding the Journey of Adult Leaners.* San Francisco, CA: Jossey-Bass.

Department of Trade and Industry. (2006). *Evaluation the Impact of England's Regional Development Agencies-Developing a Methodology and Evaluation Framework* http://www.dti.gov.uk/about/evaluation/eval_guide.pdf.

Downey, M. (1999). *Effective Coaching.* London: Orion Business Books.

Driscoll, M.P. (2005). *Psychology of Learning for Instruction.* International edition. New York: Pearson Education.

Duncan, R. & Weiss, A. (1979). Organisational learning: implications for organisational design. In B. Staw, ed, *Research in Organisational Behaviour.* Greenwich, CT: JAI Press.

Ebbinghaus, H. (1885 trans 1913). *Memory: A Contribution to Experimental Psychology.* New York: Columbia University, Teacher' s College Press.

Ekblom, P., Law, H.C. & Sutton, M. (1996). *Domestic Burglary Schemes in the Safer Cities Programme.* Home Office RSD Research Findings No. 42. London: Home Office.

Eyerman, R. & Jamison, A. (1991). *Social Movements: A Cognitive Approach.* University Park, PA: Pennsylvania State Press.

Festinger, V., Schacter, S. & Back, K.W. (1950). *Social Pressures in Informal Groups: A Study of Human Factors in Housing.* New York: Harper.

Fiol, C.M. & Lyles, M.A. (1985). Organisational learning. *Academy of Management Review, 10*: 803-813.

Fischer, H. (1992). Theory of social comparison processes. *Human Relations, 2*: 117-140.

Fowers, B.J. & Richardson, F.C. (1996). Why is multiculturalism good? *American Psychologist, 51*: 609-621.

Freire, P. (1992). *Politics of Education.* Greenwich, CT: Brunner/Mazel.

Gallwey, T. (2000). *The Inner Game of Work.* Texene: Random House.

Gardner, H. (1983). *Frames of Mond: The Theory of Multiple Intelligences.* New York: Basic Books.

Garvey, R. & Harrett, H.R. (2005). The benefits of mentoring-literature review. Paper for East Mentoring Forum, Essex. February.

Garvin, D.A. (1993). Building a learning organisation. *Harvard Business School, 71*(4): 78-84.

Geertz, C. (1986). Anti-anti-relativism. *American Anthropologist, 86*: 263-278.

Gibb, G. (1988). *Learning by Doing: A Guide to Teaching and Learning Methods.* Oxford: Oxford Brookes University, Further Education Unit.

Gilbourne, D. (2006). Reflecting on the reflections of others: support and critique. *Sport and Exercise Psychology Review, 2*(2) September: 49-54. British Psychological Society.

Ginsberg, A. (1990). Constructing the business portfolio: a cognitive model of diversification. *Journal of Management Studies, 26*, 417-438.

Goleman, D. (1995). *Emotional Intelligence: Why it Can Matter More than IQ.* London: Bloomsbury.

Goleman, D. (1998). *Working with Emotional Intelligence.* London: Bloomsbury.

Grant, A. & Palmer, S. (2002). Coaching Psychology of Workshop. Torguay, 18 May. Annual conference of the Division of Counselling Psychology, British Psychological Society.

Greenberger, D. & Padesky, C.A. (1995). *Mind over Mood – Change How You Feel by Changing the Way You Think.* New York and London: Guildford Press.

Greene, J. & Grant, A.M. (2003). *Solution-focused Coaching: Managing People in a Complex World.* Harlow: Pearson Education.

Grotowski, J. (1970). *Towards a Poor Theater.* California: Touchstone.

Haberman, J. (1971). *Knowledge and Human Interest.* London: Heinemann.

Hall, L., ed. (2006). *The e word. Coaching at Work, 1*(2): 22-25. Chartered Institute of Personnel and Development.

Handy, C.B. (1989). *The Age of Unreason.* London: Business Books.

Hartley, J., Whomsley, S. & Clarke, I. (2006). Transpersonal encounter: honouring people' s stories as a route to recovery. *The Transpersonal Psychology Review, 10*(1): 93-101. The British Psychological Society.

Hergenhan, B.R. & Olson, M.H. (1997). *An Introduction to the Theories of Learning.* Fifth edition. New Jersey: Prentice-Hall.

Herlocker, J.L. (2000). Explaining collaborative filtering recommendations. *Proceedings of the CSCW*: 241-250.

Heron, J. (1981a). Experiential research methodology. In P. Reason & J. Rowan, eds, *Human Enquiry: A Sourcebook of New Paradigm Research.* Chichester: John Wiley & Sons.

Heron, J. (1981b). Philosophical basis for a new paradigm. In P. Reason & J. Rowan, eds, *Human Enquiry: A Sourcebook of New Paradigm Research.* Chichester: John Wiley & Sons.

Higgins, M.C. (2000). The more the merrier? Multiple developmental relationships and work satisfaction. *Journal of Management Development, 19*(4): 277-296.

Hill, D. & Jones, C., eds. (2003). *Forms of Ethical Thinking in Therapeutic Practice.* Buckingham: Open University Press.

Hilpern, K. (2006). Driving force. *Coaching at Work, 1*(2): 30-31. Chartered Institute of Personnel and Development.

HMSO (1997). *Green Book – Appraisal and Evaluation in Central Government.* London: Stationery

Office.

Hounsell, D. (1984). Understanding teaching and teaching understanding. In F. Marton, D. Hounsell & N. Entwistle, eds, *The Experience of Learning.* Edinburgh: Scottish Academic Press.

Houston, J. (1998). *A Passion for the Possible.* London: Thorsons.

Huber, G.P. (1991). Organisational learning: the contributing process and the literatures. *Organisation Science, 2*(1): 88-115.

Hunt, K.R. (2004). DEFRA Rural and FBAS E-Mentoring Project final evaluation. In K.R. Hunt, *EMCC Conference Proceedings,* November 2005.

Humphrey, S. & Holland, S. (2006). A chemistry lesson. *Coaching at Work, 1*(2): 22-25. Chartered Institute of Personnel and Development.

Ireland, S., Hussain, Z. & Law, H.C. (2006). The perfect matchmaker. CIPD, *Coaching at Work, 1*(2): 26-29. Chartered Institute of Personnel and Development.

Jahoda, M. (1958). *Current Concepts of Positive Mental Health.* New York: Basic Books.

James, W. ([1902] 1960). *The Variety of Religious Experience: A Study of Human Nature.* London: Fontana.

Jarvis, P. (1987). Meaningful and meaningless experience: towards an analysis of learning from life. *Adult Education Quarterly, 37*(3): 164-172.

Jarvis, P. (1992). *Paradox of Learning: On Becoming an Individual in Society.* San Francisco, CA: Jossey-Bass.

Johnson, G. & Scholes, K. (1999). *Exploring Corporate Strategy: Text and Cases.* 5th edition. London: Prentice-Hall.

Jones, J. & Pfeiffer, J.W., eds. (1973). The Johari window: A model for soliciting and giving feedback. *The 1973 Annual Handbook for Facilitators.* San Diego, CA: Pfeiffer.

Jørgensen, I.S. & Nafstad, H.E. (2004). Positive psychology: historical, philosophical and epistemological perspectives. In P.A. Linley & S. Joseph, eds, *Positive Psychology in Practice.* New Jersey: John Wiley & Sons.

Jung, C. (1933). *Modern Man in Search of a Soul.* New York: Harcourt, Brace & World.

Kauffman, C. & Scouler, A. (2004). Towards a positive psychology of executive coaching. In P.A. Linley & S. Joseph, eds, *Positive Psychology in Practice.* New Jersey: John Wiley & Sons.

Kegan, R. (1982). *The Evolving Self: Problem and Process in Human Development.* Cambridge, MA: Harvard University Press.

Kegan, R. (1994). *In over Our Head: The Mental Demands of Modern Life.* Cambridge, MA: Harvard University Press.

Keller, J.M. (1984). Use of the ARCS model of motivation in teacher training. In K.E. Shaw, ed, *Aspects of Educational Technology XVII. Staff Development and Career Updating.* New

York: Nichols.

Kessels, J.W.M. (1996). Knowledge productivity and the corporate curriculum. In *Knowledge Management: Organization, Competence and Methodology; Proceedings of 4th International ISMICK Symposium,* 21-22 October. Rotterdam.

Kirkpatrick, D. (1959). Evaluating training programs. In CIPD. (2006). *Coaching at Work, 1*(2). Chartered Institute of Personnel and Development.

Klohnen, E.C. & Mendelsohn, G.A. (1998). Partner selection for personality characteristics. A couple-centred approach. *Personality and Social Psychology Bulletin, 24*(3): 268-278.

Kohlberg, L. (1981). *The Philosophy of Modern Development. Moral Stage and the Idea of Justice.* New York: Harper & Row.

Kolb, D.A. (1984). *Experiential Learning: Experience as the Source of Learning and Development.* Englewood Cliffs, NJ: Prentice-Hall.

Kram, K.E. & Hall, D.T. (1996). Mentoring in the context of diversity and turbulence. In E.E. Kossek & S.A. Lobel, eds, *Managing Human Resource Strategies for Transforming the Workplace,* pp. 108-136. Cambridge, MA: Blackwell Business.

Krause, I.-B. (1998). *Therapy across Culture.* London: Sage.

Lane, D. (2005). Building a model for coaching psychology practice. Workplace at the second National Conference of the Special Group on Coaching Psychology in the UK. The British Psychological Society.

Law, H.C. (2002). Coaching Psychology Interest Group – an introduction. *The Occupational Psychologist, 47*: 31-32. The British Psychological Society.

Law, H.C. (2003). Applying psychology in executive coaching programmes for organisations. *The Occupational Psychologist, 49*: 12-19. The British Psychological Society.

Law, H.C. (2004a). Arts of healing across cultures. *Dissertation on Intercultural Therapy.* June. Goldsmiths, University of London.

Law, H.C. (2004b). Transcultural aspects of healing. *Transpersonal Psychology Review, 8*(2): 46-54. The British Psychological Society.

Law, H.C. (2005a). Embracing diversity – cross cultural coaching and mentoring. *Mentfor Review.* EMF. Spring

Law, H.C. (2005b). The new code of ethics, human rights, and coaching psychology. *Coaching Psychologist, 1*(2) November: 13-15. The British Psychological Society.

Law, H.C. (2005c). The role of ethical principles in coaching psychology. *Coaching Psychologist, 1*(1): July: 19-20. The British Psychological Society.

Law, H.C. (2006a). Can coaches be good in any context? *Coaching at Work, 1*(2): 14. Chartered Institute of Personnel and Development.

Law, H.C. (2006b). Ethical principles in coaching psychology. *The Coaching Psychologist, 2*(1)

May: 1-16. The British Psychological Society.

Law, H.C. (2007 in press). Reflection on spiritual performance in celebrating our story of transpersonal psychology at the 10th Annual Conference. *Transpersonal Psychology Review, 11*(1). The British Psychological Society.

Law, H.C. & Grimley, B. (2003). Becoming a chartered psychologist – reflections from a private consultant. *Proceedings of the Division of Occupational Psychology Annual Conference.* The British Psychological Society.

Law, H.C., Aga, S. & Hill, J. (2006). Creating a 'camp fire' at home. Narrative coaching. Community Coaching and Mentoring Network Conference Report and Reflection. In H.C. Law, ed, *The Cutting Edge, 7*(1). Peterborough: School of Arts Publication.

Law, H.C., Ireland, S. & Hussain, Z. (2005). Evaluation of coaching competence self-review on-line tool within an NHS leadership development programme. *Special Group in Coaching Psychology Annual National Conference.* December. City University, London: The British Psychological Society.

Lee, G. (2003). *Leadership Coaching: From Personal Insight to Organisational Performance.* London: CIPD.

Leonard, N.H., School, R.W. & Kowalski, B. (1999). Information processing style and decision making. *Journal of Organisational Behaviour, 20*: 407-420.

Levitt, B. & March, J.G. (1988). Organisational learning. *Annual Review of Sociology, 14*: 319-340.

Lewin, K. (1951). Field theory in social science. In D Cartwright, ed, *Selected Theoretical Papers.* New York: Harper & Row.

Lincoln, Y.S. & Guba, E.G. (1984). *Naturalistic Enquiry.* California: Sage.

Linley, P.A. (2004). Coaching psychology: the positive psychology foundations. Paper presented at the International Positive Psychology Summit, Washington, DC. October.

Linley, P.A. & Harrington, S. (2006). Strengths coaching: a potential-guided approach to coaching psychology. *International Coaching Psychology Review, 1*: 37-46.

Linley, P.A. & Joseph, S. (2004). *Positive Psychology in Practice.* New Jersey: Wiley.

Lioukas, S. & Chambers, D. (1998). Strategic decision-making process: the role of management and context. *Strategic Management Journal, 19*: 39-58.

Locke, E.A., Shaw, K.N., Saari, L.M. & Latham, G.P. (1981). Goal setting and task performance: 1969-1980. *Psychological Bulletin, 90*, 125-152.

Loevinger, J. & Blasi, A. (1976). *Ego Development.* San Francisco, CA: Jossey-Bass.

Ludford, P.J., Cosley, D., Frankowski, D. & Terveen, L. (2004). Think different: increasing on-line community participation using uniqueness and group dissimilarity. In *Proceedings of the SIGCHI Conference on Human Factors in Computing Systems,* pp. 631-738. New York.

Luft, J. (1970). *Group Processes: An Introduction to Group Dynamics.* Second edition. Palo Alto,

CA: National Press Books.

Madison, J. (1994). Attributes of mentors: the value of mentoring in nursing leadership. *Reproduced Public Health Nursing, 18*(2), March/April 2001.

Magee, W. (2006). Two heads, one mind. *Director for Business Leaders.* November: 68-71. London: Institute of Directors.

Marienau, C. (1999). Self-assessment at work: outcome of adult reflections on practice. *Adult Education Quarterly, 49*(3): 135-146.

Markoczy, L. (1997). Measuring beliefs: accept no substitutes. *Academy of Management Journal, 40*: 1228-1242.

Maslow, A.H. (1954). *Motivation and Personality.* New York: Harper & Row.

Maslow, A.H. (1968). *Toward a Psychology of Being.* Second edition. New York: Van Nostrand Reinhold.

Mayer, J.D. & Salovey, P. (1993). The intelligencer of emotional intelligence. *Intelligence, 17*(4): 433-424.

Mayer, J.D. & Salovey, P. (1997). What is emotional intelligence? In P. Salovey & D.J. Sluyter, eds, *Emotional Development and Emotional Intelligence: Emotional Implications.* New York: Basic Books.

Mayer, J.D., DiPaolo, M.T. & Salovey., P. (1990). Perceiving affective content in ambiguous visual stimuli: a component of emotional intelligence. *Journal of Personality Assessment, 54*: 772-781.

McGovern, J. (2001). Maximising the impact of executive coaching. *Manchester Review.* Manchester: Manchester Consulting.

McKenna, K.Y.A., Green, A.S. & Gleeson, M.E. (2002). Relationship formation on the Internet: What's the big attraction? *Journal of Social Issues, 58*: 9-31.

Mentkowski, M., et al. (2000). *Learning that Lasts: Integrating Learning, Development and Performance in College and Beyond.* San Francisco, CA: Jossey-Bass.

Merriam, S. (1994). Learning and life experience: the connection in adulthood. In J. Sinnott, ed, *Interdisciplinary Handbook of Adult Learning.* Westport, CT: Greenwood Press.

Merton, R.K. (1948). The self-fulfilling prophesy. *Antioch Review, 8*: 193-210.

Mezirow, J. (1990). *Fostering Critical Reflection in Adulthood: A Guide to Transformative and Emancipatory Learning.* San Francisco, CA: Jossey-Bass.

Mezirow, J. (1991). *Transformative Dimensions of Adult Learning.* San Francisco, CA: Jossey-Bass.

Mezirow, J. (1996). Contemporary paradigms of learning. *Adult Education Quarterly, 44*(3): 158-173.

Mezirow, J. (2000). *Learning as Transformation: Critical Perspectives on a Therapy in Progress.* San Francisco, CA: Jossey-Bass.

Miller, C.C., Burke, L.M. & Glick, W.H. (1998). Cognitive diversity among upper-echelon executives: implications for strategies decision process. *Strategic Management Journal, 19*: 39-58.

Mohammed, S., Klimoski, R. & Rentsch, J. (2000). The measurement of team mental models: we have no shared schema. *Organisational Research Methods, 3*: 123-165.

Monsour, F. (1998). Twenty recommendations for an administrative mentoring program. *NASSP Bulletin, 82*: 96-100.

Moreland, R.L. (2000). Transactive memory: learning who knows what in work groups and organisations. In L. Thompson, D. Messick & J. LEvine, eds, *Shared Cognition in Organisations: The Management of Knowledge.* Hillsdale, NJ: Lawrence Erlbaum Associates.

Murray, A. (1989). Top management group heterogeneity and firm performance. *Strategic Management Journal, 10*: 125-141.

Myerhoff, B. (1980). *Number Our Days.* New York: Simon & Schuster.

Myerhoff, B. (1982). Life history among the elderly: performance, visibility and remembering. In J. Ruby, ed, *A Crack in the Mirror: Reflexive Perspectives in Anthropology.* Philadelphia, PA: University of Pennsylvania Press.

Myerhoff, B. (1986). Life not death in Venice: its second life. In V. Turner & E. Brunner, eds, *The Anthology of Experience,* Chicago, IL: University of Illinois Press.

Myers, I.B. (1962). *The Myers – Briggs Type Indicator.* Palo Alto, CA: Consulting Psychologists Press.

Nandram, S.S. (2003). Mentoring in the flexible learning toolboxes initiative with Ron Oliver. Australian Flexible Learning Framework, Australian National Training Authority.

Naranjo, C. (1993). *Gestalt Therapy – The Attitude and Practice of an Atheoretical Experientialism.* Carmarthen: Crown House Publishing.

Neenan, M. & Palmer, S. (2001). Cognitive behavioural coaching. *Stress News, 13*(3): 15-18.

Nonaka, I. (1991). The knowledge-creating company. *Harvard Business Review,* November-December: 96-104.

Nonaka, I., Takeuchi, H. & Umemoto, K. (1996). A theory of organisational knowledge creation. *International Journal of Technology Management, 11*(7/8): 833-845.

Norman, D.A. (1983). Some observations on mental models. In D. Gentner & A.L. Stevens, eds, *Mental Models.* Hillsdale, NJ: Lawrence Erlbaum Associates.

Palmer, S. (2006). Coaching and coaching psychology: the coming of age? *Professorial Lectures.* 29 March. London: Middlesex University.

Palmer, S., Cooper, C. & Thomas, K. (2003). *Creating a Balance: Managing Stress.* London: British Library.

Palmer, S. & Whybrow, A. (2004). Coaching psychology survey: taking stock. Paper at the BPS SGCP Inaugural Conference, 15 December, City University, London.

Palmer, S. & Whybrow, A. (2005). The proposal to establish a Special Group in Coaching Psychology. *Coaching Psychologist, 1*, July: 5-12. The British Psychological Society.

Palmer, S. & Whybrow, A. (2006). The coaching psychology movement and its development within the British Psychological Society. *International Coaching Psychology Review, 1*(1). The British Psychological Society.

Parks, M.R. & Floyd, K. (1996). Making friends in cyberspace. *Journal of Communication, 46*: 80-96.

Parsloe, E. (1992, 1995). *Coaching, Mentoring and Assessing: A Practical Guide to Developing Competence.* New York: Kogan Page.

Pedlar, M.M., Burgoyne, J. & Boydel, T. (1991). *The Learning Company - A Strategy for Sustainable Development.* London: McGraw-Hill.

Peltier, B. (2001). *The Psychology of Executive Coaching – Theory and Application.* Hove: Brunner-Routledge, Taylor & Francis.

Perry, W.G. (1970). Cognitive and ethical growth: the making of meaning, pp 76-116. In AW Chickering et al., *The Modern American College.* San Francisco, CA: Jossey-Bass.

Peterson, C. & Seligman MEP. (2004). *Character Strengths and Virtues – A Handbook and Classification.* American Psychological Association. New York: Oxford University Press.

Petrides, K.V. & Furnham, A. (2001). Trait emotional intelligence: psychometric investigation with reference to established trait taxonomies. *European Journal of Personality, 15*: 425-448.

Petrides, K.V., Furnham, A. & Frederickson, N. (2004a). Emotional intelligence. *The Psychologist, 17*(10): 574-577.

Petrides, K.V., Frederickson, N. & Furnham, A. (2004b). The role of trait emotional intelligence in academic performance and deviant behaviour at school. *Personality and Individual Differences, 36*: 277-293.

Piaget, J. (1954). *The Construction of Reality in the Child.* New York: Basic Books.

Reason, P., (1988). *Human Enquiry in Action.* Newbury Park, CA: Sage.

Reason, P. & Rowan, J. (1981). *Human Enquiry: A Sourcebook of New Paradigm Research.* Chichester: John Wiley & Sons.

Rentsch, J.R. & Hall, R.J. (1994). Members of great teams think alike: a model of team effectiveness and schema similarity among team members. *Advances in Interdisciplicary Studies of Work Teams, 1*: 223-261.

Richards, J.T. (1999). Mutimodal therapy: a useful model for the executive coach. *Consulting Psychology Journal, 51*(1): 24-30.

Roger, C.R. (1963). Towards a science of the person. Journal of Humanistic Psychology, 3, Fall. Reproduced in *Behaviorism and Phenomenology: Contasting Bases for Modern Psychology.* Ed. T.W. Wann. Chicago, IL: University of Chicago Press, 1964.

Rosenbaum, M.E. (1986). The repulsion hypothesis on the non-development of relationships.

*Journal of Personality and Social Psychology, 507*: 20-36.

Rosinski, P. (2003). *Coaching across Cultures.* London: Nicholas Breasley.

Rothbaum, B.O., Mesdows, E.A., Resick, P. & Foy, D.W. (2000). Cognitive behaviour therapy. *Journal of Traumatic Stress, 13*: 558-563.

Rotter, J.B. (1956). *Social Learning and Clinical Psychology.* Englewood Cliffs, NJ: Prentice-Hall.

Rumelhart, D.E. (1980). Schemata: the building blcoks of cognition. In R.J. Spiro, B.C. Bruce & W.F. Crewer, eds, *Theoretical Issues in Reading Comprehension.* Hillsdale, NJ: Lawrence Erlbaum Associates.

Rumelhart, D.E. & Norman, D.A. (1978). Accretion, tuning, and restructing: three modes of learning. In J.W. Cotton & R.L. Klatzky, eds, *Semantic Factors in Cognition.* Hillsdale, NJ: Lawrence Erlbaum Associates.

Rumelhart, D.E. & Norman, D.A. (1981). Analogical processes in learning. In J.R. Anderson, ed, *Cognitive Skills and Their Acquisition.* Hillsdale, NJ: Lawrence Erlbaum Associates.

Rushall, B.S. (2003). Coaching development and the second law of thermodynamics [or belief-based versus evidence-based coaching development]. Http://www=rohan.sdus.edu/dept/coachsci/csa/thermo/thermo.htm. Accessed 8 November 2006.

Sackmann, S.A. (1991). *Cultural Knowledge in Organisations: Exploring the Collective Mind.* Newbury Park, CA: Sage.

Sackmann, S.A. (1992). Culture and sub-cultures: an analysis of organisational knowledge. *Administrative Science Quarterly, 37*: 140-161.

Safran, J.D. (1990). Towards a refinement of cognitive therapy in light of interpersonal theory. *Clinical Psychological Review, 10*: 87-105.

Saluvey, P. & Mayer, J.D. (1990). Emotional intelligence. *Imagination, Cognition and Personality, 9*: 185-211.

Seligman, M.E.P. & Csikszentmihalyi, M. (2000). Positive psychology: an introduction. American Psychologist *55*: 5-14.

Senage, P.M. (1990). *The Fifth Discipline: The Art and Practice of the Learning Organisation.* London: Doubleday.

Smith, K.G., Olian, J.D., Smith, K.A. & Flood, P. (1999). Top management team diversity, group process and strategic consensus. *Strategic Management Journal, 20*: 445-465.

Solomon, J.M. (2000). The ethical self. In E. Chirstopher & H.M. Solomon, ed, *Jungian Thought in the Modern World.* London: Free Association.

Spence, G.B., Cavanagh, M.J. & Grant, A.M. (2006). Duty of care in an unregulated industry: initial findings on the diversity and practices of Australian Coaches. *International Coaching Psychology Review, 1*(1). The British Psychological Society.

Spreitzer, G.M. (1995). Psychological empowerment in the workplace: construct definition, measurement and validation. *Academy of Management Journal, 38*(5): 1442-1465.

Stacey, R.D. (1996). *Complexity and Creativity in Organizations.* First edition. NpL Berrett-Koegler Publishers.

Staples, D.S., Greenaway, K. & McKeen, J.D. (2001). Opportunities for research about managing the knowledge-based enterprise. *International Journal of Management* Review, *3*(1): 1-20.

Stokes, P. (2003). Exploring the relationship between mentoring and counseling. *British Journal of Guidance and Counselling.*

Strata, R. (1989). Organisational learning - the key to management innovation. *Sloan Management Review,* Spring: 63-74.

Strawson, M. (1996). In deep sympathy. Toward a natural history of virtue. Review of M Ridley, *The Origin of Virtue. Times Literary Supplement,* 29 November: 3-4.

Sutcliffe, K.M. & Huber, G.P. (1998). Firm and industry as determinants of executive perspective perception. *Strategic Management Journal, 19*: 793-807.

Sutherland, V. (2003). *Nurse Leadership Development Innovations in Mentoring and Coaching.* London: Modernisation Agency.

Swann, W.B., Jr. (1990). To be adored or to known: the interplay of self-enhancement and self-verification, pp 408-448. In RM Sorrentino and ET Higgins, eds, *Handbook of Motivation and Cognition,* Vol. 2. New York: Guilford Press.

Swearingham, K. & Sinha, R. (2002). Interaction design for recommender systems. *Proceedings of IDS.* London: ACM Press.

Taylor, K., Marienau, C. & Fiddler, M. (2000). *Developing Adult Learners - Strategies for Teachers and Trainers.* San Francisco: Jossey-Bass.

Thorndike, E.L. (1920). Intelligence and its use. *Harper's Magazine, 140*: 227-235.

Tichy, N. & Devanna, M.A. (1986). Transformational Leadership. New York: John Wiley & Sons.

Tidwell, L.C. & Walther, J.B. (2002). Computer-mediated communication effects on disclosure, impressions, and interpersonal evaluations: getting to know one another bit at a time. *Human Communication Research, 28*: 317-348.

Turner, V. (1967). *The Forest of Symbols: Aspects of Ndemby Ritual.* Ithaca: Cornel Paperbacks.

Turner, V. & Brunner, E. (1986). *The Anthology of Experience.* Chicago, IL: University of Illinois Press.

Vaill, P. (1996). *Learning as a Way of Being: Strategies of How to Survive in Permanent White Water.* San Francisco, CA: Jossey-Bass.

Veitch, R. & Griffitt, W. (1976). Good news-Bad news: Affective and interpersonal effects. *Journal of Applied Social Psychology, 6*: 69-75.

Verity, P. (2006). Planning for growth. In A Jolly, ed, *The Growing Business Handbook.* London: Kogan Page.

Vosniadou, S. & Brewer, W.F. (1987). Theories of knowledge restructuring in development. *Review of Educational Research, 57*: 51-67.

Vroom, V. (1964). *Expectancy Theory – Work and Motivation.* New York: John Wiley & Sons.

Vygotsky, L.S. ([1926] 1926). *Thought and Language.* Cambridge, MA: MIT Press.

Vygotsky, L.S. ([1926] 1978). *Mind in Society.* Cambridge, MA: Harvard University Press.

Walther, J.B. (1996). Interpersonal effects of computer-mediated interaction. *A Relational Perspective Communication Research, 19*(1): 52-90.

Ward, P. (1997). *360-Degree Feedback.* London: Institute of Personnel and Development.

Weick, K.E. & Roberts, K.H. (1993). Collective mind in organisation: heedful interrelating on flight decks. *Administrative Science Quarterly, 38*: 357-381.

White, M. (1995a). *Re-Authoring Lives: Interviews and Essays.* Adelaide: Dulwich Centre Publications.

White, M. (1995b). Reflecting team-work as definitional ceremony. In M. White, *Re-Authoring Lives: Interviews and Essays.* Adelaide: Dulwich Centre Publications.

White, M. (1997). Definitional ceremony. In M White, *Narratives of Therapists' Lives.* Adelaide: Dulwich Centre Publications.

White, M. (2000). Reflecting team-work as definitional ceremony revisited. In M. White, *Reflections on Narrative Practice.* Adelaide: Dulwich Centre Publications.

White, M. (2006). *Narrative Therapy Intensive Workshop.* 20-24 February. Adelaide: Dulwich Centre.

Whiteley, P. (2006). Pioneering medicine. *Coaching at Work, 1*(2): 30-31. Chartered Institute of Personnel and Development.

Whitmore, J. (1992, 2002). *Coaching for Performance.* London: Nicholas Breasley.

Wiersema, M.F. & Bantel, K.A. (1992). Top management team demography and corporate strategic change. *Academy of Management Journal, 35*: 91-121.

Wills, T.A. (1992). *Social Comparison: Theory and Research,* pp 51-78. Hillsdale, NJ: Lawrence Erlbaum Associates.

Witkin, H.A. (1962). *Psychological Differentiation: Studies of Development.* New York: John Wiley & Sons.

Zack, M. (1999). Managing codified knowledge. *Sloan Management Review*, Summer: 37-56.

# 찾아보기

## 인 명

## 내 용

## 저자소개

### Ho Law

공인 직업심리학자, Empsy Ltd. 전무이사, Morph Group Ltd. 연구 및 기술이사이며 심리학, 코칭, 멘터링과 심리치료 분야의 국제적 임상가다. 그는 코칭심리학 윤리체계에 중요한 역할을 하고 있는 SGCP의 창설 멤버이며, *The Coaching Psychologist*의 고문 편집자다. 현재 리버풀존무어스 대학교의 명예교수이며, City University London, Coaching Psychology Unit의 국제 자문위원이다. 그는 40편 이상의 논문을 발표하였으며, 영국과 바르셀로나, 브뤼셀, 홍콩, 파리, 스톡홀름, 취리히 등에서 100회 이상의 워크숍과 컨퍼런스를 개최해 왔다. 또한 2003년에는 '다양한 문화 프로젝트', 2004년에는 '긍정적 이미지(사업 영역)', 2005년에는 '회사 참여를 위한 관리 필수요인들' 프로젝트의 지역 창립자로 활동했다.

### Sara Ireland

HR 배경을 가진 공인 직업심리학자다. Morph Group Ltd.의 혁신 및 공모 이사이자 SGCP의 창설 멤버이며, 임원 코칭과 프로그램 코디네이터로 활동하고 있다. 또한 영국 및 국제적 경영관리 컨설턴트이며, 조직 개발 경험을 가지고 있다.

### Zulfi Hussain

Morph Group Ltd.의 경영 및 마케팅 이사이며, 영국과 해외에서 경영과 자선사업 분야의 최고 책임자, 주요 임원, 이사 등으로 활동하고 있다. 또한 2006년에 유럽멘토링코칭협의회의 의장을 지냈으며, 2005년에 경영인협회로부터 '올해의 지도자상'을 받았다.

## 역자소개

### 탁진국

캔자스 주립대학교 대학원 심리학과 석사 및 박사
전 한국 산업 및 조직심리학회장
　한국심리학회 총무이사 및 심리검사심의위원장
　오하이오 주립대학교 및 미시간 주립대학교 심리학과 방문교수
현 광운대학교 산업심리학과 교수
　광운대학교 교육대학원 코칭심리전공 주임교수
　광운대학교 교양학부장
　한국심리학회 선임이사

코칭심리연구회장
영국 코칭심리학회 명예부회장

〈저서 및 역서〉
심리검사: 개발과 평가방법의 이해(2판, 학지사, 2007)
실직충격에서 회복하는 법(역, 학지사, 2007)
경력개발 및 관리(역, 시그마프레스, 2002)

**이희경**

연세대학교 심리학과 졸업
프랑스 파리 VIII대학 대학원 심리학과 석사(M.P.)
프랑스 고등사회과학연구원 심리학과 박사(Ph.D.)
전 한국 산업 및 조직심리학회 이사
자녀안심하고학교보내기운동 서울협의회 상담위원
연세대학교 인간행동연구소 전문연구원
현 ㈜인코칭 부사장 / ㈜인코칭 Master 코치, Master FT
국무조정실 실내대학 전담교수
월간 『리더피아』 칼럼니스트

**김은정**

연세대학교 심리학과 졸업
연세대학교 심리학과 석사
연세대학교 심리학과 박사
캘리포니아 주립대학교 산타바바라 캠퍼스 교육대학원 Post-Doctoral Fellow
전 서울대학교 의과대학 신경정신과 임상심리 수련의
연세대학교 학생상담소 전임상담원
고려대학교 행동과학연구소 전문위원
연우심리연구소 부소장
현 ㈜인코칭 상무 / ㈜인코칭 전문코치
㈜휴노컨설팅 연구이사
연세대학교 심리학과 겸임교수

**이상희**

연세대학교 심리학과 졸업
연세대학교 심리학과 석사
연세대학교 심리학과 박사
전 연세상담센터 상담원
부천대학 교양학부 겸임교수
현 광운대학교 산업심리학과 교수

# 코칭심리

**The Psychology of Coaching, Mentoring and Learning**

2010년 3월 22일 1판 1쇄 발행
2011년 10월 15일 1판 4쇄 발행

지은이 • Ho Law· Sara Ireland· Zulfi Hussain
옮긴이 • 탁진국 이희경 김은정 이상희
펴낸이 • 김 진 환
펴낸곳 • ㈜학지사
121-837 서울시 마포구 서교동 352-29 마인드월드빌딩 5층
대표전화 • 02) 330-5114 팩스 • 02) 324-2345
등록번호 • 제313-2006-000265호
홈페이지 • http://www.hakjisa.co.kr
커뮤니티 • http://cafe.naver.com/hakjisa

ISBN 978-89-6330-246-1 93180

**정가 15,000원**